KeyShot

정리노트

Basic Visualization Course
for Industrial Designer

KeyShot

디자이너를 위한 3D 렌더링 솔루션

Visualizing Tools for Designers

KeyShot
정리노트

Basic Visualization Course
for Industrial Designer

KeyShot
정리노트

3D Visualization Course
for Industrial Designer

재질과 라이팅 편

KeyShot
정리노트

Basic Visualization Course
for Industrial Designer

초판 인쇄일 2019년 4월 12일
초판 발행일 2019년 4월 19일

지은이 김도엽
발행인 박정모
등록번호 제9-295호
발행처 도서출판 혜지원
주소 (10881) 경기도 파주시 회동길 445-4(문발동 638) 302호
전화 031)955-9221~5 팩스 031)955-9220
홈페이지 www.hyejiwon.co.kr

기획 김도엽, 박민혁
진행 박민혁
본문 디자인 김도엽, 조수안
표지 디자인 김도엽
영업마케팅 황대일, 서지영
ISBN 978-89-8379-988-3
정가 28,000원

이 도서의 국립중앙도서관 출판예정도서목록(CIP)은 서지정보유통지원시스템 홈페이지(http://seoji.nl.go.kr)와 국가자료공동목록시스템 (http://www.nl.go.kr/kolisnet)에서 이용하실 수 있습니다.(CIP제어번호: CIP2019013068)

KeyShot
Summary Note
3D Visualization Course

혜지원

3D VISUALIZATION COURSE

FOR INDUSTRIAL DESIGNER

Rumble Pan Dolly Perspective 80.5 Add Camera Cycle Cameras Reset Camera Lock Camera

Project Scene

Scene Material Environ··· Lightir

« Model Sets

Default

Show Sear

Item

Models
Untitled
Defa
D
D
De
De
Plane
Plane
Cameras
Free Camera
Perspective
Top
Front
Right

Scene Materials

Scene Information
Name: 180821_그라운드테스트.bip
Units: Centimeter
Parts: 5
NURBS: 32
Triangles: 26,024
Materials: 1
Cameras: 4
Model Sets: 1

hotXR Render

Screenshot

3s

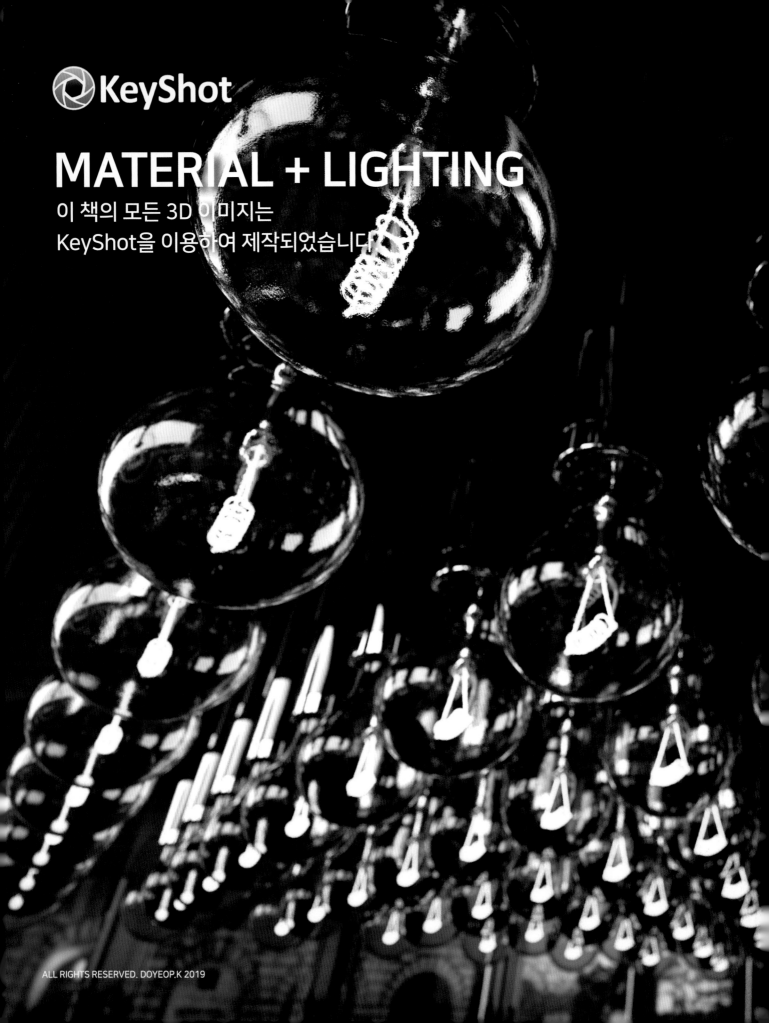

KeyShot

MATERIAL + LIGHTING

이 책의 모든 3D 이미지는
KeyShot을 이용하여 제작되었습니다

디자이너의 성장 모델

DOUBLE HELIX

growth model for designer

이중 나선 성장 모델

올바른 디자인 사고력 + 강력한 실행 능력
Design Thinking to Realization

이성과 열정, 형식과 내용, 발상과 표현, 전체와 부분, 감성과 논리 등 세상에는 수많은 반대 속성의 불가분 관계들이 있습니다.

세상 모든 일들이 상반되는 2가지의 속성을 어떠한 형태로든 동시에 가지고 있으며, 디자이너라는 직업 또한 마찬가지입니다. 디자이너는 올바른 디자인 사고 능력과 함께 강력한 표현&실행력, 섬세한 감성과 냉철한 이성 논리를 동시에 요구받습니다. 이와 같은 대비 속성들은 동시에 갖추기가 어려워 한쪽 능력이 더 발달한 불균형 상태로 굳어지기 쉽습니다. 이는 상대적으로 잘하는 것을 더 열심히 하게 되는 속성 때문입니다. 그러나 한쪽 능력만 발달한 디자이너는 '생각은 좋은데..'라거나, '기술만 좋은 스킬러' 등의 말을 듣게됩니다.

디자인 분야는 수많은 세부 분야로 체계화되었고, 이제 디자이너 혼자의 힘으로 모든 과정을 감당하는 분야는 적습니다. 그러나 분업화된 디자인 분야도 자세히 들여다 보면 기본적인 2개의 축인 올바른 디자인 사고력과 강력한 실행 능력이 존재합니다.

문제는 이 두 가지 축을 균형 있게 발전시킬 방법입니다.

저는 과거에 디자이너의 성장 모델은 '주머니 채우기'와 같다고 생각했습니다. 여러 개의 빈 주머니들을 하루빨리 채워 나가는 것이 좋은 디자이너가 되는 성장 과정이며, 그렇게 채운 것들을 디자인 과정에 따라 주섬주섬 꺼내 쓰는 것이라 생각했습니다. 그러나 이는 올바른 이해 모델이 아니었습니다.

지금은 디자이너의 올바른 성장 모델은 이중 나선 구조라 생각합니다. 디자이너에게 요구되는 상반되어 보이는 개념들은, 실은 서로 엮이고 의지하며 융합하는 관계가 아닐까 생각합니다. 올바른 디자인 사고 능력과 실행 능력이 서로 나선을 그리며 성장하고, 그 2개의 축 사이를 경험과 숙련의 시간이 혈관처럼 이어져 유기적이며 통합적인 관계를 구축함과 동시에 지속적 성장의 기틀이 되는 것입니다.

디지털 프로세싱도 마찬가지입니다. 2D와 3D는 상호 연계되는 것이며, 모델링과 렌더링에 의한 시각화의 관계, 나아가 디자인과 엔지니어링의 관계 또한 그렇습니다. 이 책을 통해 3차원 디지털 조형 이후의 시각화 과정에 대한 기본적 이해를 얻고, 3차원을 다루는 디자이너로서 성장하는 과정에 작게나마 도움이 되길 희망합니다.

2019년 2월 25일

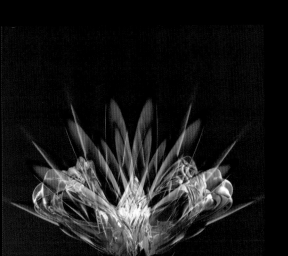

디자이너를 꿈꾸는 학생들은 자신의 디자인을 발전시키고 또 보여 주기 위한 정규 과정으로 2D, 3D 프로세스를 배우게 됩니다. 이 과정은 보통 교육의 효율성과 학생들의 만족을 위해 샘플링 위주로 수업이 진행됩니다.

한 학기 정도가 지나면, 자신의 눈높이와 능력 사이의 괴리를 깨닫게 되는 시련의 시간이 찾아옵니다. '엄선된' 샘플링을 강사와 함께 진행할 때와 자신의 디자인으로 홀로 진행할 때의 간극은 꽤 큽니다(괜히 엄선된 예제가 아닙니다).

또, '상대적으로 잘해 보이는' 친구들을 보며 뒤처진다는 느낌을 받게 되면 조급해집니다. 보통 이 시기를 기준으로 디자이너라는 미래 진로에 대한 확신이 크게 흔들리고, 길을 잃고 헤매는 이들이 폭증하기 시작합니다.

그리고 디자인 꿈나무들의 '잠 못 드는 밤'이 시작됩니다.

우리는 눈에 보이지 않은 사회적 구조 속에서 살아갑니다. 상호 내능한 관계일 때도 있고, 어느 한쪽이 더 큰 권한을 가질 때도 있습니다만, 보통은 규정하기 어려운, 얽히고설킨 덩굴처럼 애매모호한 상태일 경우가 많습니다.

이러한 사회적 관계 구조 속에서 우리는 여러 가지 목적을 전제로 소통(커뮤니케이션)을 합니다. 가장 역사가 깊고 일반적인 소통의 방식은 언어를 이용하는 것입니다. 그러나 일반적이라 하여 모든 사람이 같은 언어 수준을 가지지 않습니다. 횡설수설하는 이도 있고, 생각의 흐름이 너무 빨라 소통의 상호 흐름을 무시하고 자꾸 옆길로 새는 사람도 있습니다. 또한 상황에 따라 다양한 커뮤니케이션 전략을 사용합니다. 논리에 입각한 설득을 할 때도 있고, 감성적 호소를 통해 공감을 얻고자 할 때도 있습니다.

또 다른 중요한 의사소통 수단은 표정과 몸짓입니다. 언어가 의식적 채널이라면 표정과 몸짓은 상당 부분이 무의식적으로 표출됩니다. 표정과 몸짓은 추상적이지만 때로는 메시지를 더 효과적으로 전달합니다. 이 두 가지의 힘을 통해 우리는 타인을 이성으로 설득하거나, 그들의 마음에 '이미지-심상'을 심을 수 있습니다.

말 한마디로 천 냥 빚도 갚을 수 있는 수단이 언어이고, 우수한 제스처와 함께 구사되어 시너지 효과를 낼 수도 있지만, 디자인과 같이 시각적이고 촉각적인 정보를 다루는 경우에는 언어와 표정, 제스처만으로는 한계가 있습니다.

그래서 디자이너는 '이미지'를 사용합니다. 이미지는 추상적이고 포괄적으로 해석되지만, 그 속에 담긴 메시지는 의도적이며 그것의 전달 방식 또한 100% 의도적인 선택의 결과입니다. 잘 만들어진 한 장의 이미지는 백마디-천마디의 말보다 효과적입니다.

디자이너는 디자인을 관철하기 위해 언어, 몸짓, 표정, 그리고 이미지를 의도적이며 효과적으로 사용하는 능력과 이를 제작하는 능력을 반드시 갖추어야 합니다. 이를 위해 여러분은 첫 단계인 모델링의 기본을 학습하고, 이제 힘을 지닌 이미지로 환원하기 위한 3D 렌더링 공부의 시작점에 서 있습니다.

이 책이 그 기초가 되길 조심스레 희망합니다.

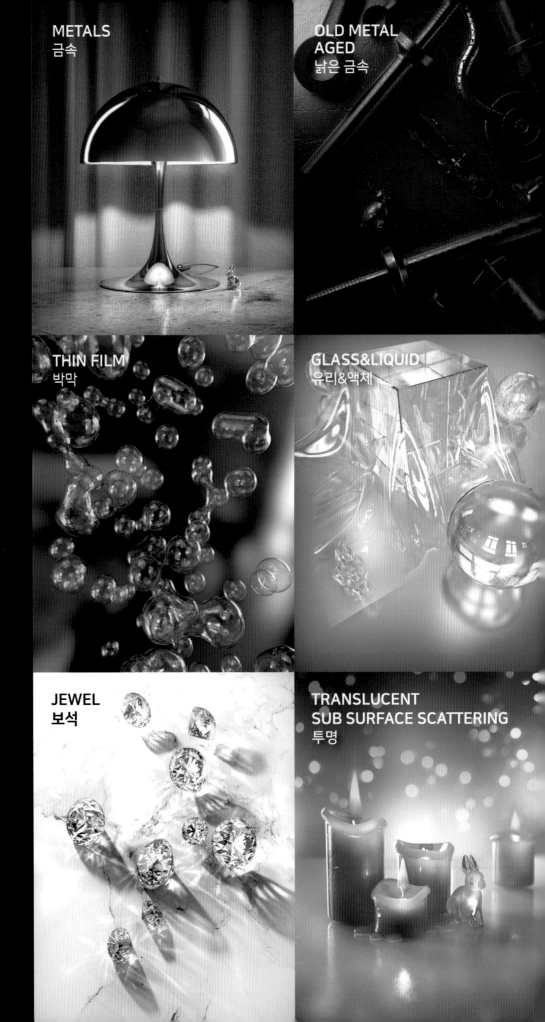

KeyShot 정리노트

MATERIAL&LIGHTING

METALS
금속

OLD METAL AGED
낡은 금속

THIN FILM
박막

GLASS&LIQUID
유리&액체

JEWEL
보석

TRANSLUCENT SUB SURFACE SCATTERING
투명

이 책의 모든 3D 이미지는
KeyShot을 이용하여 제작되었습니다.

ANISOTROPIC
SPIN&HAIR LINE METAL
이방성 메탈

PAINT
페인트

PLASTICS
플라스틱

DIELECTRIC
유전체

OPTICS
광학

MULTI LAYER OPTICS
다층 광학

TRANSLUCENT
ADVANCED
투명(고급)

ADVANCED
고급

TOON&MICELLONOUS
툰&기타

CARBON FIBER
탄소 섬유

FOG
SCATTERING MEDIUM
확산 매체

VDB CLOUD
SCATTERING MEDIUM
확산 매체

CLOTH&LEATHER
섬유와 가죽

STYROFORM
DISPLACEMENT
대체

PET
페트

FLAKES
입자

STONE
돌/석재

ASSETS
외부 재질 사용

SPONGE
SCATTERING MEDIUM
확산 매체

EMISSIVE LIGHT
방사성 라이트

AREA LIGHT
에어리어 라이트

WOOD
나무

POINT LIGHT
포인트 라이트

IES PROFILE LIGHT
IES 라이트

CUTAWAY
절단/내부 모형

SPOTLIGHT
스포트라이트

ADVANCED/FLAKES
입자 라이트

CONTENTS
목차

Chapter 01. About 3D Rendering

Chapter 02. Hardware

Chapter 03. Interface&Menu

CONTENTS
목차

Chapter 04. Main Toolbar

Chapter 05. Materials

CONTENTS
목차

6. Lighting&Shadow

1

Chapter 01

About
3D Rendering

3D 렌더링에 대한 이해

3D 렌더링의 기본 개념을 이해하고, 가장 많이 사용되는 렌더러인
KeyShot&V-ray의 기능들을 비교하여 알아봅니다.

3차원 모델링 데이터는 모델링 방식에 따라 폴리곤, 넙스, 솔리드로 분류하지만 실제로는 복잡한 프로그램 코드입니다. 3차원 형상을 정의하는 코드는 CPU와 GPU에서 연산 과정을 거쳐 결과로써 모니터에 나타납니다. **이와 같이 프로그램 코드의 연산 과정을 통해 시각적으로 3차원 데이터를 나타내는 과정이 원론적 의미의 '렌더링(Rendering)'입니다.** 그러나 프로그램 코딩을 통하여 3차원 형상을 정의하는 방식은 배우고 사용하는 데 많은 시간이 소요되기에 시각적이며 직관적인 사용법을 가진 다양한 3D 소프트웨어들이 목적에 따라 개발되었습니다.

3차원 데이터의 개념

A
Polygon

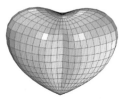

폴리곤(Polygon) 방식의 3D 모델

폴리곤들의 3차원 좌표 지정을 통한 형상 정의

B
Nurbs

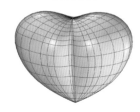

넙스(Nurbs) 방식의 3D 모델

넙스(Nurbs) 수식을 이용한 형상 정의

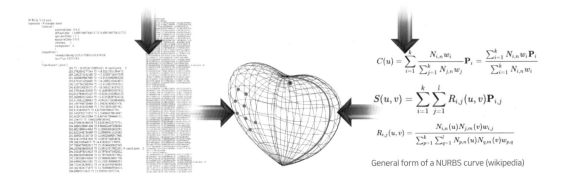

$$C(u) = \sum_{i=1}^{k} \frac{N_{i,n} w_i}{\sum_{j=1}^{k} N_{j,n} w_j} \mathbf{P}_i = \frac{\sum_{i=1}^{k} N_{i,n} w_i \mathbf{P}_i}{\sum_{i=1}^{k} N_{i,n} w_i}$$

$$S(u,v) = \sum_{i=1}^{k} \sum_{j=1}^{l} R_{i,j}(u,v) \mathbf{P}_{i,j}$$

$$R_{i,j}(u,v) = \frac{N_{i,n}(u) N_{j,m}(v) w_{i,j}}{\sum_{p=1}^{k} \sum_{q=1}^{l} N_{p,n}(u) N_{q,m}(v) w_{p,q}}$$

General form of a NURBS curve (wikipedia)

다양한 3D 모델링 소프트웨어

Polygon 방식

모션 그래픽, 캐릭터 애니메이션, 영화 분야에서 활용

Nurbs 방식

제품 디자인 분야

Solid 방식

제품, 건축, 설계 분야에서 사용

2. 3D 렌더링(3D Rendering)이란?

3차원 모델링 프로그램에는 직관적 모델링을 위해 3차원 형상을 시각적으로 표현하는 다양한 '디스플레이 모드'를 제공합니다. 그러나 3차원 형상을 알아볼 수 있는 수준을 넘어 '사실적'인 시각 정보로 표현하기 위해서는 모델링 과정 외에 재질, 반사, 환경, 조명과 같은 추가 설정과 연산 과정이 필요하며, 이러한 설정&연산 과정을 3D 렌더링 프로세스라 합니다.

정리하면 '3D 렌더링'은 컴퓨터의 물리적 연산 능력을 바탕으로 가상의 3차원 장면에 색, 재질, 빛(조명)을 설정하여 이미지나 애니메이션을 제작하는 과정입니다. 지금은 컴퓨터 연산 능력의 비약적 발전을 바탕으로 과거에는 별도의 연산 과정을 진행하여야만 확인할 수 있었던 재질과 빛, 반사, 그림자 효과를 모델링 과정에서 실시간으로 확인할 수 있게 되었습니다.

Rhino 3D에서 지원하는 다양한 디스플레이 모드

* 3D 모델링 소프트웨어들은 3차원 개체를 시각화하기 위한 다양한 디스플레이 모드를 지원합니다.

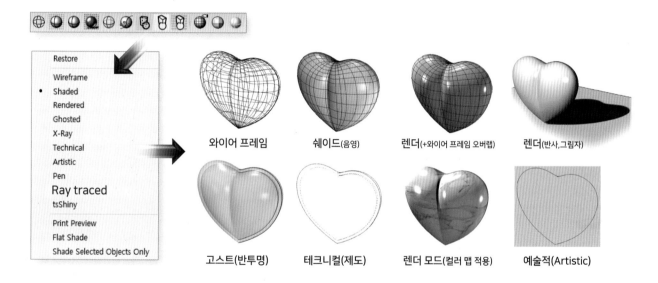

와이어 프레임 · 쉐이드(음영) · 렌더(+와이어 프레임 오버랩) · 렌더(반사,그림자)

고스트(반투명) · 테크니컬(제도) · 렌더 모드(컬러 맵 적용) · 예술적(Artistic)

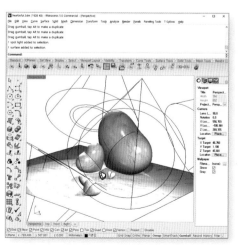

재질 및 조명 설정 과정

실시간 렌더링

(Real Time Ray Traced Render Mode)

최근 출시된 Rhino 6의 실시간 렌더 모드(Ray Traced)는 재질 및 반사, 그림자의 확산과 간접 조명 효과까지 표현합니다.
(포스트 렌더링&실시간 렌더링 페이지 참고)

3D 데이터의 활용성은 무궁무진하여 일일이 언급하기 어려우나, 결과적으로는 인쇄, 모니터 화면과 같은 2차원 시각 정보로 환원되거나 제품과 같이 물성을 지니는 3차원으로 태어납니다.

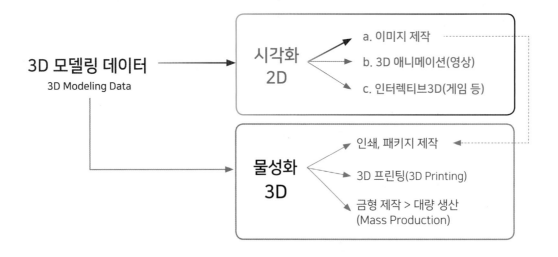

기구 구조, 양산을 위한 정보 등을 보여 주는 렌더링과는 달리 디자인의 의사 결정을 위한 시안이나 패키지 디자인 등은 감성적 설득을 위한 과정이며, 이를 위해서는 있는 그대로의 정보를 가감 없이 보여 주는 이미지보다는 조금 더 실제감 있는 이미지, 분위기가 느껴지는 연출된 이미지가 필요합니다. **이러한 이미지는 의사 결정자에게 최종 디자인에 대한 확신을 부여하고, 구매자에게 제품에 대한 좋은 첫 인상과 기대를 심어 줄 수 있기에 매우 중요합니다.**

● 디자인 과정에서 필요한 3D 렌더링

1. 기술적 정보를 보여 주기 위한 3D 렌더링
2. 다양한 컬러, 재질, 마감이 적용된 시안 3D 렌더링
3. 제품의 사용 과정을 보여 주기 위한 3D 렌더링

● 감성적 설득을 위한 3D 렌더링

4. 제품의 분위기를 보여 주기 위한 렌더링
5. 패키지 등의 소스로 사용하기 위한 3D 렌더링
6. 인쇄 광고, 영상 광고를 위한 3D 렌더링

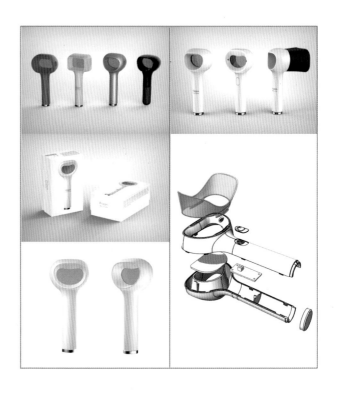

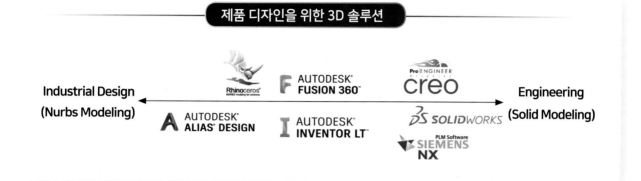

Industrial Design
(Nurbs Modeling)
Engineering
(Solid Modeling)

제품의 개발은 산업 디자인와 엔지니어의 협업을 통해 진행되는 분야입니다. 이 분야에서 사용하는 3D 도구 중 디자이너를 위한 대표적 도구는 **라이노 3D(제품 디자인), Alias Design(자동차/제품 디자인)**입니다. 이들 소프트웨어의 최종 목적은 솔리드 기반의 양산용 설계 프로그램에서 제작하기 힘든 유기적 형상을 3차원으로 구현하는 것입니다.

양산을 염두에 둔 이 프로그램들의 렌더링 기능은 형상의 평가와 측정, 분석에 치중했기 때문에 분위기를 보여 주거나 실사(Photo-realistic)에 가까운 이미지를 제작하는 렌더링 기능은 다소 부족했습니다. 그러나 최근에는 이들 프로그램들도 사실적 렌더링 기능을 적극적으로 개발하고 있습니다.

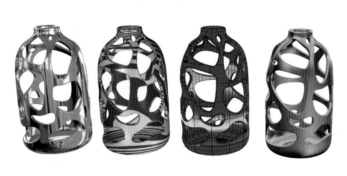

Rhino 3D의 다양한 시각 분석 툴

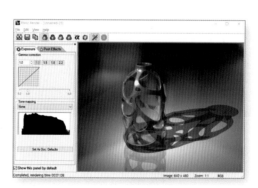

Rhino 3D의 렌더링 도구(Rhino V5)

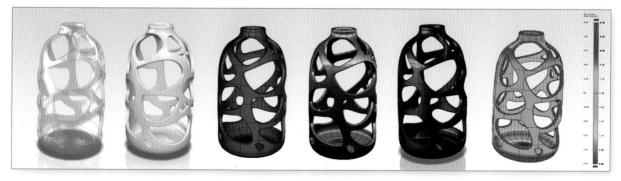

Alias Design의 다양한 시각 분석 툴

아래는 3D 렌더링 이미지를 제작하기 위한 기본 과정입니다.

렌더링의 첫 과정은 장면의 연출 기획(Staging/Directing)에서 시작합니다. 어떻게 보여 줄 것인지 구도를 설정하고 배치한 후, 재질/환경/조명/카메라/기타 추가 효과 등을 설정합니다. 아래 그림에서 A 과정과 B 과정은 순차적으로 진행되기 보다는 상호 보완적으로 이루어지며, C 과정은 설정 완료된 장면을 하드웨어 시스템으로 보내 연산을 진행하는 것으로 사용자가 개입할 여지가 없습니다. 연산의 결과로 얻어지는 렌더링 이미지는 추가적인 후보정을 거쳐 최종 이미지로 완성됩니다.

3D 렌더링의 핵심은 의도한 메시지와 분위기를 시각 이미지로 표현하는 것으로, 좋은 이미지를 얻기 위해서는 대상의 성격과 목적에 대한 이해를 바탕으로 적합한 분위기를 설정하는 기획 능력과 이에 대한 연출력, 그리고 **재질과 텍스쳐, 빛과 환경, 구도와 카메라, 후보정에 대한 전반적인 이해와 활용 능력**이 반드시 필요합니다. 이러한 능력은 쉽게 얻을 수 있는 것이 아니어서 꾸준한 노력과 관심이 필요합니다.

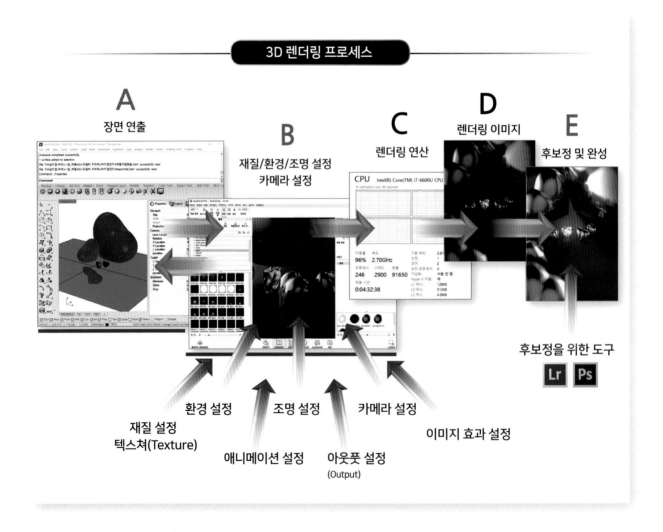

3D 렌더링 프로세스

6. 주요 3D 렌더러 소개(독립&플러그인 타입)

3D Max, Maya, Cinema 4D 등의 3D 소프트웨어는 3D 토탈 애니메이션을 제작하기 위한 모델링, 캐릭터 설정, 캐릭터 모션(리깅), 시각 특수 효과(VFX), 유체, 물리, 중력 효과, 카메라 애니메이션, 후보정 등의 복합 기능을 지향합니다.

즉 3D 프로세스의 시작에서 끝까지 하나의 프로그램 패키지에서 가능하도록 개발되었고, 지금도 지속적으로 기능이 추가 및 개선되고 있습니다. 그러나 프로그램에 따라 상대적으로 특화된 기능과 부족하거나 비효율적인 기능들이 있기에 별도의 Plug-in(플러그인) 프로그램을 설치하여 보완하거나 특정 기능을 따로 떼어 내 독립적인 프로그램에서 진행하기도 합니다. **특히 렌더링 과정의 경우 별도의 독립형 프로그램이나 플러그인 타입의 렌더러를 많이 사용합니다.**

그중 실사와 같은 높은 퀄리티의 이미지를 제작할 수 있는 독립&플러그인 타입의 렌더러 10가지를 소개합니다.

	렌더러	개발사	방식	연산 방식	홈페이지	Rhino3D 공식 지원
☆ 1	KeyShot	luxion	독립 실행형 (Stnad Alone)	CPU	www.keyshot.com	Rhinoceros
☆ 2	V·ray	CHAOSGROUP	플러그인 독립 실행형 (네트워크 렌더 노드)	CPU + GPU	www.chaosgroup.com	Rhinoceros
3	octanerender	otoy	플러그인 독립 실행형	FULL GPU	https://help.otoy.com	Rhinoceros
4	CYCLES 4D New Features and Improvements	INSYDIUM LTD	플러그인 (Plug-in)	CPU + GPU	https://insydium.ltd/products/cycles-4d	
5	NVIDIA Iray	NVIDIA	플러그인	FULL GPU	www.nvidia.com/object/nvidia-iray.html	Rhinoceros
6	NVIDIA mental ray	NVIDIA	플러그인 독립 실행형	CPU	*2017년 1월 단종	
7	Maxwell	NEXT LIMIT	플러그인	CPU + GPU *version4 부터	www.nextlimit.com/maxwell	Rhinoceros
8	arnold	SOLIDANGLE AUTODESK	플러그인	CPU + GPU	https://www.solidangle.com	
9	REDSHIFT	REDSHIFT	플러그인	FULL GPU	www.redshift3d.com	
10	AUTODESK VRED DESIGN	AUTODESK	독립 실행형	CPU + GPU	www.autodesk.com	

7. 빛을 다루는 기본 개념

키샷은 HDRIBL(High Dynamic Range Image Based Lighting)과 G.I(Global Illumination) 방식을 모두 지원합니다. 이 두 방식은 3D 렌더링의 핵심으로, 기본적인 개념을 알아 둘 필요가 있습니다.

7.1 G.I(Global Illumination)-글로벌 일루미네이션

빛은 에너지를 가지는 파장이자 입자로 광원에서 방출된 후 면과 만나 굴절되거나 반사-산란됩니다. 이 과정은 빛의 에너지가 0이 될 때까지 계속됩니다. 이러한 빛의 특성을 3D 렌더링에서 구현하는 기술이 글로벌 일루미네이션(G.I)입니다. 이를 위해서는 높은 컴퓨팅 성능이 필요하기 때문에 과거에는 빛이 면과 만나는 순간 연산을 종료하는 로컬 일루미네이션을 사용하였고, 글로벌 일루미네이션과 비슷한 효과를 구현하기 위해 여러 가지 3D 렌더링 트릭이 사용되었습니다. 아래는 로컬 일루미네이션과 글로벌 일루미네이션의 개념과 차이를 보여 주는 이미지입니다. 차이가 확연히 보이지요?

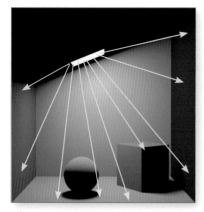

로컬 일루미네이션

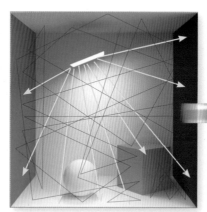

글로벌 일루미네이션 빛 추적 개념

글로벌 일루미네이션 결과

Color Bleeding-빛 번짐 효과

빛은 면에 부딪치고 그 면이 가지는 특성에 따라 변화합니다. 투명체를 만나면 굴절되고 거울을 만나면 반사되며, 색을 지닌 면을 만나면 일정량은 흡수되고 일정량은 면의 색을 머금고 반사됩니다. 이러한 특성에 의해 좌측 이미지와 같이 빛 번짐이 나타나는데 이를 **컬러 브리딩 효과**라고 합니다.

7.2 다이렉트/인다이렉트 라이트(Direct/Indirect Light)

광원에서 처음으로 방출된 빛을 **다이렉트 라이트**(Direct Light-직접광), 빛이 첫 번째 면을 만나 반사, 굴절된 이후의 분산된 빛들을 **인다이렉트 라이트**(Indirect Light-간접광)라 합니다. 간접광 연산은 빛의 에너지가 0이 될 때까지 무한에 가까운 연산을 계속하기에 의도적으로 연산 횟수를 제어합니다. 키샷에서는 다이렉트 라이트를 '레이 바운스-Ray Bounce'로, 인다이렉트 라이트(간접광)를 글로벌 일루미네이션으로 **통합 제어**합니다.

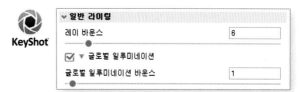

7.3 G.I와 인다이렉트 라이트 제어의 필요성

간접광의 연산 횟수에 따라 아래와 같이 결과가 달라집니다. 빛을 더 많이 추적할수록 전체적인 밝기가 증가합니다. 공간의 표현 시에는 간접광에 의해 전체 조도와 분위기가 달라지며 제품의 경우도 틈이나 안쪽으로 들어간 면에서는 간접광의 역할이 필요합니다. 그러나 구석지거나 어두운 곳을 간접광으로 밝히기 위해서는 렌더링 시간이 오래 걸리기 때문에 적정 수치로 렌더링을 진행한 후, 후보정을 통해 밝게 털어 내는 방법을 많이 사용합니다.

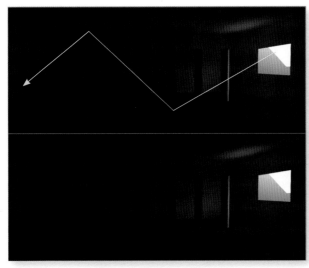

G.I-간접광 바운스(2회)

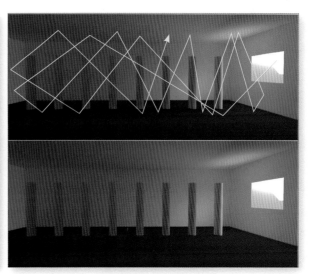

G.I-간접광 바운스(40회)

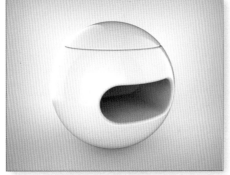

HDRI + G.I(바운스 1)

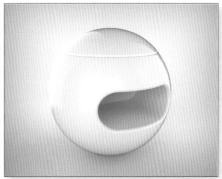

HDRI + G.I(바운스 4)

7.4 HDRI(High Dynamic Range Image)

HDRI(High Dynamic Range Image)는 16bit 이상의 방대한 정보를 가진 이미지입니다(8bit는 2의 8승 = 256단계, 16bit는 2의 16승 = 65,536단계를 표현할 수 있다는 의미입니다). HRDI 렌더링은 HDR 이미지를 구 형태에 입혀 3D 렌더링을 위한 반사 환경 + 라이팅 소스로 사용하는 것으로 G.I 효과의 Glow, Fresnel, Caustic 등의 광학 효과를 일정 부분 자동으로 구현합니다. 즉, **디자이너의 입장에서는 HDR 이미지를 선택하고 재질을 입힌 후, 카메라를 조정하는 일만으로도 실사에 가까운 멋진 이미지를 얻을 수 있습니다**(자세한 내용은, 라이팅 편을 참고하세요).

> *** HDRI 개념 모델**

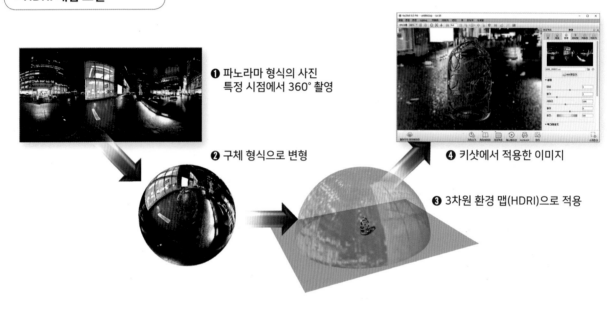

❶ 파노라마 형식의 사진
특정 시점에서 360° 촬영

❷ 구체 형식으로 변형

❸ 3차원 환경 맵(HDRI)으로 적용

❹ 키샷에서 적용한 이미지

아래의 이미지는 스튜디오 환경과 야외 환경의 HDR 이미지를 적용한 것으로, 실제 해당 환경에서 촬영한 것과 흡사한 결과를 보여 주고 있습니다. 이 렌더링 방식은 디자이너의 입장에서는 축복이나 다름없습니다.

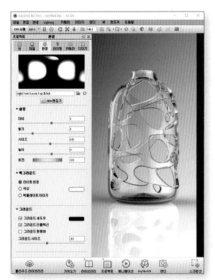

7.5 스튜디오 촬영과 HDRI 렌더링

HDRI 렌더링은 제품(3D 모델링 데이터)을 사진 스튜디오에서 촬영할지, 야외에서 촬영할지를 결정하는 것과 비슷합니다. 사진 스튜디오의 경우 태양광을 차단한 공간에서 인공 조명과 환경을 설정하여 의도한 이미지를 만드는 방식이고, 야외 촬영은 태양과 달, 안개와 비 등 원하는 분위기를 찾아서 촬영하는 것입니다. 실제 촬영은 촬영 장비를 갖추고 특정 공간, 시간에 구속되는 어려움이 있지만 키샷에서는 HDRI를 이용하여 그 모든 것을 가상으로 설정할 수 있습니다.

✱ 스튜디오 촬영의 어려움

스튜디오 촬영을 위해서는 조명과 확산판, 카메라와 렌즈, 노출계, 삼각대, 주변의 반사를 제어할 커튼, 물체를 올려 둘 선반 등 여러 가지 전문 장비가 필요합니다. 촬영은 보통 수십~수백 장을 진행하며, 이 중 가장 좋은 한 장을 골라 포토샵에서 적지 않은 후보정을 거쳐 최종 이미지로 완성합니다. 이 모든 과정이 곧 시간과 비용이며, 이렇게 공들여 촬영한 이미지가 3D 렌더링보다 좋지 않은 경우도 많습니다.

7.6 HDRI-제작 VS 소스 찾기

HDR 이미지는 크롬볼과 카메라를 이용하여 직접 만들 수도 있지만, 인터넷을 통해 유·무료 HDR 이미지를 찾을 수 있습니다. 그러나 키샷은 수십 종에 이르는 HDR 이미지 라이브러리(환경 라이브러리) 및 클라우드 라이브러리를 제공하고 HDR 편집기를 이용하여 세부적인 수정이 가능하기 때문에 특별한 경우를 제외하고는 제품 연출 렌더링을 위해 별도의 HDR 이미지가 필요하지 않습니다.

사진과 크롬볼을 이용한 HDRI 제작

유료 HDRI 소스사이트
www.evermotion.org

키샷에서 기본으로 제공하는 HDRI 라이브러리

8. 렌더러 비교 분석
KeyShot&V-ray

전 세계적으로 가장 많이 사용되는 키샷과 브이레이의 비교를 통해 3D 렌더링의 기본 개념을 파악합니다.

앞서 소개한 10개의 독립/플러그인 렌더러 중 무엇이 가장 좋은가에 대해 온라인 상에서 수많은 유저들이 테스트와 토론을 하고 있으나, 딱히 정답은 없어 보입니다. **'상황에 따라 다르고 도구는 사용하기 나름'**이니까요.

이들 렌더러 중 제품 디자인 분야에서 가장 많은 유저층을 보유하고 있는 3D 렌더러는 **키샷(KeyShot)과 브이레이(V-ray)**입니다. 이 두 렌더러는 각자 강력한 장점을 가지고 있습니다. 키샷은 뛰어난 알고리즘을 바탕으로 빠른 실시간 렌더링을 구현하기 때문에 최종 렌더링 느낌을 실시간으로 확인하면서 장면을 설정할 수 있습니다. 또한 드래그&드롭 방식의 쉬운 사용법을 가지고 있어 몇 가지 설정(선택)만으로도 우수한 퀄리티를 얻을 수 있고, 렌더링 시 CPU 성능만을 사용하기에 별도의 그래픽 칩셋 없이 CPU 내장 그래픽을 사용하는 랩탑 컴퓨터에서도 사용할 수 있습니다.

반면 브이레이는 키샷에 비해 상대적으로 높은 하드웨어 성능을 요구하지만 키샷보다 풍부한 세부 옵션들을 통해 사용자가 원하는 이미지를 구현할 수 있습니다. 그리고 퍼(Fur-털)와 디스플레이스먼트 맵(Displacement Map)을 지원해 모델링이 까다로운 털이나 모델링에 준하는 표면의 여러 가지 표현이 가능합니다. 또한 2017년에 출시된 라이노 3D용 브이레이3.4X 버전부터는 사용법도 무척 편리해 졌습니다. 정리하면, 키샷과 브이레이는 '시간 대비 최고의 효율 VS 최고의 결과'이며, 이 두 렌더러를 모두 사용할 수 있다면 제품 디자이너로서 자신의 디자인을 보여 주는 문제에 대한 고민은 사라질 것입니다. 지금부터 키샷과 브이레이를 비교해 보겠습니다. 세부적인 내용은 뒤에서 자세히 다루니 큰 개념 위주로 보시기 바랍니다.

8.1 렌더러 사용을 위한 학습량

두 렌더러의 최신 버전들은 한 두가지의 기능을 제외하고는 큰 차이를 찾아보기 어려워졌습니다. 그럼에도 키샷이 학습 초기에 우수한 결과물을 얻을 수 있는 이유는 직관적인 인터페이스와 빠른 실시간 렌더링, 그리고 빛, 재질, 환경 등의 세부 개념을 몰라도 사용할 수 있는 '준비된 라이브러리'를 활용해 드래그&드롭만으로도 수준 높은 결과를 낼 수 있기 때문입니다.

키샷의 이러한 특성은 여러 가지 옵션 설정과 작동 개념을 초기에 공부해야 하는 브이레이에 비해 큰 장점으로 작용합니다.

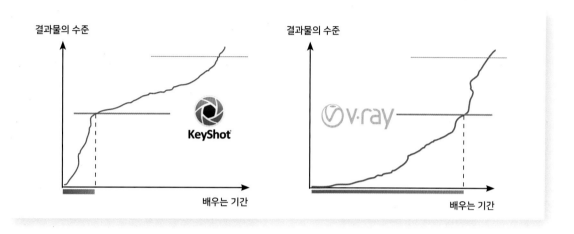

8.2 서로 닮아 가는 3D 렌더러

키샷 초기 버전에는 HDRI(High Dynamic Range Image)를 이용한 렌더 방식만 지원했지만 이후 G.I(Global Illumination) 기능, 인테리어 모드가 추가되며 빛의 난반사 계산이 필요한 공간 렌더링이 가능해졌습니다. 또한 버전이 높아지며 파트 애니메이션, 커스틱스, 파티클 연산 등 많은 기능이 추가되고 있습니다.

브이레이는 초기의 복잡한 인터페이스, 많은 세부 옵션, 결과물에 발생하는 노이즈 문제, 라이브러리 미 제공, 느린 실시간 렌더링 등의 다양한 문제들이 있었으나 현재는 대부분 해결되었습니다. 3D 렌더러들은 단점을 보완하고 장점을 발전시키며 결과적으로 서로 닮아 가고 있습니다.

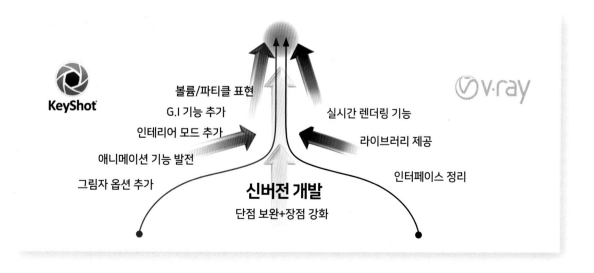

키샷은 처음 설치 시 밝은 테마 인터페이스를 기본으로 합니다. 만약 키샷의 밝은 테마에서 '왠지 전문적이지 않은' 느낌을 받는다면 상부 풀다운 메뉴 > 편집 > 환경 설정 > 인터페이스에서 테마의 색을 어둡게 변경할 수 있습니다. 참고로, 최근 출시되는 소프트웨어들의 인터페이스가 어둡게 설정되어 있는 이유는 랩탑 환경의 일반화에 따른 배터리 소모 문제 (화면이 어두우면 배터리 소모가 줄어듭니다)와 어두운 배경의 집중력 향상 효과 때문입니다. 그리고 하얀색 차와 검은색 차가 주는 느낌의 차이와 같은 일종의 컬러 심리도 고려되어 있을 것입니다.

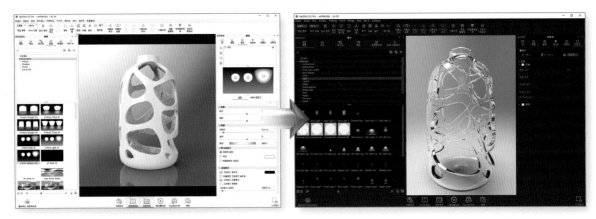

테마색 : 밝게 적용　　　　　　　　　　　테마색 : 어둡게 적용

라이노 3D용 V-ray는 어두운 인터페이스를 기본으로 하며, 별도의 인터페이스 컬러 테마 설정 항목은 없습니다. 아래는 라이노용 V-ray의 모습입니다.

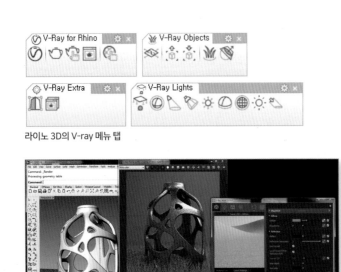

라이노 3D의 V-ray 메뉴 탭

8.4 라이트 종류 비교

렌더링의 핵심 중 하나인 빛의 종류를 비교한 표입니다. V-ray가 9가지의 라이트를 지원해서 키샷보다 많아 보이지만, 각각의 역할을
매칭시켜 보면 두 프로그램이 거의 동일한 라이트를 지원하고 있음을 알 수 있습니다. 오히려 키샷 8 버전이 Advanced-Flakes를 지원
하여 V-ray에서는 표현하기 어려운 빛나는 미세 입자를 좀 더 쉽게 표현할 수 있습니다(V-ray 역시 라이트가 아닌 다른 방식으로 이 기
능과 동일한 효과를 얻을 수 있습니다).

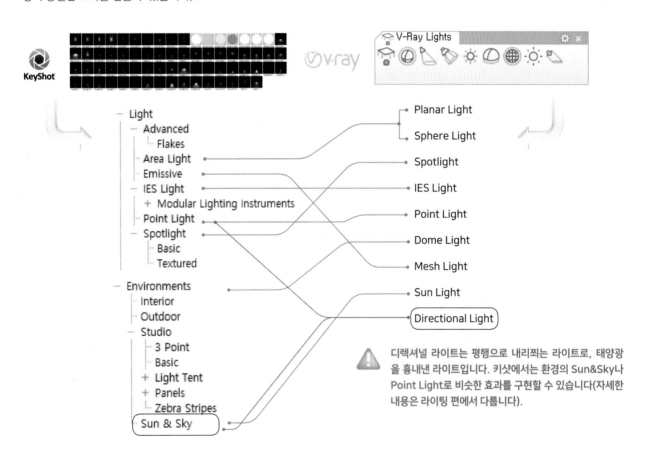

키샷의 라이팅 종류

키샷은 8가지의 라이트를 지원하며 각 라이트는 빛을 다루는 옵션이 상이합니다.

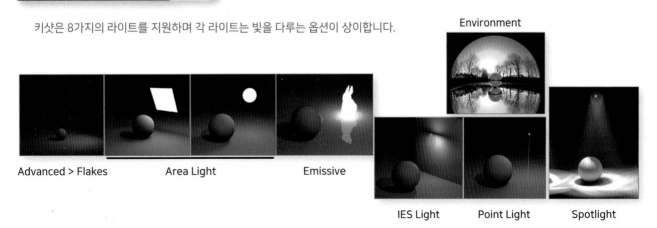

 주로 환경 설정(HDRI)으로 전체 라이트 환경이 표현되고 선택적으로 추가 라이트를 사용할 수 있다.

키샷은 HDR 이미지를 선택 > 적용하여 전체적인 빛과 환경 설정을 완료하는 방식을 주로 사용합니다. 이는 모델링에 지친 디자이너들이 렌더링에 쏟아부을 시간과 정성을 줄여 주고 렌더링에 대한 전문 지식 없이도 좋은 결과를 낼 수 있게 합니다. 물론 사용자의 필요에 따라 세부적인 빛의 추가도 가능하며 환경 이미지(HDR)를 사용하지 않고 조명 개체만 사용하여 렌더링을 진행할 수도 있습니다. 키샷의 빛(조명) 추가는 개체에 빛나는 속성을 주거나, HDRI 환경 이미지에 빛을 추가하는 2가지 방법을 지원합니다.

1. 환경에 조명을 추가하기

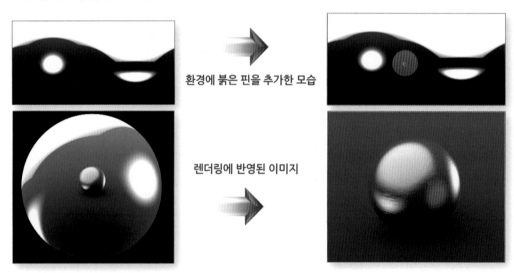

환경에 붉은 핀을 추가한 모습

렌더링에 반영된 이미지

2. 개체를 조명으로 설정하기

3D 개체에 조명 재질, 또는 라이팅 속성을 적용하여 조명 개체로 사용할 수 있습니다.

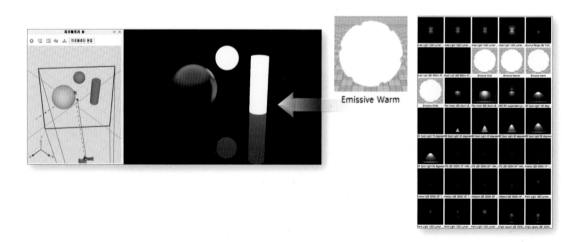

Emissive Warm

환경 설정(G.I, Environment 등)과 라이트를 세부적으로 지정해야 분위기가 표현된다.
조명과 환경에 대한 이해와 경험이 필요하다

브이레이는 G.I(Global Illumination) 방식의 렌더를 기본으로 하지만 HDRI를 환경으로 설정하여 키샷과 유사한 방식으로 사용할 수 있으며, 별도로 다양한 종류의 조명 개체들을 제공합니다. 세부 옵션이 많고 각각의 옵션 조절에 따라 결과물의 완성도가 변하기 때문에 3D 렌더링의 기본 개념에 대한 이해가 뒷받침되어야 좋은 결과를 얻을 수 있습니다.

· 라이노 3D의 브이레이에서 지원하는 다양한 조명 개체

별도 조명 없이 HDRI로만 렌더링한 이미지

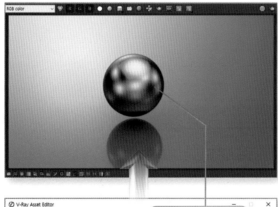

HDRI 환경 + 조명 개체를 사용한 이미지

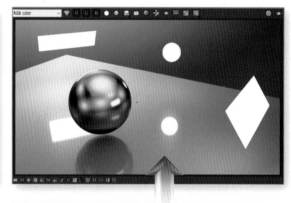

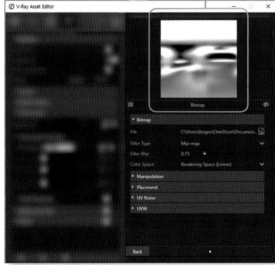

Rhino 3D용 V-ray(Ver. 3.4)의 환경(Environment) 설정 탭

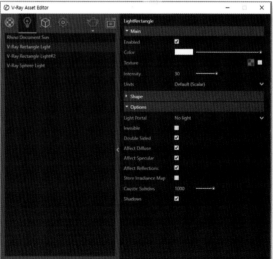

Rhino 3D용 V-ray(Ver. 3.4)의 라이트 개체 설정 탭

8.7 커스틱스(Caustics) 기능 비교

커스틱스(Caustics)란 빛이 반사체나 투명체를 만나 굴절-산란되며 만들어지는 특정한 형태의 빛 패턴으로, **광학 굴절**이라 부릅니다. 빛이 프리즘을 통과하며 생기는 무지개와 투명체를 통과한 빛의 그림자, 일렁이는 수면 아래로 생기는 빛의 산란 패턴 등이 **대표적입니다.** 이 기능은 빛의 입자를 추적하여 표현해야 하기에 연산에 오랜 시간이 걸리지만 사실적 렌더링을 위한 필수 요소입니다. 키샷, 브이레이 모두 커스틱스 효과를 지원합니다(커스틱스 효과는 GI 기능과 별도로 작동합니다).

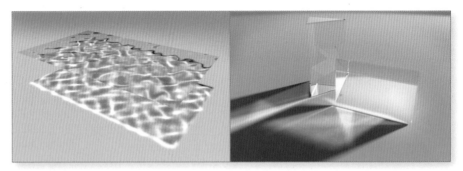

키샷 초기 버전에는 Caustics(빛의 산란)를 표현하는 기능이 없었으나, 버전 4.3부터 이 기능이 탑재되었습니다. 라이팅 탭에서 커스틱스 기능을 On/Off 할 수 있고 재질의 투명도와 굴절률 + 표면 상태와 연관되어 작동합니다.

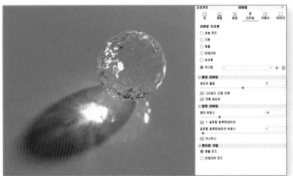

브이레이는 커스틱스에 관한 제어 옵션을 별도로 가지고 있습니다. 이 제어 옵션의 설정에 따라 커스틱스의 선명도, 강도 등을 변경할 수 있습니다. 라이팅 옵션과 관련지어 설정해야 하기에 키샷에 비해 사용이 까다롭습니다.

8.8 재질 편집기&라이브러리 비교 Material Editor&Library

키샷과 브이레이는 현실의 빛과 재질이 지니는 속성을 기반으로 렌더링 연산을 진행하기 때문에 빛의 세기, 그림자의 제어를 비롯하여 굴절률, 거칠기, 반사도 등과 같은 재질의 설정 항목들이 유사합니다. 또한 두 렌더러 모두 계층 구조(트리 구조)의 재질 편집기를 지원합니다.

키샷은 재질별 카테고리 외에 팬톤 컬러로 색을 설정할 수 있는 옵션이 있고, 다양한 환경까지 라이브러리 형식으로 기본 제공되기 때문에 빠른 장면 설정이 가능합니다.

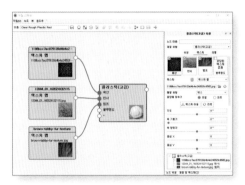

재질의 구조를 한눈에 파악할 수 있는 재질 편집기

재질 라이브러리

환경 라이브러리

브이레이 역시 재질별 카테고리(Asset Editor)를 제공합니다. 그러나 **환경 라이브러리는 별도로 제공하지 않기 때문에** 직접 설정해서 사용해야 하는 번거로움이 있습니다.

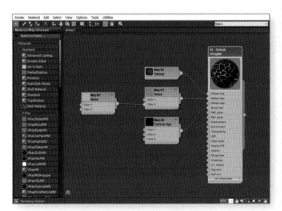

계층 구조 방식의 재질 편집기

재질 라이브러리(Asset Editor)와 세부 설정 탭

키샷은 기본 도형을 만드는 기능과 사용이 불편한 폴리곤 수정 관련 명령어 외에 별도의 모델링 기능은 없습니다. 그래서 털과 같은 3차원 재질은 다른 3D 프로그램에서 제작한 후 키샷으로 가져와야 합니다. 털 사진을 표면에 입히거나 요철(Bump Map or Normal Map) 방식을 사용한 경우 3차원으로 만들어진 털 개체보다 어색하고 현실감이 떨어집니다. 키샷 8 버전의 대체(Displacement Map) 기능으로 털과 비슷한 효과를 구현할 수도 있지만 중력 설정 옵션 등이 없어 아직 완벽한 털 표현에는 무리가 따릅니다.

Texture Mapping

Fur 기능 적용

키샷 대체 맵 응용

V-ray for Rhino Fur Object Menu

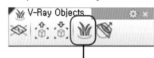

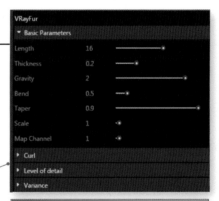

대부분의 제품 디자인은 표면이 매끈하거나(Glossy) 무광(Matte) 또는 섬세한 질감을 표현하는 수준을 크게 벗어나지 않지만, 가끔 제품의 분위기를 연출하기 위해 수건이나 양탄자, 인형 등 털 재질을 함께 연출해야 할 경우가 있습니다. 털의 느낌을 표현하는 일은 3D에서 쉽지 않은 일입니다. 브이레이는 Fur 기능(털을 3D로 만들어 주는 기능)을 가지고 있어 쉽게 아래와 같은 이미지를 만들 수 있습니다. **털의 길이와 두께, 모양, 중력 방향에 대한 저항값을 조절할 수 있습니다.**

Rhino 3D용 V-ray의 Fur기능을 활용한 3D이미지

8.10 대체(Displacement Map) 기능 비교

키샷 8부터는 디스플레이스먼트 맵 기능을 지원합니다(한글 버전에는 '대체'로 번역되어 있습니다). 디스플레이스먼트 맵은 맵 소스로 사용되는 이미지의 명도 차이에 근거하여 모델링 자체를 변형하는 기능으로, 매핑의 영역이라기보다는 이미지를 이용한 모델링에 더 가까운 기능입니다. 표면의 입체적인 질감이 중요한 제품 디자인 프로젝트의 경우, 양산을 위한 최종 결정이 나지 않은 상황에서 여러 가지 디자인 시안을 만드는 것보다는 이 기능을 이용하여 입체 패턴 등을 시각적으로 표현한 후 의사 결정을 하고, 최종 선택된 안을 꼼꼼하게 모델링하여 양산 과정으로 넘어가는 방법이 여러모로 효율적입니다(자세한 내용은 재질 > 스티로폼을 참고하세요).

 키샷의 대체(Displcement) 기능

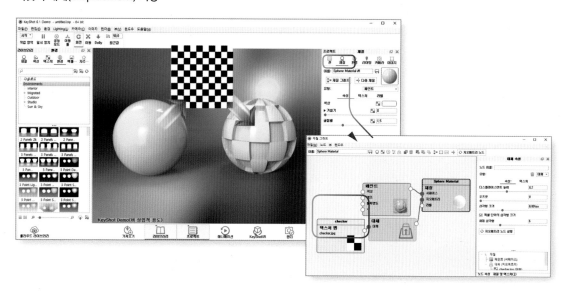

V·ray Rhino 3D용 V-ray의 대체(Displacement) 기능

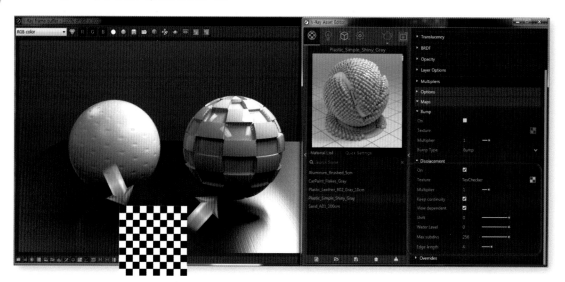

8.11 이미지 보정 기능-Post Production

렌더링이 끝난 이미지는 후반 작업을 거쳐 최종 이미지로 완성됩니다. 후보정은 3차원에서 이루어지는 과정이 아니라 2차원 이미지에 적용하는 것으로, 후보정이 필요 없을 정도로 렌더링 설정에 정성을 들일 수도 있지만 후보정을 진행하는 것보다 효율이 떨어지거나 렌더링 설정으로는 불가능한 경우가 많습니다. 키샷과 브이레이 모두 렌더링이 끝난 이미지에 대한 이미지 보정 기능을 제공하며, 상대적으로 브이레이가 더 다양한 옵션을 가지고 있었으나 키샷 버전 8부터는 브이레이와 동일한 수준의 후보정 기능을 탑재하였습니다. 그러나 3D 모델링/렌더링을 다루는 분들이라면 포토샵, 라이트룸과 같은 이미지 보정 프로그램을 활용하는 경우가 많아 3D 렌더러에서 제공하는 보정 기능을 많이 사용하지는 않습니다.

 키샷 8의 이미지 후보정 도구

노출 보정, 색상 보정, 볼륨 효과, 비네팅의 항목으로 구성됩니다.

키샷 8의 이미지 후보정 도구

커브 조정이 추가되고 세부 옵션이 늘어 조금 더 섬세한 이미지 보정이 가능합니다.

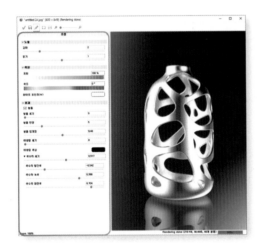

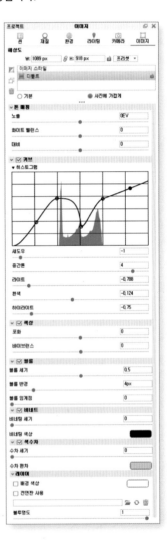

 **브이레이의 이미지 후보정 도구**

노출, 화이트 밸런스, 채도 색상, 레벨, 커브, 컬러 프로파일 등 전문적인 이미지 보정 기능을 제공합니다.

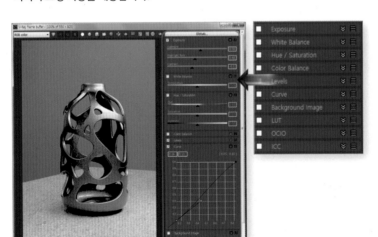

이미지 보정(Post Production)**을 위한 소프트웨어**

단일 이미지는 포토샵(Adode Photoshop)과 라이트룸(Adobe Lightroom)을 사용합니다. 포토샵은 이미지의 제작, 수정, 보정의 모든 영역에 사용하며 라이트룸은 이미지의 고급 보정에 특화된 프로그램으로 이미지 보정을 위한 전문적인 기능들을 포함하고 있습니다. 연속된 이미지로 구성된 애니메이션의 경우에는 에프터 이펙트(Adobe After Effect)와 프리미어(Adobe Premiere)를 많이 사용합니다.

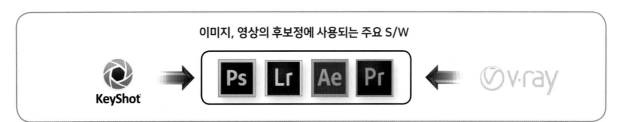

이미지, 영상의 후보정에 사용되는 주요 S/W

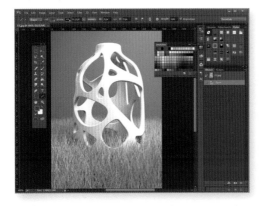

이미지의 수정, 보정 > 포토샵

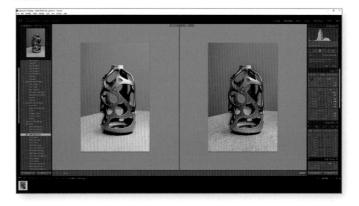

이미지의 고급 보정 > 라이트룸

영상 특수 효과, 보정 > 에프터 이펙트

영상 편집,수정 > 프리미어

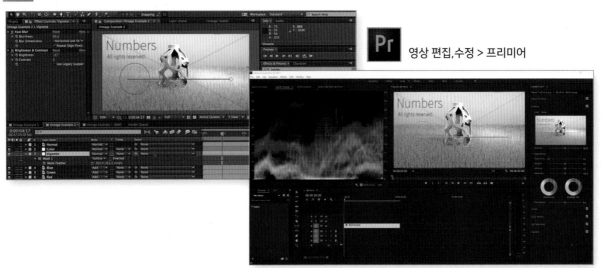

키샷은 '오직 CPU 성능'만을 이용하여 렌더링을 진행합니다. GPU는 Open GL 2.0 이상을 지원하면 사용 가능하며 화면의 디스플레이 속도에 주로 관여합니다. 따라서 제품 모델링을 렌더링하는 경우, CPU의 내장 그래픽 칩셋으로도 충분히 사용할 수 있습니다. 키샷에는 별도의 GPU 설정 옵션은 없으며 렌더 설정 항목에서 CPU 자원을 얼마나 사용할지에 대한 옵션만 있습니다(프로버전).

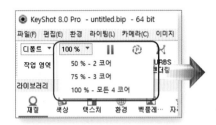

키샷은 CPU 자원을 지정하여 사용할 수 있습니다. 키샷에 CPU 자원 100%를 할당하면 렌더링을 진행하면서 동시에 모델링하거나 영화를 보는 등의 멀티 작업을 하는 경우 작업 속도가 현저히 느려지거나 PC가 다운될 수 있습니다. **멀티 작업이 필요한 경우, 렌더링 속도가 느려지더라도 렌더링에 사용할 CPU의 양을 분배하여 사용해야 합니다.**

 키샷과 고성능 그래픽 카드

키샷은 렌더 연산에 CPU 자원만 사용하지만 실시간 렌더링창의 디스플레이에는 GPU가 사용됩니다. 숲, 도시와 같이 수백~수천만 개의 폴리곤으로 이루어진 대용량의 3D 모델을 키샷으로 불러와 빠르고 부드럽게 움직이며 작업하기 위해서는 고사양의 그래픽 카드가 필요합니다.

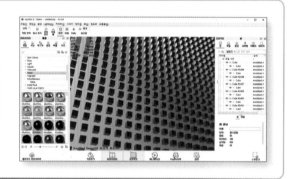

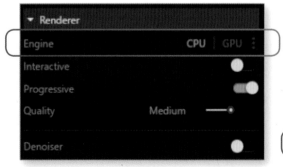

브이레이는 렌더링 연산을 위해 CPU 또는 GPU를 사용할 수 있습니다. CPU로 설정하면 렌더 연산에 CPU만을 사용하며 GPU로 설정 시에는 GPU와 CPU를 함께 사용합니다. Nvidia 사의 GPU를 사용할 경우 CUDA, AMD 사의 GPU를 사용할 경우 Open CL 기능을 지원합니다.

GPU를 선택, 렌더 연산의 일부에 사용할 수 있습니다.
(Rhino 3D용 V-ray)

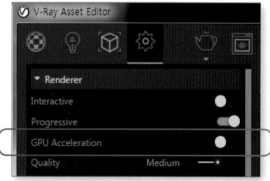

GPU 가속을 통해 실시간 렌더 속도를 높일 수 있습니다.
(Rhino 3D용 V-ray)

포스트 렌더링&실시간 렌더링
(Post Rendering&Real Time Rendering-Adaptive/Progressive Rendering)

복수의 3차원 개체를 이동, 회전, 시점을 변경하는 연산을 진행하면서 동시에 재질, 빛, 그림자까지 계산하여 실시간으로 보여 주는 일은 높은 연산 성능을 필요로 합니다. 과거 컴퓨팅 성능이 낮았던 시기에는 3D 모델링 과정과 재질 등의 설정을 완료한 후 오랜 시간을 들여 나온 결과물을 확인한 후 수정 > 재 렌더링하는 지루한 과정이 이어졌습니다. 재질과 빛 등의 설정을 실시간으로 업데이트하여 보여 주기에는 컴퓨터의 성능이 낮았던 것입니다. 이렇게 별도의 렌더링 과정을 통해 최종 결과물을 얻어내는 방식을 포스트 3D 렌더링(Post 3D Rendering)이라 하며 보통 앞 단어를 생략하고 **3D 렌더링**이라 통칭합니다.

2000년대 이후, CPU&GPU의 연산 능력이 현저히 향상되고 이와 동시에 하드웨어의 성능 대비 가격이 낮아지면서 고성능 PC의 대중화 시대가 열렸습니다. 거기에 추가로 시스템 자원을 더욱 효율적으로 사용하는 렌더링 알고리즘이 개발되었습니다.
이로 인해 **모델링 뷰포트가 멈춰 있는 시간을 이용하여 3차원 형상 데이터에 적용된 재질, 빛, 반사, 그림자를 지속적으로 업데이트하는 일이 가능**해졌으며, 이를 **실시간 렌더링(Real Time Rendering)**이라 부릅니다(편의상 실시간 렌더링이라 부르지만 정확한 개념은 **뷰포트의 점진적 업데이트 Adaptive-Progressive Rendering**입니다).

실시간 렌더링은 모델링 과정의 시각적 감응도를 높이고, 렌더링 결과를 여러 방향으로 돌려 가며 바로 확인할 수 있어 디자인 의사 결정을 용이하게 해 주는 등 많은 장점이 있지만 **큰 사이즈의 고품질 렌더링이나 수천 장의 이미지로 구성되는 애니메이션의 렌더링과 같이 많은 연산 자원이 필요한 경우에는 하드웨어의 한계 때문에 포스트 렌더링 방식으로 진행합니다.**

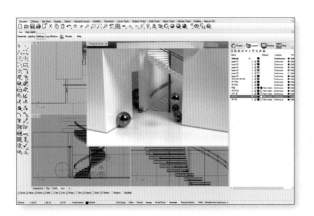

Rhino 3D의 실시간 렌더(Ray Traced Render Mode)

KeyShot을 이용한 렌더링(가로 6000 Pixel/18시간 소요)

3D 게임은 실시간 렌더링 ?

뷰포트를 자유롭게 조작하면서 즐기는 3D 게임 속에 포함된 수많은 3차원 개체와 빛, 그림자를 초당 수십 프레임으로 실시간 계산하여 표현하는 일은 일반 컴퓨터로 아직 불가능합니다. 그래서 3D 게임은 빛을 미리 계산하여 이미지로 만드는 라이팅 베이크(Lighting Bake), 적은 수의 폴리곤으로 만들어진 3D 개체를 복잡하고 섬세하게 표현하는 노말 매핑(Normal Mapping) 기술 등 여러 가지 전문적인 렌더링&모델링 트릭을 사용하여 하드웨어의 한계를 극복하고 시각적 화려함을 구현합니다.

니드 포 스피드 : 페이백 (Need for Speed : Payback)
일렉트로닉아츠 산하 스웨덴의 고스트게임즈 스튜디오가 2017 개발 및 출시한 레이싱 게임

8.13 절단면(Cutaway) 기능 비교

건축, 제품 디자인, 설계에 많이 사용되는 Rhino 3D, UG NX, Solid Works 등의 프로그램들은 절단면을 설정하여 내부를 보여 주는 기능이 있습니다. 브이레이(Clipper)와 키샷(버전 8-Cutaway) 역시 이와 유사한 기능을 지원합니다.

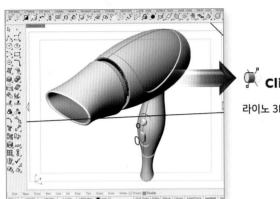

ClippingPlane

라이노 3D의 클리핑 플레인

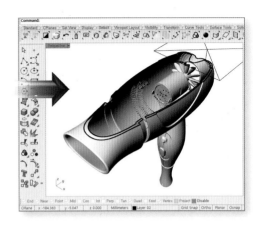

KeyShot

키샷 8 버전부터 적용된 Cutaway 재질은 특정 개체에 적용하여 아래와 같이 내부를 절단하여 보여 줍니다. 단면 표현을 여러 가지로 설정할 수 있습니다(재질 편 참고).

Cutaway material

V·ray

라이노용 브이레이의 Clipper 기능을 이용하여 절단면을 설정, 내부를 표현할 수 있습니다.

Rhino 3D용 V-ray menu

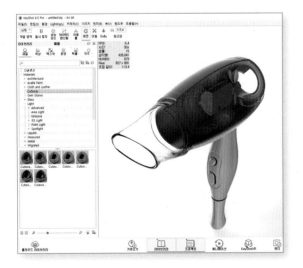

수백 그루의 나무로 구성된 숲, 가로등, 빌딩들이 모여 있는 도시의 장면을 고품질로 연출하기 위해서는 수천만 개 이상의 폴리곤이 필요합니다. 프록시 기능은 나무(구성 요소)를 최적화하여 마커로 지정, 이 요소들이 위치할 장소들을 설정 및 최적화한 후, 최종 렌더링 시 구성 요소 데이터들을 불러와 연산하는 기능으로 대용량 폴리곤 장면을 원할하게 구성할 수 있도록 도와줍니다. 영화 제작에 대응할 수 있도록 개발된 브이레이는 개발 초기 단계부터 이 기능을 포함하였지만 제품 디자인, 설계, 운송 디자인과 같이 단품의 연출을 시작으로 개발한 키샷은 아직 이 기능을 지원하지 않습니다.

Rhino 3D용 V-ray menu

Proxy 기능 아이콘

● 프록시(Proxy)의 개념

구성 요소 설정　　　　　　　　장면 연출 > 배치

렌더링 연산 결과

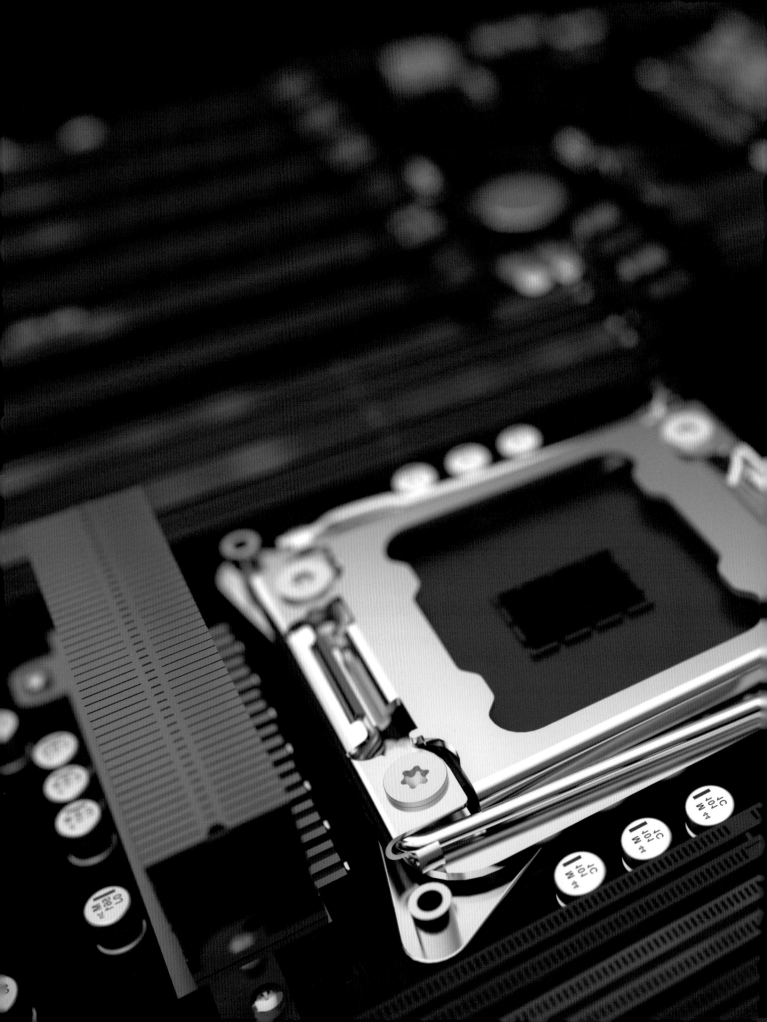

Chapter 02

Hardware

3D 렌더링을 위한 하드웨어

3D 렌더링 소프트웨어의 활용법에 대하여 잘 아는 것만큼, 그것이 실행되는 물리적 실체인 하드웨어에 대한 기본 지식도 필요합니다. 특히 3D 렌더링 과정은 하드웨어의 성능이 뒷받침되어야 시간을 절약하고 결과물의 퀄리티를 높일 수 있습니다. 이 장에서는 컴퓨터 하드웨어에 관하여 가장 기본적인 사항을 정리합니다.

3D 렌더링 효율 향상을 위한 하드웨어 개념 정리
CPU&GPU

* CPU(Central Processing Unit-중앙 처리 장치)
* GPU(Graphic Processing Unit-그래픽 처리 장치)

1. 컴퓨터 하드웨어의 구성

한 장의 좋은 3D 렌더링 이미지를 얻기 위해서는 여러 번의 렌더링 수정이 필요하며, 시간은 언제나 부족합니다. 이럴 때 **고성능 컴퓨터는 최종 완성도를 높일 수 있는 더 많은 기회와 시간 효율을 의미합니다.**

컴퓨터는 여러 가지 부품들의 조합으로 구성되며, 그중에서도 CPU와 GPU는 3D 프로세싱의 핵심 축으로 기본적인 사항을 알아 둘 필요가 있습니다. 항간에는 제품의 숫자가 높을수록, 가격이 비쌀수록 좋다고 하고 실제로도 그 말이 대충 맞기는 합니다만 반드시 그런 것은 아닙니다. 우선 새로 나온 고성능의 부품은 높은 가격이 책정되기에 가격 대 성능 비용이 높습니다. 컴퓨터 시스템은 부품 간의 전체적인 밸런스와 자주 사용하는 3D 소프트웨어와의 관계성이 중요한데, 새로 나온 부품은 필드 안정화 시간이 짧아서 다른 하드웨어/소프트웨어와의 충돌과 같은 문제가 발생하여 제 성능을 발휘하지 못하고 제조사의 업데이트를 기다려야 하는 경우가 생각보다 자주 발생합니다. 보통 완제품으로 구성된 컴퓨터는 하드웨어 간의 조합성 테스트를 일정 기간 거쳐 출시되기에 이런 문제가 적으나, 부품을 직접 조립하여 구성하는 경우에는 예상치 못한 문제가 발생할 수 있습니다.

컴퓨터를 구성하는 핵심 하드웨어

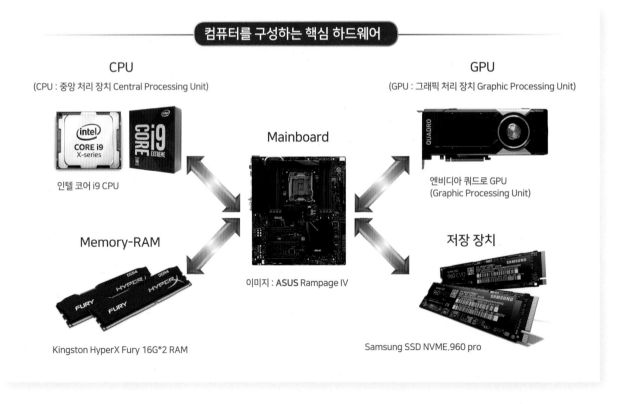

CPU
(CPU : 중앙 처리 장치 Central Processing Unit)

인텔 코어 i9 CPU

Mainboard

이미지 : ASUS Rampage IV

GPU
(GPU : 그래픽 처리 장치 Graphic Processing Unit)

엔비디아 쿼드로 GPU
(Graphic Processing Unit)

Memory-RAM

Kingston HyperX Fury 16G*2 RAM

저장 장치

Samsung SSD NVME.960 pro

2. 한 팀으로 구성되는 컴퓨터 시스템

* 부품들의 전체적인 밸런스가 중요합니다.

컴퓨터의 각 부품들은 한 팀으로 움직입니다. 어느 하나가 뛰어나도 각자
맡은 역할이 정해져 있기 때문에 다른 영역의 임무를 도와주지 못합니다.
그래서 컴퓨터의 실제 성능은 핵심 부품들 중 '가장 느린 것'을 기준으로
결정됩니다. 컴퓨터의 전체적인 성능을 평가하는 무료 소프트웨어를 이
용하여 자신의 PC 상태를 확인할 수 있습니다.

PC Benchmark Software

> 1. 코어가 많고 속도가 빠른 CPU를 가졌지만, 그래픽 카드가 CPU 내
>   장형이거나 성능이 낮다면 문서 작업은 빠른 속도로 가능하겠지만
>   3D 작업은 일정 수준 이상을 기대할 수 없습니다.
>
> 2. 빠른 CPU + 고성능 그래픽 카드라도 저장 장치의 속도가 느리다면
>   작업 데이터를 저장, 불러오는 데 많은 시간이 소요됩니다.

3. 내 컴퓨터의 하드웨어 사양 확인하기

파일 탐색기 > 내 PC 우클릭 > 속성 항목을 클릭하여 나타나는 시스템 창에서 내 컴퓨터의 하드웨어 사양을 확인할 수 있습니다.
시스템 창 왼편의 장치 관리자는 모든 하드웨어 장치 및 장치의 상태를 세부적으로 표시합니다.

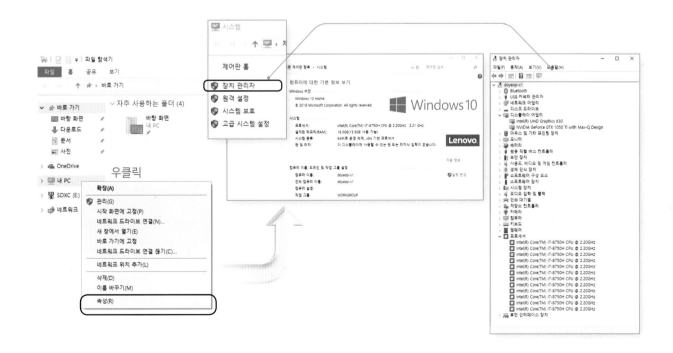

4. 3D 렌더링과 CPU-코어의 개수와 속도

CPU는 보통 1개의 물리적 형태를 취하며 연산 코어(Core)의 개수와 속도, 세대, 코드에 따라 세부적으로 나뉩니다. 코어가 2개면 듀얼 (Dual), 4개면 쿼드(Quad), 6개면 헥사(Hexa), 8개면 옥타(Octa)로 칭하며 2.4GHz, 3.7GHz등이 연산 속도입니다.

보통 CPU를 공장에 비유하는데 코어의 수 = 일꾼의 수, 연산 속도 = 각 일꾼의 일처리 속도입니다. 즉 코어가 많을수록 더 많은 동시 작업이 가능하고, 코어의 속도가 빠를수록 연산 성능은 높아집니다. 고성능 시스템의 경우에는 CPU 2개를 물리적으로 구성할 수도 있는데, 대표적인 시스템이 인텔 사의 제온 CPU(Intel Xeon Processor)입니다. 이 프로세서는 10~24개의 코어를 가지는 CPU 2개를 구성하여 최대 48개의 코어 구성이 가능합니다. 1개의 공장에서 일하는 2명의 일꾼 VS 총 44명이 일하는 2개의 공장의 차이를 상상해 보세요.

● Single CPU System

1개의 CPU를 사용하는 일반 메인보드

아수스 사의 싱글 CPU 메인보드
ASUS Prime B250 Plus Board

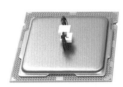

듀얼 코어 CPU

쿼드 코어 CPU

헥사 코어 CPU

● Multi CPU System

2개의 CPU 를 물리적으로 구성하여 최대 48 Core(Intel Xeon) 시스템을 구축할 수 있습니다.

아수스 사의 제온 CPU 전용 메인보드
ASUS XEON Board

INTEL® XEON® PROCESSOR E5 FAMILY

Intel® Xeon® Processor E5-2699 v4
• 55 MB SmartCache Cache
• 22 Cores
• 44 Threads

intel
XEON
inside™

* 인텔 제온 프로세서(Intel Xeon Processor | www.intel.com)

5. CPU의 모델 정보 (Intel CPU 기준)

CPU에 대하여 조금 더 자세하게 알아보겠습니다. 내 컴퓨터의 하드웨어 사양을 확인해 보면 프로세서 란에 아래와 비슷한 유형의 정보가 있습니다(Intel CPU 기준이며, AMD CPU는 다르게 표시됩니다).

i7-8750H CPU 2.20GHz (Turbo 4.1GHz)

앞의 i7은 큰 카테고리로 i3, i5, i7, i9 등으로 나뉘며, 높을수록 코어 개수가 많아 멀티 작업에 유리합니다. 뒤의 녹색 숫자는 세대(Generation)를 의미합니다. 그 뒷자리 숫자는 CPU의 속도로 높을수록 빠릅니다. 맨 뒤 알파벳은 X, K(데스크탑용), U, M, H, HQ(노트북용)에 붙으며 각 문자별로 특성이 다릅니다(아래 참조). 맨 뒤의 수는 코어의 트랜지스터가 열리고 닫히는 속도로 높을수록 성능이 좋습니다. 터보 내의 숫자는 터보 부스트 기술이 적용되어 최대 가속 상태일 때의 속도입니다. 키샷 3D 렌더링을 시작하면 이 수치에 가깝게 속도가 올라가며, 많은 전력을 소모하게 됩니다.

이상의 정보로 위 모델을 해석하면 멀티 작업에 능한 i7 8세대 모델이며 High(고성능)인데, 평소에는 2.2GHz로 작동하지만 필요시에는 4.1GHz까지 속도를 낼 수 있는 CPU입니다.

● CPU 뒤 알파벳의 의미

X : Extreme 최고 성능
K : 오버 클럭 가능 : 사용자가 성능 제한을 풀어 더 높은 성능을 끌어낼 수 있음
    (단, 발열에 의한 연산 오류 또는 PC 다운 가능성이 있음)

U : Ultra 저전력 CPU로 성능을 제한하여 배터리 유지 시간을 길게 한 모델
M : Mobile로, U 시리즈에 비해 성능이 높지만 전력 소모가 높음
H : High 고성능 CPU
HQ : 메인보드와 CPU 일체형으로 업그레이드가 불가능(물리적 크기를 줄이기 위한 모델)

6. CPU 코어&Thread 개수 확인법

CPU 코어의 개수와 Thred의 수는 작업 관리자 또는 장치 관리자에서 확인할 수 있습니다(앞 페이지 참조).

키샷은 렌더링 연산에는 CPU에 100% 의존하고, 실시간 디스플레이는 GPU + CPU에 의존합니다.

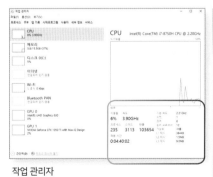

작업 관리자

장치 관리자

7. 3D 렌더링과 GPU

3D 모델링 및 렌더링의 연산은 CPU가 주로 담당하지만 그 결과를 모니터에 실시간으로 표시하는 일은 GPU(Graphic Processor Unit-그래픽 연산 장치)가 담당합니다. 그러다 보니 CPU가 빨라도 GPU 성능이 이를 받쳐 주지 못한다면 화면의 반응이 느려지며 답답함을 느끼게 됩니다. 그래서 대부분의 3D 프로그램들은 그래픽의 표현 정도를 사용자가 제어할 수 있는 메뉴가 있고, 또 GPU가 자체적으로 그래픽 성능 제어 소프트웨어를 제공하기도 합니다.

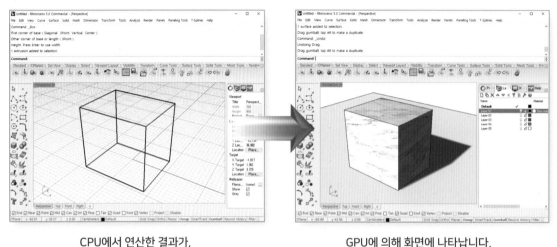

CPU에서 연산한 결과가,　　　　　　　GPU에 의해 화면에 나타납니다.

* Rhino 3D의 디스플레이 설정 메뉴　　　　　* Nvidia 3D Control Panel

PC 컨트롤 소프트웨어

전용 프로그램을 이용하여 컴퓨터의 핵심 부품들의 성능 및 팬 속도, 온도 등을 세부적으로 제어할 수도 있습니다.
(www.msi.com)

전 세계적으로 GPU 시장을 좌우하는 회사들이 있습니다. 바로 엔비디아(NVIDIA)와 AMD Radeon, 그리고 Intel입니다.
이 세 회사가 전 세계 GPU 시장을 나누어 지배한다고 해도 과언이 아닙니다.

▎ 엔비디아(NVIDIA)

엔비디아는 1993년 4월에 창립한 외장형 그래픽 칩셋 전문 제조업체로써 고사양의 3D 모델링 프로그램과 렌더링, 3D 게임 플레이 등의
3D 작업에 필요한 그래픽 칩셋과 멀티미디어 장치를 개발 및 제조하는 회사입니다. 일반 유저용 제품 라인으로 지포스(Geforce-GTX)
시리즈와 전문가를 대상으로 하는 쿼드로(Quadro) 시리즈, 그리고 고성능 컴퓨팅(연구소 등)을 위한 테슬라(Tesla) 시리즈를 생산합니다.
지포스와 쿼드로는 3D 그래픽 전문가들 사이에서 가격 대비 성능에 대한 이견이 있어 상황에 맞는 합리적 선택이 필요합니다.

최근 랩탑 PC(노트북)로 고사양의 3D 게임을 즐기는 사용자들이 증가하여 지포스 상위 제품군(10XX 라인업)이 탑재되는 경우가 많습
니다. 그래픽 전문가를 위한 고가의 랩탑 PC 중에는 쿼드로를 탑재한 제품도 있습니다.

엔비디아 홈페이지 www.nvidia.com

GTX-TITAN X

Quadro-GV100

Tesla K40 GPU

AMD-Radeon

본래 ATI 사의 그래픽 카드 브랜드 명이었으나 CPU, SSD, Memory 등의 PC 관련 핵심 부품을 전반적으로 생산하는 AMD 사가 인수한 후 AMD Radeon으로 변경되었습니다. GPU는 3개의 라인업으로 일반 사용자용인 Radeon RX 시리즈와 전문가용 그래픽카드인 Radeon PRO, 그리고 인공지능(AI)이나 연구소의 슈퍼 컴퓨터 등을 위한 Radeon Instinct가 있습니다.

영상 편집, 인코딩 분야에서 많이 사용되지만 3D 성능에 대해서는 엔비디아 사와 비교한 정보들을 참고하시기 바랍니다.
(http://userbenchmark.com/)

AMD Radeon RX 480

AMD Radeon PRO duo

AMD CPU

AMD 메모리

AMD SSD 저장장치

AMD 홈페이지(www.amd.com)

Intel

인텔은 전 세계의 70% 이상을 점유하는 CPU 제조사로, **생산하는 대부분의 CPU에 내장 그래픽 칩셋을 탑재하기 때문에 GPU 시장 점유율도 1위를 차지하고 있습니다.** CPU에 내장된 그래픽 칩셋은 높은 그래픽 성능이 필요하지 않은 사무용 PC의 경우 별도의 GPU 칩셋 없이도 PC 구성이 가능하여 저렴하게 PC를 구성할 수 있다는 장점이 있습니다. 또한 과거에는 CPU의 연산 성능에 비해 내장 그래픽 칩의 성능이 따라 주지 못하여 컴퓨터의 전체 성능을 저해하는 문제가 있었지만 최근에는 엔비디아, AMD와 같은 GPU 전문 회사들에서 생산하는 중저가형의 GPU와 비슷한 수준까지 발전하였습니다. 그러나 본격적인 3D 게임 또는 모델링/렌더링 연산을 수행하기에는 무리가 있고 애초에 그래픽 전문가가 아닌 일반 사무용, 학습용 PC 사용을 염두한 전략입니다. 최근 가벼움과 저렴함을 강조하는 랩탑 PC의 경우, 별도의 GPU 칩셋 없이 CPU의 내장 그래픽에 의존하는 경우가 많습니다. 고사양의 그래픽 작업을 수행하기에는 성능의 한계가 있으니 가치 판단이 필요한 부분입니다.
인텔 내장 그래픽 칩셋은 HD Graphics 시리즈와 Iris pro의 모델명으로 구분합니다.

9. 3D 렌더링과 하드웨어-CPU&GPU

빠른 속도의 많은 코어를 가진 CPU는 3D 작업의 효율을 높여 줍니다. 그러나 CPU의 경우 2~3년을 주기로 완전히 새로운 폼팩터(물리 구조-핀의 개수와 배열 등)로 출시되기 때문에 업그레이드를 위해서는 메인보드(Mainboard)까지 함께 교체해야 하고, 원하는 성능을 구축하기 위해서는 높은 비용이 필요하다는 문제가 있습니다. 이러한 문제를 해결하고자 최근 NVIDIA 등의 GPU를 제조하는 회사와 렌더링 솔루션을 개발하는 회사들을 중심으로 GPU 성능을 이용하여 3D 렌더링 연산 과정의 일부 또는 전체 과정을 처리하는 렌더링 방식을 개발하고 있습니다.

기본적으로 GPU는 1개의 CPU에 병렬로 4개까지 연결할 수 있으며(제온 2 CPU 구성 시 8개의 GPU 구성 가능), CPU보다 쉽게 업그레이드가 가능합니다. 그리고 CPU 중심의 렌더링 시스템 구축 비용보다 상대적으로 낮은 가격에 구축할 수 있다는 장점을 지니고 있습니다(상대적인 비용이 낮을 뿐, 멀티 GPU 시스템 구성 역시 높은 비용이 들어갑니다).

대부분의 3D 모델링&렌더링 프로그램들이 이미 GPU를 실시간 디스플레이와 렌더링의 일부 과정에 활용하고 있으며 최근 업데이트 동향을 보면 렌더러들이 GPU 기능을 이용하여 렌더링 효율을 높이는 방향으로 가고 있음은 분명해 보입니다.

Multi CPU Render System

서버가 아닌 일반 시스템에서는 CPU는 2개까지가 한계로 여러 개의 CPU 구성 시 메인보드가 추가로 필요하여 많은 비용이 소요됩니다.

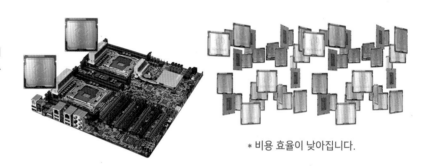

* 비용 효율이 낮아집니다.

Multi GPU Render System

CPU 1개당 최대 4개의 GPU를 연결할 수 있습니다.

NVIDIA Quadro P6000
* 이미지 출처 : www.nvidia.com

* 이미지 출처 : www.msi.com

NVIDIA Quadro P6000 GPU의 4 * 2 SLI 구성
* GPU는 1-2-4-8개의 조합으로 연결합니다.

만약 1초에 30장(30FPS : Frame Per Second) 구성으로 60분 짜리 애니메이션을 만들어야 한다면 총 1800(1분) * 60 = 108,000장의 3D 렌더링 이미지가 필요합니다. 4K 사이즈의 고품질 3D 렌더링 1장을 위해서도 몇 시간씩 걸리는데 10만 장의 렌더링 이미지를 제작해야 한다면 얼마의 시간이 소요될지 예상조차 어렵습니다. 그래서 이와 같은 영상&고품질 렌더링을 수행하기 위해 수백 개의 CPU를 네크워크로 연결한 하드웨어 시스템이 등장하게 되는데, **이를 렌더 팜(Render Farm)이라 합니다.**

렌더 팜을 독자적으로 갖추기 위해서는 천문학적 비용이 들어가기에 보통 임대하여 사용한 시간만큼 비용을 지불하는 형식으로 이용합니다.

분산 렌더링(Distribute Rendering)/네트워크 렌더링(Network Rendering)/클라우드 렌더링(Cloud Rendering)은 컴퓨터들이 직접 연결되어 있는지, 아니면 네트워크로 연결되어 있는지 등에 따라 의미가 조금씩 다르지만 기본 개념은 비슷합니다. 이 시스템은 명령을 내리는 컨트롤 타워 역할인 Server(Master)와 할당된 명령을 수행하는 Client(Slave)들로 구성되며 각 Client(Slave)는 고유의 네트워크 주소 또는 이름(ID)을 지정하여 관리합니다. KeyShot, V-ray 모두 이 기능을 지원합니다.

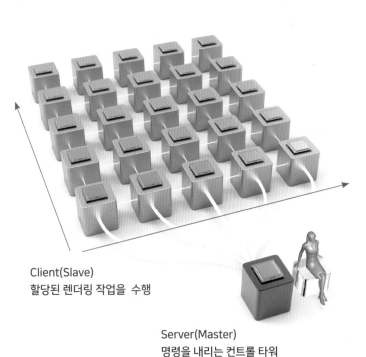

Client(Slave)
할당된 렌더링 작업을 수행

Server(Master)
명령을 내리는 컨트롤 타워

키샷 네트워크 렌더 솔루션 소개 페이지
https://www.keyshot.com/features/network-rendering/

V-ray Swarm 렌더 노드 소개 페이지
https://www.chaosgroup.com/kr/vray/render-node

중요한 하드웨어는 여러 회사에서 생산되고, 회사마다 제품을 부르는 명칭과 숫자들이 복잡합니다. 구매자의 입장에서는 어느 회사의 어떤 제품이 실제로 성능이 좋은지, 가격 대비 성능이 좋은 제품은 무엇인지에 대한 정보가 필요합니다. 이럴 때, 전 세계의 사용자들이 자신이 직접 사용하는 제품에 대한 데이터를 가감 없이 올리고 이에 대한 순위가 매겨지는 사이트는 매우 큰 도움이 됩니다. 이러한 정보를 알려 주는 많은 웹사이트가 있습니다만, 필자는 주로 userbenchmark.com을 이용합니다. CPU와 GPU를 비교하여 세밀한 성능 차이를 확인할 수 있으며, 가성비(가격 대비 성능비)도 일목 요연히 알 수 있게 구성되어 있습니다.

개인용 컴퓨터는 구매 시 2년 이상 사용 기간을 예상하고 구매하기 마련이고, 또 CPU와 GPU는 고가의 하드웨어라서 신제품이 나왔다고 하여 쉽게 바꾸기가 어려운 것도 사실입니다만, 새로운 하드웨어와 자신이 현재 사용하는 시스템의 성능을 비교하여 자신의 시스템에 어느 정도 성능을 기대해도 좋을지 가늠해 볼 수 있습니다. 3D 렌더링이 느리다면 적어도 무엇 때문에 느린지는 알고 사용해야 애꿎은 화를 줄일 수 있습니다.

＊하드웨어 성능 비교 데이터를 보여 주는 userbenchmark.com

12. 컴퓨터를 선택하는 기준

교육 현장에서 자주 받는 질문 중 하나가 바로 '어떤 컴퓨터를 사야하는가?'입니다. 그와 관련한 정보는 포털 사이트 검색을 통해 단 몇 분 만에도 어마어마한 양을 찾을 수 있으니, 여기서는 조금은 더 개인적인 관점에서 생각해 보겠습니다. 과거 전자 제품은 속칭 '가격 대비 성능이 좋은 것'이 미덕이었습니다만, 꼭 그렇게 판단할 필요는 없습니다. 컴퓨터는 2년 넘게 하루의 많은 시간을 함께 할 물건이니 라이프 스타일과 더불어 감성 소비 측면에서 접근해도 좋지 않을까요?

단, 3D 모델링, 렌더링, 나아가 애니메이션과 영상 편집까지 배울 예정이라면 앞서 알아본 기본 개념을 꼭 고려하셔서 선택해야 합니다. 가벼움과 아름다움은 중요한 요소이지만, '하염없이 긴 렌더링 연산 시간'을 이길 수는 없더군요.

애플 사의 랩탑과 데스크탑 시리즈

3

Interface&
Menu

키샷 소개, 설치, 인터페이스, 메뉴

키샷 소개 | About KeyShot

- 키샷의 소개, 특징 및 장단점
- 키샷 체험판 설치/컨텐츠 다운로드
- 디렉토리 구조
- 플러그인-라이브 링킹 사용법

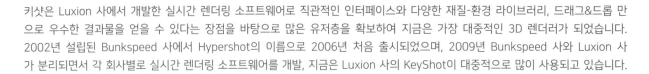

1. KeyShot!

키샷은 Luxion 사에서 개발한 실시간 렌더링 소프트웨어로 직관적인 인터페이스와 다양한 재질-환경 라이브러리, 드래그&드롭 만으로 우수한 결과물을 얻을 수 있다는 장점을 바탕으로 많은 유저층을 확보하여 지금은 가장 대중적인 3D 렌더러가 되었습니다. 2002년 설립된 Bunkspeed 사에서 Hypershot의 이름으로 2006년 처음 출시되었으며, 2009년 Bunkspeed 사와 Luxion 사가 분리되면서 각 회사별로 실시간 렌더링 소프트웨어를 개발, 지금은 Luxion 사의 KeyShot이 대중적으로 많이 사용되고 있습니다.

2015년 KeyShot 버전 6이 출시되며 인테리어 모드와 GI(Global Illumination) 기능이 추가되었고 2017년 겨울, 물리 스케일 텍스쳐를 적용한 KeyShot 7 버전, 2018년 연기와 같은 입자(Particle) 재질과 제품의 내부 구조를 보여 주는 기능이 강화된 KeyShot 8 버전이 출시되며 더욱 완성도 높은 렌더러로 거듭나고 있습니다. 그러나 아직 털(Fur) 기능은 지원하지 않으며 다층 디스플레이스먼트 맵(Displacement Map) 기능은 완벽하지 않아 추후 업데이트를 기다려 볼 만합니다. 윈도우용과 맥용 2가지 버전이 있습니다.

키샷 초창기 버전인 하이퍼샷

핵심 기능을 바탕으로 빠르고 강력한 키샷 4

G.I 기능 추가 등 대폭적 기능 향상을 한 버전 5

더욱 사용자 친화적으로 진화한 키샷 6

물리 스케일 텍스쳐를 적용한 버전 7(2017)

입자 재질과 디스플레이스먼트 맵, 제품 내부 구조 표현 등의 기능이 탑재된 버전 8(2018)

2. 키샷의 특징과 장단점

앞서 대표적인 3D 렌더러인 키샷과 브이레이의 비교를 통해 알아본 바와 같이 키샷의 가장 큰 장점은 무엇보다 **'쉬운 사용법과 빠르고 우수한 결과'**입니다. 단점은 **'사용이 쉬운 만큼 섬세한 제어 옵션이 상대적으로 적다'**는 점을 들 수 있지만 엄밀히 말하면 옵션이 적다기 보다는 감춰져 있는 것이며, 부족한 기능은 버전이 높아질수록 추가되어 버전 8에 와서는 3D 렌더러로써 대부분의 기능을 탑재하게 되었습니다. 키샷이 제품 디자이너들의 필수 도구가 된 이유는 아래와 같습니다.

· 제품 디자인 프로젝트 중에서 극도로 섬세한 3D 렌더링 세팅이 필요한 경우가 드물게 있지만,
· 그런 상황을 무시할 만큼 키샷이 전반적인 효율성이 높고,
· 지속적인 버전 업그레이드를 통해 새로운 기능들을 꾸준히 수용하고 있다.

키샷의 특징은 https://www.keyshot.com/features/에서 자세히 확인할 수 있습니다.
아래는 키샷 공식 페이지에 소개된 키샷 렌더링기능 주요 특징입니다.

1. 직관적이고 쉬운 인터페이스와 도움말

2. 다양한 모델링 소프트웨어 파일 다이렉트 지원

2. 실시간 렌더링 및 Streoscopic 지원

3. 빠른 렌더링 및 네트워크 렌더 지원

4. HDRI(High Dynamic Range Image) 방식의 환경 조명과 IES 조명 지원

5. Physical Camera(물리-실세계 기반 카메라) 기능

6. 다양한 재질&환경 라이브러리 제공

7. 클라우드 라이브러리 제공(Online-Web)

8. 카메라 애니메이션&파트 애니메이션 지원

9. KeyShot XR-인터렉티브 프레젠테이션

10. VR 헤드셋 지원(3차원 뷰 지원)

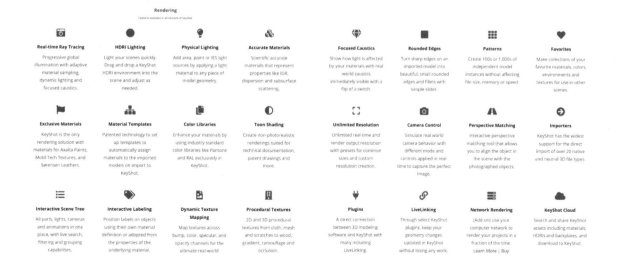

3. KeyShot 최신 버전 다운로드 및 설치(14일 체험판)

www.keyshot.com에서 최신 키샷 체험판을 받을 수 있습니다. 기본 정보를 입력하고 제출하면 기입한 이메일 정보로 키샷 체험판을 받을 수 있는 링크가 전송됩니다. 정식 체험판이므로 설치 과정은 특별한 주의 사항이 없습니다. 권리 동의, 설치 위치, 리소스 폴더 위치 등 기본 사항에서 변경 없이 진행합니다.

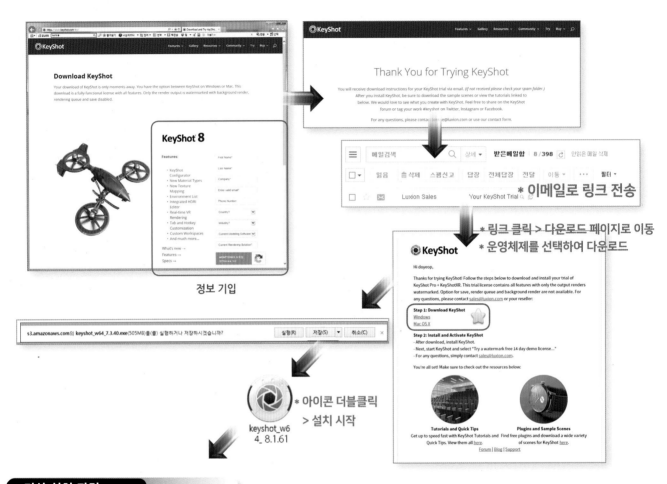

정보 기입

* 이메일로 링크 전송

* 링크 클릭 > 다운로드 페이지로 이동
* 운영체제를 선택하여 다운로드

* 아이콘 더블클릭
> 설치 시작

keyshot_w6
4_8.1.61

키샷 설치 과정

❶ 설치 시작

❷ 사용 라이선스 동의 과정

❸ 사용자 지정 과정

❹ 설치 폴더 및 리소스 폴더 위치 지정   **❺** 설치   **❻** 설치 완료

❼ 설치가 완료되면 바탕화면에 키샷 실행 아이콘과 리소스 폴더 바로가기가 생성됩니다.
키샷 아이콘을 더블클릭하여 실행하고 라이선스 등록 과정을 진행합니다.

❽ 14일 데모 라이선스를 선택하고 정보를 등록한 후 완료합니다.
언어는 실행 후 변경할 수 있으니 한국어를 선택합니다.

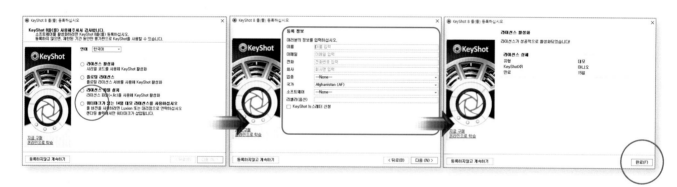

❾ 라이선스 등록을 완료하면 버전/고지 사항 스플래시 이미지와 시작 웰컴 팝업이 나타나며 키샷이 실행됩니다.

체험 기간이 만료되면 화면에 키샷 워터마크가 나타나며 렌더링의 저장 기능 등이 제한됩니다. 이후에는 정식판을 구매해야 하는데, 학생은 학생용 버전을 구입하여 사용할 수 있고 일반 기업은 키샷 HD/프로/프로 플로팅/엔터프라이즈의 4개 버전 중 선택할 수 있습니다.

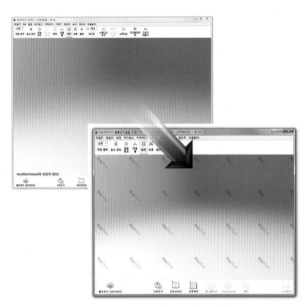

체험판 사용 기간 만료 후 워터마크가 나타나며
기능이 제한됩니다.

* KeyShot for Students

* KeyShot 일반/기업용

키샷 라이선스 유형과 라이선스 이동

키샷은 네트워크 라이선스 갱신형(연간 계약)과 독립라이선스 파일(KeyShot8.lic) 설치형이 있습니다. 독립 라이선스는 단일 PC에서만 활성화되지만, 다른 PC에서 키샷을 사용해야 할 경우에는 라이선스를 이동하여 사용할 수도 있습니다. 앞서 보았던 설치 시 라이선스 등록 과정과 동일합니다.

· 라이선스 이동 : 메뉴 > 도움말 > 이 컴퓨터상의
  라이선스 비활성화
· 다른 PC에서 키샷 실행 > 라이선스 등록 진행

5. 리소스 폴더/디렉토리 구조

3D 렌더링을 진행하기 위해서는 다양한 이미지, 텍스쳐 소스, 환경 소스 등이 사용되며 이를 잘 정리할수록 작업의 효율도 높아집니다.
기본값으로 설정되어 있는 리소스 폴더의 위치를 알고 있으면 이러한 소스들을 이곳에 포함하여 찾아다니는 수고를 줄일 수 있습니다.

 리소스 폴더 기본 위치

Windows

키샷 설치가 완료되면 바탕화면에 키샷 실행 아이콘과 함께 리소스 폴더 바로가기가 생성됩니다.
설치 시 경로를 별도로 지정하지 않았다면 윈도우 운영체제에서 키샷 리소스 폴더는 기본적으로
내컴퓨터 > 문서 > KeyShot 8에 위치합니다. 이 리소스 폴더에는 환경, 재질, 모델, 컬러, 스크립
트 등 키샷 활용을 위한 모든 소스들이 정리되어 있습니다.

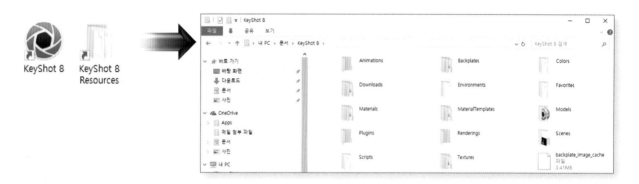

Mac OS

맥 OS의 키샷 폴더는 Application Support > Library > KeyShot으로 설정되어 있습니다.

 리소스 폴더 경로 바꾸기

상부 풀다운 메뉴 > 편집 > 환경 설정 > 폴더에서
리소스 폴더의 전체/세부 경로를 자유롭게 지정
할 수 있습니다.

대규모 프로젝트를 진행하거나 키샷이 공용 PC
에 설치되어 있어 개인 리소스를 외부 저장 매체
에 저장해야 할 경우에 활용할 수 있습니다.
(자세한 내용은 환경 설정 편을 참고하세요)

6. ASSET Library 다운로드와 설치 1

키샷 공식 홈페이지인 www.keyshot.com에는 키샷 사용을 위한 유용한 자료가 가득합니다. 홈페이지에 접속 > 상부 Resources > Downloads > Asset 페이지에서 컨텐츠 라이브러리를 무료로 받을 수 있습니다. 컨텐츠 라이브러리에는 Aversis 사의 HDR 환경 10종과 Poliigon 사에서 제공하는 79종의 나무, 콘크리트, 벽돌 등의 재질을 포함하고 있습니다.

● Aversis 사의 HDR 이미지 소스

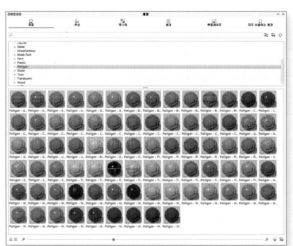

● Poliigon 사의 다양한 재질 소스

홈페이지에 접속 www.keyshot.com > 상부 메뉴 중 Resources > Downloads > Asset 페이지에서 무료 라이브러리인 Axalta Color Collection과 Mold Tech 2가지의 재질 시리즈를 받을 수 있습니다.

⭐ **실제 기반의 라이브러리는 3D 프로세스와 최종 양산 사이의 오차를 줄일 수 있도록 도와줍니다.**

· Axalta Color Collection은 3개의 레이어로 구성된 특수한 컬러들을 키샷 재질로 제공합니다.
· Mold Tech는 금형에 적용하는 입체 패턴으로 사출물의 표면에 가죽, 천, 돌 등 여러 가지 패턴을 표현할 수 있습니다.
  등산용품, 산업용품, 가전제품 등 광범위한 분야에 사용됩니다.

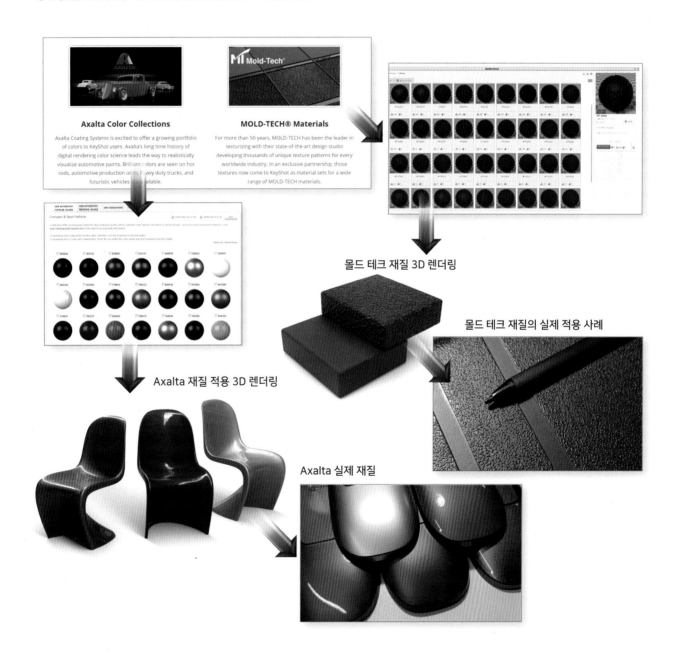

몰드 테크 재질 3D 렌더링

몰드 테크 재질의 실제 적용 사례

Axalta 재질 적용 3D 렌더링

Axalta 실제 재질

키샷은 독립 실행형 프로그램으로 보통 모델링이 완료된 데이터를 키샷으로 불러와 렌더링 설정을 진행합니다. 그러다 보니 간혹 키샷에서 렌더링 설정 중 모델링 수정이 필요한 경우, 모델을 수정하고 렌더링 설정을 처음부터 해야 하는 상황이 발생합니다. 이는 상당히 번거로운 과정입니다. 이럴 때 플러그인-**라이브링킹(LiveLinking)**으로 해결할 수 있습니다.

LiveLinking™

Luxion's LiveLinking technology takes the KeyShot plugin to the next level. With LiveLinking, your modeling application and KeyShot are connected (via the plugin). With it, you can continue to work in the 3D modeling application after the initial transfer to KeyShot. At any point in time you can update your designs in KeyShot with the simple push of a button. Only the changed parts and layers will be transferred to KeyShot, without the loss of any materials, animations, lighting nor camera setup. Simply put, everything will be maintained. Do this today, tomorrow or next week. All you do is open your model in the 3D modeling software and the scene in KeyShot – and you are linked!

● LiveLinking, 어디서 받을 수 있나요 ?

라이브링킹은 **키샷 홈페이지 > Resources > Downloads > Plugin 탭**에서 윈도우-맥용을 무료로 받을 수 있으며 주요 3D 모델링 프로그램별로 선택할 수 있습니다. 라이노 3D용 플러그인을 기준으로 알아보겠습니다.

❶ 키샷 홈페이지에 접속하여 리소스 > 다운로드 > 플러그인 탭으로 이동합니다. 라이노 3D 로고를 클릭하고 운영체제(WIN/MAC)를 선택합니다.

❷ 바탕화면에 플러그인 설치 파일을 받고 실행하여 안내에 따라 플러그인을 설치 > 완료합니다.

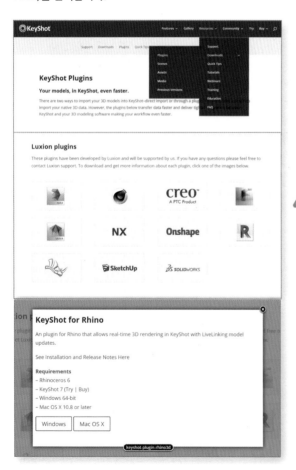

⚠️ 라이브링킹의 다른 버전은 Resources > Downloads > Previous Version에서 찾을 수 있습니다.

라이브링킹 플러그인을 설치하고 라이노 3D를 실행하면 키샷 툴바가 보입니다. 시작 시 키샷 툴바가 나타나지 않는다면 도구 모음에서 찾을 수 있습니다(도구 모음은 상부 메뉴 > Tools > Options 또는 세부 메뉴 바의 옵션 표시 클릭).

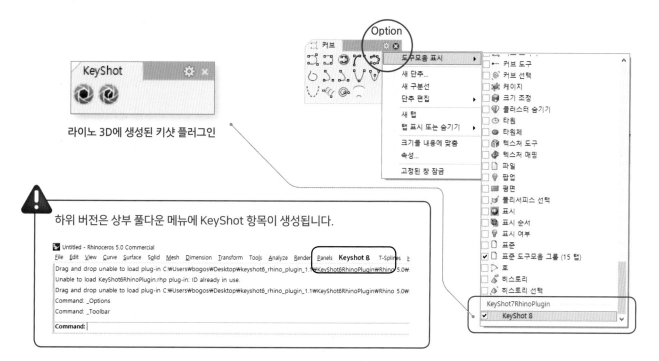

라이노 3D에 생성된 키샷 플러그인

하위 버전은 상부 풀다운 메뉴에 KeyShot 항목이 생성됩니다.

❶ 모델링을 하던 중이라도 키샷 라이브링킹 아이콘을 클릭하면 키샷이 실행되며 자동으로 모델 파일이 키샷으로 넘어갑니다.

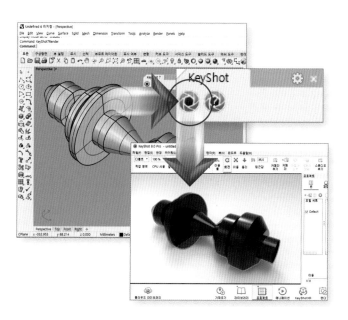

❷ 모델링을 수정하고 다시 라이브링킹 아이콘을 클릭하면 키샷의 모델이 업데이트됩니다.

10. 키샷 인터페이스 정리

키샷은 직관적인 인터페이스를 제공합니다. 무척 쉬워 자세히 살펴보지 않고
사용하는 경우가 많습니다만, 유용한 기능들이 가득합니다.

10.1 스타트 팝업 창(Welcome Window)

키샷 스타트 팝업 창에는 유용한 항목들이 많습니다. 팝업 창 아래의 연결 탭에는 유튜브 키샷 채널 및 페이스북, 인스타그램, 키샷 블로그, 포럼으로 연결되는 다이렉트 아이콘들이 준비되어 있습니다. 이 링크들에는 키샷을 사용하는 전 세계의 유저들과 키샷 본사에서 제작하는 팁들이 가득합니다. 특히 포럼에는 키샷 사용 시의 궁금증, 유저 갤러리, 문제 해결법 등을 볼 수 있습니다.

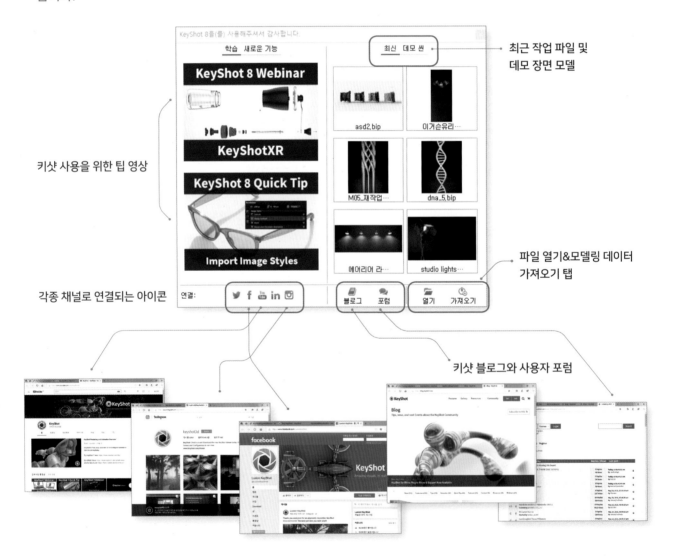

10.2 KeyShot 시점(화면) 제어 방법

키샷의 본격적인 학습에 앞서 마우스와 터치 패드를 이용한 화면 시점 제어 방법에 대하여 알아보겠습니다.

키샷은 미리 설정된 3차원 구체 공간 + 내부의 가상 지면에서 시작하며 이 가상 지면을 기준으로 대상을 위치합니다. 대상을 바라보는 시점을 제어하기 위해 마우스 또는 터치 패드를 사용할 수 있으며 마우스 좌클릭은 바라보는 대상을 중심으로의 시점 이동(Tumble), 휠 버튼을 돌리면 줌(Zoom in-Zoom out) 기능, 그리고 휠을 누른 채로 마우스를 이동하면 Pan 기능이 실행됩니다.

키샷 가상 공간과 시점 개념

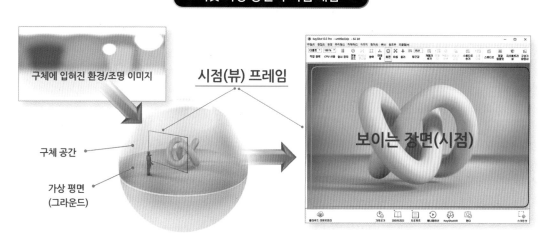

마우스로 시점 제어하기

Ctrl + 좌클릭 이동
구체 공간 회전

좌클릭 상태로 마우스 이동
Tumble-회전

휠 굴리기
Zoom in-Zoom out

휠 누른 상태로 마우스 이동
Pan

터치 패드로 시점 제어하기

- 한 손가락으로 터치한 채 드래그 : Tumble
- 두 손가락으로 터치한 채 위아래 드래그 : Zoom in-Zoom out
- 세 손가락으로 드래그 : Pan
- 다섯 손가락 터치 : 카메라 리셋

 편집 > 환경 설정 > 핫키 설정을 통해 자신이 익숙한 3D 모델링 프로그램에서 사용하는 방식 그대로 키샷의 화면 시점 제어 방식을 변경 수 있습니다(환경 설정 참조).

10.3 기본 인터페이스 구조 및 명칭

키샷의 전체적인 인터페이스를 살펴봅니다. 키샷은 자주 사용되는 메뉴들은 리본에, 렌더링의 핵심 설정들은 카테고리별로 아래 메인 툴바에 위치합니다. 프로 버전과 일반 버전은 인터페이스는 동일하나 기능의 차이가 있습니다. 이 책은 프로 버전을 기준으로 진행합니다.

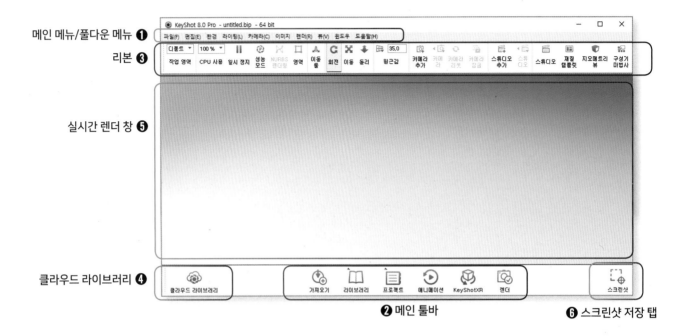

❶ 메인 메뉴

메인 메뉴는 파일/편집/환경/라이팅/카메라/이미지/렌더/뷰/윈도우/도움말 항목으로 구성되어 있습니다.

❷ 메인 툴바

3D 렌더링의 핵심 축-재질/환경/카메라/애니메이션/렌더가 카테고리별로 정리되어 있습니다.

❸ 리본

리본은 일반적으로 자주 사용되는 도구들의 모음입니다.

❹ 클라우드 라이브러리

키샷 클라우드 라이브러리로 연결하는 아이콘입니다.

❺ 실시간 렌더 창

렌더링 관련 설정을 실시간으로 볼 수 있는 공간입니다.

❻ 스크린샷

현재 작업 장면의 일부-전체를 스크린샷 이미지로 저장합니다.

10.4 KeyShot 인터페이스 개념

렌더링 설정을 위한 기본 창들을 꺼낸 상태입니다. 실시간 렌더 창을 기준으로 좌측에 라이브러리, 우측에 프로젝트, 아래에 애니메이션 탭을 배치합니다. 좌측 라이브러리에서 재질, 환경 등을 선택하여 실시간 창으로 드래그&드롭하여 적용하고 우측 프로젝트 탭에서 적용한 재질, 환경, 카메라 등과 씬 내의 오브젝트들을 섬세하게 조정합니다.

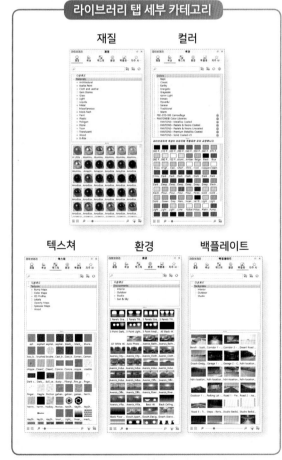

큐브를 이용한 이미지 만들기

본격적인 메뉴와 기능 설명에 앞서 키샷 사용 기본 흐름을 파악합니다. 키샷은 렌더러로 모델링 기능은 거의 없지만 기본 도형은 제공합니다. 기본 도형을 생성하고 환경을 설정, 최종 렌더링하는 과정을 살펴보면서 렌더링의 전체 흐름에 익숙해지도록 합니다.

❶ 키샷 실행 > 편집 > 지오메트리 추가 > 라운드형 큐브를 선택합니다.

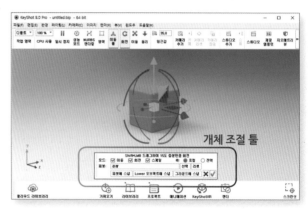

❷ 화면 중앙에 큐브가 생성되며 개체 조절 툴이 나타납니다. 스케일을 키우고 그라운드에 스냅한 후 녹색 체크(확인) 아이콘을 클릭합니다.

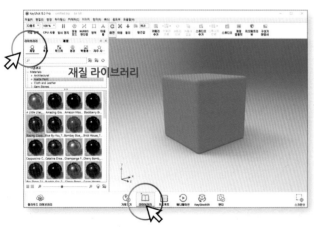

❸ 하단 메인 툴바의 라이브러리를 클릭 > 라이브러리 탭의 재질을 클릭하면 키샷에서 제공하는 플라스틱, 페인트, 나무 등 여러 가지 재질 카테고리가 보입니다.

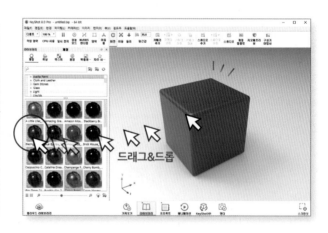

❹ 원하는 재질을 클릭한 채 드래그&드롭하면 선택한 재질이 개체에 적용됩니다. 여러 가지 재질을 적용하며 손에 익숙해지도록 연습합니다. Glass > Solid Glass 투명 유리로 설정합니다.

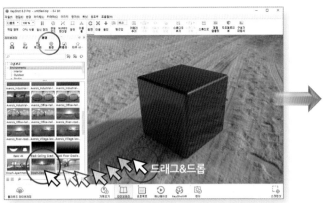

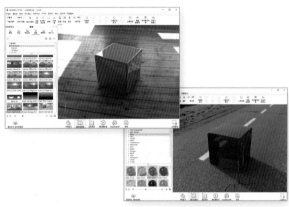

❺ 라이브러리 > 환경을 클릭합니다. 기본 제공되는 다양한 환경 이미지(HDR)가 나타납니다. 이 중 하나를 골라 실시간 창의 배경 부분에 드래그&드롭합니다.

❻ 여러 가지 환경을 테스트합니다. Ctrl을 누르고 실시간 창의 여백을 마우스로 클릭한 채 움직이면 환경이 회전합니다. 가장 좋아 보이는 시점 뷰에서 환경을 돌려 설정합니다.

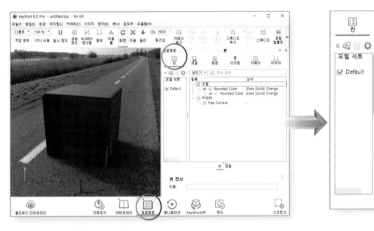

❼ 라이브러리 탭 닫기 > 메인 툴바 > 프로젝트 탭을 클릭합니다. 프로젝트 탭의 상단 > 씬 아이콘을 클릭하면 현재 장면의 구성을 확인할 수 있습니다.

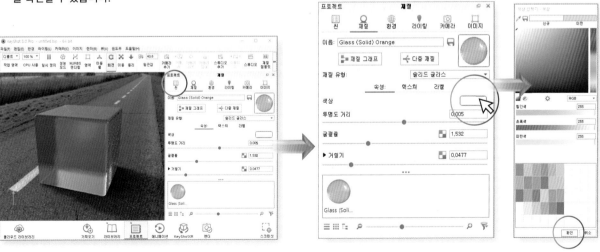

❽ 프로젝트 탭 > 재질 탭 클릭 > 실시간 창의 큐브 개체 더블클릭 > 현재 큐브에 적용된 재질에 따라 다양한 설정이 아래에 나타납니다. 옵션들을 조절하며 변화를 관찰합니다.

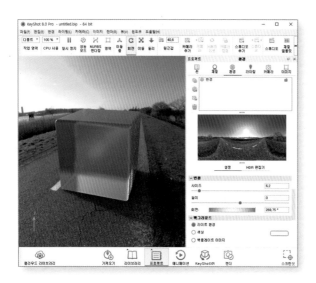

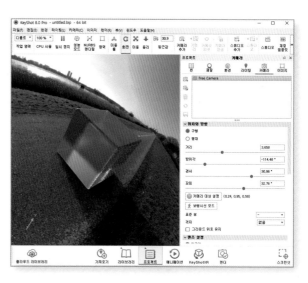

❾ 프로젝트 탭 > 환경 탭으로 이동합니다. 현재 환경 이미지와 환경 조절 옵션들이 아래에 나타납니다. 환경의 크기, 회전, 밝기 등을 조절해 보며 변화를 확인합니다.

❿ 프로젝트 탭 > 카메라 탭으로 이동합니다. 카메라에 대한 여러 가지 설정 항목들을 조절하여 어떤 옵션이 어떤 기능을 하는지 확인합니다. 실제 카메라의 사용 개념과 동일합니다.

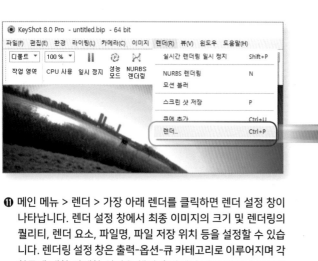

⓫ 메인 메뉴 > 렌더 > 가장 아래 렌더를 클릭하면 렌더 설정 창이 나타납니다. 렌더 설정 창에서 최종 이미지의 크기 및 렌더링의 퀄리티, 렌더 요소, 파일명, 파일 저장 위치 등을 설정할 수 있습니다. 렌더링 설정 창은 출력-옵션-큐 카테고리로 이루어지며 각 항목에 대한 자세한 설명은 책의 후반에서 다룰 것이니 지금은 출력 탭에서 이미지의 크기를 가로 1100 픽셀 세로 1221 픽셀로 설정 > 옵션 탭을 클릭하여 품질을 우측 이미지와 같이 설정한 후 창 하단의 렌더 아이콘을 클릭합니다.

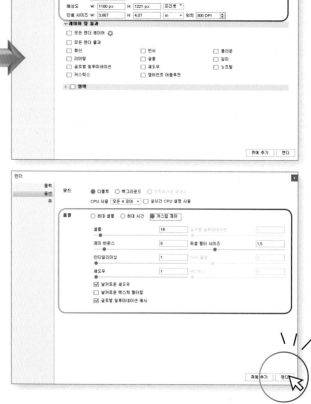

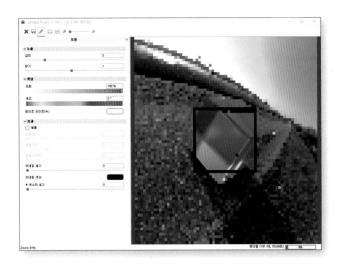

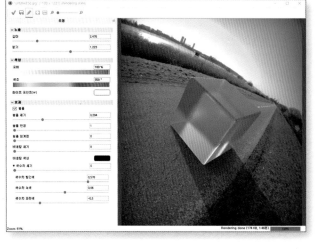

⓬ 렌더 확인 창이 나타나며 렌더가 시작됩니다. 화면의 중앙 부분에서부터 외곽으로 퍼져나가며 렌더링이 진행됩니다.

⓭ 렌더링이 100% 완료되면 창을 닫습니다. 렌더 창은 렌더링 확인용이며 렌더링된 이미지는 렌더 설정 창에서 설정한 위치에 생성됩니다.

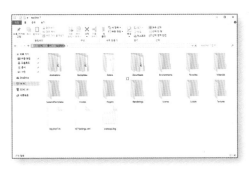

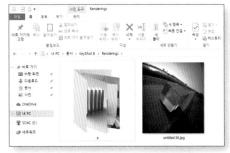

⓮ 최종 렌더링 이미지는 특별한 설정을 하지 않았으므로 기본 위치인 내 문서 > 키샷 8 > Rendering 폴더에 저장됩니다.

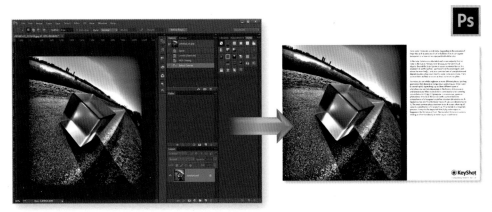

⓯ 최종 이미지에 포토샵 등을 이용하여 후보정을 진행합니다. 브로셔, 포스터, 엽서 등 다양한 시각 결과물에 응용하여 제작해 봅니다. 몇 번의 과정으로 예제와 같은 사실적인 이미지를 얻을 수 있다는 것은 놀라운 일이 아닐 수 없습니다.

12. KeyShot > 메뉴&기능 정리

키샷의 세부 메뉴들의 개념과 기능을 분석 및 정리합니다.

12.1 메인 메뉴 Overview

상부 메인 메뉴는 키샷의 각종 기능들이 텍스트 메뉴로 구성되어 있습니다. 이 중에서 자주 사용하는 명령어들은 리본 탭에 정리되어 있고, 장면 설정을 위한 핵심 기능들은 프로젝트 탭을 주로 사용하기에 주요 사항만 살펴보겠습니다.

메인 메뉴 풀다운 메뉴 ➡️ 파일(F) 편집(E) 환경 라이팅(L) 카메라(C) 이미지 렌더(R) 뷰(V) 윈도우 도움말(H)

파일_File

새 파일(N)...	Ctrl+N
가져오기(I)...	Ctrl+I
열기(O)...	Ctrl+O
최신 파일 열기	▶
저장(S)	Ctrl+S
다른 이름으로 저장...	Ctrl+Alt+S
패키지 저장...	
활성 모델 세트 저장...	
내보내기	▶
끝내기(X)	Ctrl+Q

편집_Edit

실행 취소 - 환경 크기	Ctrl+Z
재실행	Ctrl+Y
지오메트리 추가	▶
지오메트리 편집	
지오메트리 지우기	
씬 단위 설정	▶
환경설정...	

환경_Environment
* 프로젝트 탭 > 환경 설명 참고

백그라운드	▶
✓ 그라운드 섀도우	
어클루젼 그라운드 섀도우	
그라운드 리플렉션	
그라운드 편평화	G

이미지_Image
* 프로젝트 탭 > 카메라 설명 참고

해상도 프리셋	▶
✓ 종횡비 잠금	
해상도 잠금	

라이팅-Lighting
* 프로젝트 탭 > 라이팅 설명 참고

성능 모드	Alt+P
✓ 기본	
제품	
인테리어	
보석류	
커스텀	▶
✓ 자체 섀도우	S
글로벌 일루미네이션	I
그라운드 간접 조명	
커스틱스	
인테리어 모드	

카메라_Camera
* 프로젝트 탭 > 카메라 설명 참고

카메라	▶
카메라 잠금	
카메라 추가	
✓ 회전	Ctrl+F1
이동	Ctrl+F2
돌리	Ctrl+F3
✓ 원근감	
직교 그래픽	
Shift	
파노라마	
표준 뷰	▶
그라운드 위로 유지	
격자	▶
그라운드 격자	
백 플레이트 일치...	
보행시선 모드	
VR 활성화	
✓ 어댑티브 성능 모드	

렌더_Render
* 프로젝트 탭 > 렌더 설명 참고

렌더(R) 뷰(V) 윈도우 도움말(H)	
실시간 렌더링 일시 정지	Shift+P
NURBS 렌더링	N
모션 블러	
스크린 샷 저장	P
큐에 추가	Ctrl+U
렌더...	Ctrl+P

뷰_View
* 프로젝트 탭 > 씬 설명 참고

모델 세트	▶
전체 화면 보기	F
프리젠테이션 모드	Shift+F
헤드업 디스플레이	H
좌표 범례 보이기	Z
✓ 아웃라인 선택	Alt+S
✓ 라이트 소스 보이기	L

윈도우_Window

윈도우 도움말(H)	
✓ 툴바	T
✓ 리본	R
클라우드 라이브러리...	
라이브러리	▶
프로젝트	▶
애니메이션...	A
KeyShotXR...	X
지오메트리 뷰...	O
재질 템플릿...	
스튜디오...	U
구성기 마법사...	
스크립팅 콘솔...	
✓ 도킹 활성화	
창 도크	
탭 복원	

도움말_Help

도움말(H)	
도움말...	
매뉴얼...	
핫키 개요...	K
시작 대화창...	W
학습	▶
라이선스 등록...	
KeyShotXR 활성화...	
이 컴퓨터상의 라이선스 비활성화...	
라이선스 정보 보이기...	
고지 사항...	
업데이트 확인...	
로그...	
정보...	

12.2 메인 메뉴 > 파일_File

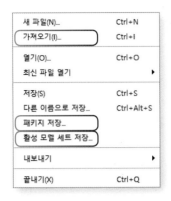

새 파일

새로운 키샷 작업을 시작합니다.

가져오기

외부 모델링 프로그램에서 제작한 3D 데이터를 키샷으로 불러오는 메뉴입니다.
키샷은 현존하는 대부분의 3D 모델링 데이터 포맷을 지원하지만 키샷으로 불러들일 때 주의해야
할 사항들이 있습니다. 메인 툴바의 '가져오기' 장을 참고하세요.

저장/다른 이름으로 저장

키샷 파일을 저장합니다. 확장자는 *.bip입니다.

 ### 패키지 저장

키샷 파일은 모델링+여러 가지 텍스쳐 이미지 파일+환경 HDRI 소스 등으로 구성됩니다. 파일 > 저장하기는 키샷에서 설정한 사항
과 모델링 파일은 저장하지만 기타 텍스쳐 소스 등은 링크 정보만 저장하고 원본 소스들은 저장하지 않습니다. 자신의 PC에서 렌
더링 작업을 수행한다면 텍스쳐 소스를 링크로 걸어 두고 필요한 항목만 저장하는 편이 용량 면에서 유리하기 때문입니다. 그러나
다른 컴퓨터의 키샷에서 렌더링을 진행한다면 씬 구성에 필요한 모든 소스들을 찾아서 함께 보내야 하는 번거로움이 있습니다. 이
럴 때 패키지 저장을 사용합니다. 패키지 저장은 씬에 사용된 모든 소스와 환경 이미지 등을 하나의 파일에 포함하여 저장하는 기
능입니다. 소스 파일의 크기에 따라 용량이 증가합니다.

패키지 저장 파일 확장자는 *.ksp입니다.

IES_Ex_Final.ksp

활성 모델 세트 저장

활성 모델 세트는 씬에서 원하는 개체들을 선택하여 모델 세트로 별도 복사 > 구성 및 관리하는 기능입니다. 모델 세트를 여러 개
만들어 재질, 환경 등을 각기 달리하여 비교 검토하거나, 각 파트를 모델 세트로 복사하여 그 모델 세트만 렌더링 하는 용도로 사
용할 수 있습니다만, 이 기능은 유저들 사이에서도 의견이 분분합니다. 활성 모델 세트 저장 기능으로 되어 있지만 테스트 결과-파
일 > '저장하기' 기능과 동일합니다.

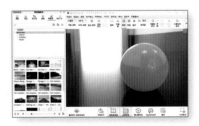
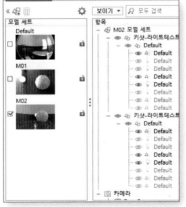

* 본 기능에 대한 영문 매뉴얼

Model Sets allow you to save independent
Scene Tree variations in a single .bip file.

12.3 메인 메뉴 > 편집_Edit

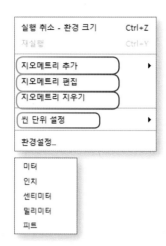

실행 취소 - 환경 크기	Ctrl+Z
재실행	Ctrl+Y
지오메트리 추가	▶
지오메트리 편집	
지오메트리 지우기	
씬 단위 설정	▶
환경설정...	

미터
인치
센티미터
밀리미터
피트

▌실행 취소

실행 취소는 방금 전 실행한 작업을 취소하고 되돌립니다.

▌재실행

재실행은 실행 취소한 작업을 다시 실행합니다.

▌지오메트리 편집

키샷으로 불러온 모델을 폴리곤별로 분할/분리하는 기능입니다.
키샷에서의 모델링 수정은 매우 불편하기에 이 기능의 사용은 추천하지 않습니다.

▌씬 단위 설정

키샷에서의 작업 단위를 설정합니다. 미터, 인치, 센티미터, 밀리미터, 피트의 5가지 단위를 제공합니다. 이 기능은 IES 조명, 반투명 재질과 같이 실제 크기에 따라 결과가 달라지는 설정이 필요할 경우 확인하고 설정할 때 사용합니다.

▌지오메트리 추가

그라운드 플레인 추가	Ctrl+G
배경 램프	
배경 라운드	
큐브	Ctrl+1
원통형	Ctrl+2
디스크 열기	Ctrl+3
디스크	Ctrl+4
평면	Ctrl+5
라운드된 큐브	Ctrl+6
라운드된 원통형	Ctrl+7
구형	Ctrl+8
원환체	Ctrl+9

⚠️ **키샷은 모델링 기능이 없지만 기본적인 몇 가지 3D 개체를 생성할 수 있습니다.**

• 그라운드 플레인 추가

바닥이 없을 경우 반사를 조절할 수 있는 보이지 않는 바닥을 생성합니다.

• 배경 램프/배경 라운드

사진 스튜디오에서 유래한 단어로 배경과 바닥의 경계를 없애기 위해 설치하는 가림막입니다. 환경 조명을 유지한 배경을 원하는 톤으로 설정해야 할 경우 사용합니다.

• 큐브, 원통형, 디스크

키샷 한글 메뉴는 몇 개의 난해한 번역이 있습니다. 아래의 명칭과 결과를 비교해 보세요.

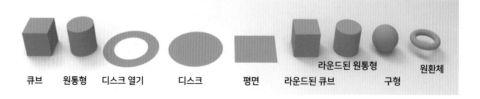

큐브　　원통형　　디스크 열기　　디스크　　평면　　라운드된 큐브　　라운드된 원통형　　구형　　원환체

12.4 메인 메뉴 > 편집_Edit > 환경 설정 > 일반_General

편집 > 환경 설정에는 키샷 사용을 위한 여러 가지 설정이 모여 있으며 키샷 8의 경우 일반 탭의 항목과 고급 항목이 합쳐졌습니다.

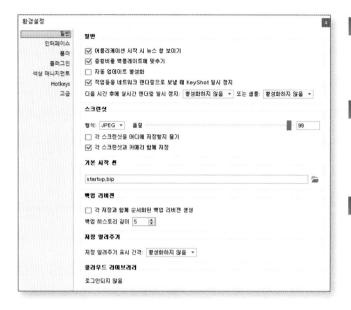

어플리케이션 시작 시 뉴스 창 보이기

키샷 시작 시 웰컴 팝업 창을 On/Off 합니다.

종횡비를 백플레이트에 맞추기

배경 이미지를 사용할 경우 가로세로 비율(종횡비)을 배경 이미지에 맞춥니다

자동 업데이트 활성화

체크 시 업데이트 사항이 있는지 확인하여 알립니다.

다음 시간 후에 실시간 렌더링 일시 정지

키샷은 실시간 렌더링을 위해 CPU 자원을 지속적으로 사용합니다. 키샷을 실행하고 다른 작업을 할 때도 CPU의 상당 부분을 차지합니다. 이 옵션은 멀티 작업 시 키샷 실시간 렌더링의 시간을 제한하여 CPU 자원 효율성을 높일 수 있습니다. 그러나 너무 짧은 시간을 설정할 경우, 키샷 장면이 거칠게 보이는 상태에서 실시간 렌더링을 멈추게 될 수 있습니다.

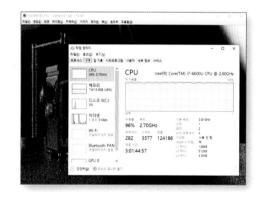

스크린샷

스크린샷 아이콘을 실행 시 생성되는 이미지의 퀄리티를 설정합니다.
JPEG, PNG 포맷을 지원합니다.

기본 시작 씬

시작 씬을 제작하여 설정할 수 있습니다. 기본은 Startup.bip입니다.

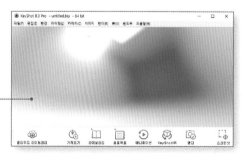

백업 리비젼(Revision)

저장 시 지정 히스토리 깊이만큼 백업 파일을 생성합니다.

저장 알려 주기

설정 시간마다 알려 주어 파일 손실을 방지할 수 있습니다.

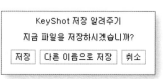

12.5 메인 메뉴 > 편집_Edit > 환경 설정 > 인터페이스_Interface

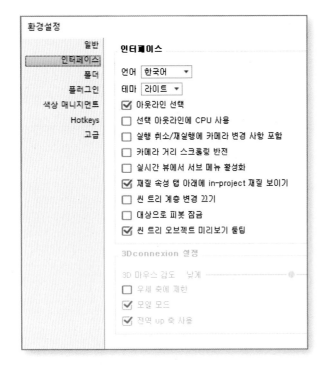

언어

키샷 메뉴 언어를 설정합니다. 한국어, 영어 등 12개 언어를 지원합니다. 한글 메뉴의 경우 직관적이지 않은 번역이 있어 영어 메뉴를 한 번쯤 확인해 볼 필요가 있습니다.

테마

인터페이스의 컬러를 밝게/어둡게 설정합니다.

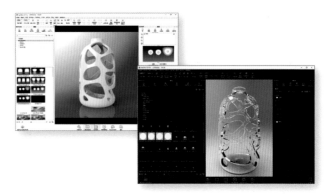

아웃라인 선택

개체 선택 시 오렌지색 아웃라인을 표시합니다.

실행 취소/재실행에 카메라 변경 사항 포함

체크 시 카메라 움직임도 Undo/Redo 작업에 포함합니다.

카메라 거리 스크롤링 반전

마우스 휠의 작동 방향을 반대로 설정합니다. 이 기능은 운영체제에 따라 스크롤 방향이 다른 것에 기인합니다(Windows, Mac).

실시간 뷰에서 서브 메뉴 활성화

개체를 선택하고 마우스 우클릭 시, 서브 메뉴로 카테고리를 한 번 더 정리할지를 결정합니다.

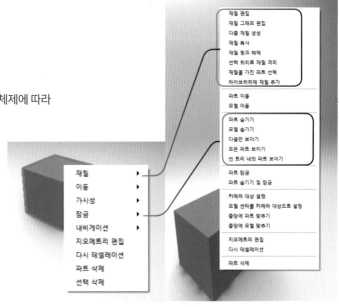

재질 속성 탭 아래에 In-project 재질 보이기

프로젝트 탭 > 재질 아래에 현재 장면에 사용되고 있는 재질들의 리스트를 보여 줍니다.

씬 트리 계층 변경 끄기

프로젝트 탭 > 씬의 계층을 마우스 클릭-드래그로 변경할 수 없게 합니다.

대상으로 피봇 잠금

활성화하면 카메라를 움직일 때 대상과 피봇이 함께 움직입니다.

씬 트리 오브젝트 미리 보기 툴팁

씬 트리에서 개체 앞의 아이콘 위에 마우스를 올렸을 때
개체의 형상을 3D 썸네일 이미지로 표시합니다.

3D Connexion 설정

3D 커넥션사의 3차원 마우스 및 휠 제품을 사용하는 경우 설정할 수 있는 항목들입니다.

https://www.3dconnexion.com/

이미지 출처 : https://www.3dconnexion.com/

12.6 메인 메뉴 > 편집_Edit > 환경 설정 > 고급

고급

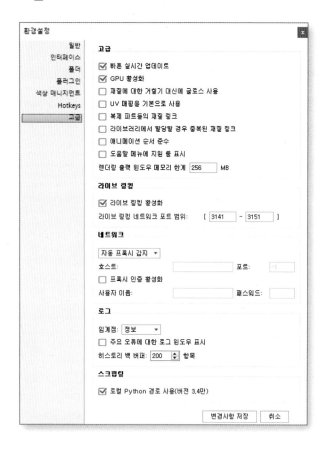

빠른 실시간 업데이트

개체를 움직일 때 다운 샘플링을 하여 조금 더 빠르고 부드럽게 움직이도록 합니다.

GPU 활성화(Graphics Effects)

프로젝트 탭 > 이미지의 비네팅, 블룸 효과를 On/Off합니다.
그래픽 카드와는 무관합니다.

재질에 대한 거칠기 대신에 글로스(Gloss) 사용

재질 표면 기준값(매개 변수)을 거칠기에서 글로스(광택)로 변경합니다.

UV 매핑을 기본으로 사용

텍스쳐 매핑 시 UV 매핑을 기본값으로 변경합니다.

복제 파트들의 재질 링크

파트 복재 시 재질을 링크하여 하나를 변경하면 함께 변경되도록 자동으로 설정합니다.

라이브러리에서 할당할 경우 중복된 재질 링크

개체를 복사할 때 재질을 링크하여 적용된 재질의 수가 늘어나는 것을 방지합니다.

애니메이션 순서 준수

다음 순서의 애니메이션의 원점(Pivot)이 이전 애니메이션의 원점을 따르도록 강제합니다.

렌더링 출력 메모리 한계

기가 단위의 큰 파일 사이즈의 렌더링 이미지를 제작할 때, 화면에 보이는 렌더링 진행 확인 창(아웃풋 창)이 사용하는 메모리를 설정 용량으로 제한하여 시스템 메모리를 확보하는 기능입니다. 이 기능은 렌더링 결과물에는 영향을 미치지 않습니다.

도움말 메뉴에 지원 툴 표시

키샷의 잠재적인 문제점을 해결하기 위해 오류 발생 시 오류 내용에 사용자의 시스템 사항을 포함한 정보를 수집하여 보고합니다.

라이브링킹 활성화

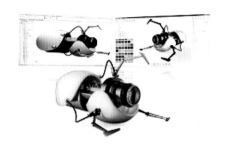

라이노 3D 등에 라이브링킹 플러그인이 설치되어 있을 때 이 기능이 활성화되어야 정상적으로 라이브링킹을 사용할 수 있습니다. 라이브링킹에 대한 자세한 내용은 키샷 설치 > 플러그인 설치 편을 참고하세요.

라이브링킹 네트워크 포트 범위

라이브링킹에 사용할 네크워크 포트의 범위입니다.

네트워크

소프트웨어 업데이트를 위해 서버 접속 시 서버를 자동으로 찾거나 사용자 정보와 패스워드를 넣어 수동으로 찾고 인증할 수 있습니다. 운영체제의 방화벽 등이 문제가 될 때 설정합니다.

로그

키샷 사용 중에 내부적으로 일어나는 경고, 에러 등을 즉시 화면에 표시할지, 어느 정도 심각성을 가질 때 표시할지 등을 설정합니다.

에러 로그 창

스크립팅

메인 메뉴 > 윈도우 > 스크립팅 콘솔을 이용하여 코딩 시 사용자의 컴퓨터에 PIL, Scipy와 같은 파이썬 라이브러리가 설치되어 있다면 키샷 스크립트에서 사용할 수 있습니다. 프로그래밍 언어에 익숙치 않은 경우에는 수정하지 않도록 주의하세요.

If checked, and if the user has Python libraries like PIL or SciPy installed locally, it will be possible to use those libraries inside of KeyShot. However, only version 3.4 is supported which is the same version that is being used inside KeyShot. If not checked, then only the Python modules exposed inside KeyShot will be available to the scripts running inside.

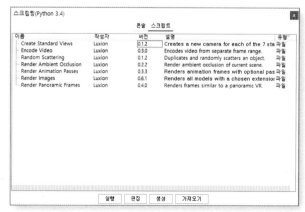

키샷 스크립트 콘솔

12.7 메인 메뉴 > 편집_Edit > 환경 설정 > 폴더

폴더

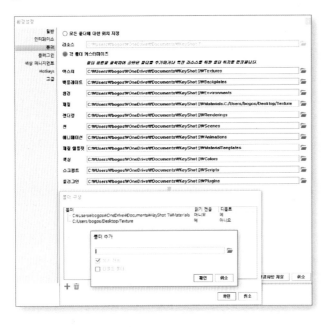

키샷에서 사용하는 리소스의 기본 위치를 설정할 수 있습니다. 설치 시 기본 위치는 내 문서 > KeyShot 8입니다. 각 폴더를 커스터마이즈하여 기본 폴더 외에 참조 폴더들을 추가로 정의할 수 있습니다. 즉, 기본 재질 폴더외에 기타 폴더를 추가하여 라이브러리 탭에서 사용할 수 있도록 설정할 수 있습니다.

플러그인/색상 매니지먼트

키샷의 기능을 확장하는 플러그인을 설치할 수 있습니다. 현재는 3D 모델링 프로그램과 키샷을 연동하는 플러그인들이 개발되어 있고 향후 키샷 자체의 기능을 확장하는 여러 가지 플러그인이 개발될 것입니다.

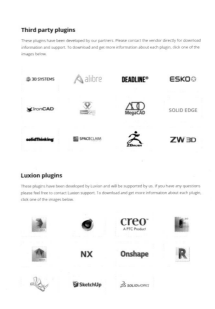

컬러 프로파일(*.ICC,*.ICM)을 별도로 설정할 수 있습니다. 컬러 프로파일은 RGB,CMYK 등 화면과 인쇄 환경 간의 격차를 줄여 최대한 동일한 컬러를 표현하기 위한 보정 데이터 파일입니다.
* ICC 프로파일-International Color Consortium

12.8 메인 메뉴 > 편집_Edit > 환경 설정 > 핫키(단축키) 설정

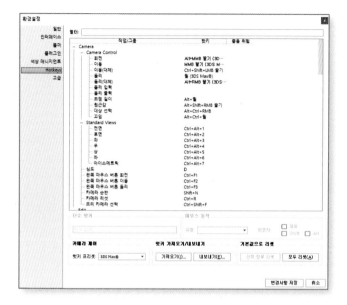

키샷은 핫키(단축키)를 사용자 임의로 설정할 수 있습니다. 카메라 제어는 기본으로 설정된 방식을 사용할 수도 있고, 다른 3D 모델링 프로그램에서 사용하는 방식으로 바꿀 수도 있습니다. 이 기능은 단축키를 많이 사용하는 중급 이상의 사용자들에게 매우 요긴합니다. 모델링 프로그램을 장시간 사용하다 키샷 렌더링 과정으로 넘어왔을 때, 손에 익은 단축키를 그대로 사용할 수 있습니다. 개인화된 핫키 구성은 파일로 저장/불러오기가 가능하여 다른 컴퓨터에서도 사용할 수 있습니다.

■ 쉬어 가는 글

단축키&인터페이스 적응 스트레스 문제에 관하여

단축키를 자유자재로 사용하며 작업하는 모습은 전문가처럼 보이고, 또 익숙하게 사용하면 작업 효율이 높아지는 것도 사실입니다. 그래서 대부분의 소프트웨어 매뉴얼은 단축키에 익숙해질 것을 추천합니다.

그러나, 대부분의 디자이너는 목적에 따라 여러 개의 소프트웨어를 사용하며-각각의 소프트웨어는 다른 회사들에서 개발된 만큼 개념과 인터페이스가 상이합니다. 또 단축키 역시 각기 다르게 지정되어 있습니다.

그러다 보니 한 소프트웨어에서 다른 소프트웨어로 작업을 연동하는 경우, 짧게는 몇 분, 길게는 1시간여까지도 적응 스트레스에 시달립니다. 이런 현상을 방지하기 위해서는 사용하는 주된 소프트웨어에서 사용하는 단축키를 다른 소프트웨어에 동일하게 적용하는 것이 최선이지만, 2D와 3D의 기본 개념(평면과 공간)이 다른데다 소프트웨어에 따라 기능도 다르고 또한 변경할 수 없는 단축키 설정도 있어 완전한 커스터마이징이 불가능합니다. 향후 인간 친화적인 인터페이스가 정착되면 나아질 것입니다만, 그전까지는 적응 스트레스에 시달릴 수밖에 없어 보입니다.

주로 사용하지 않는 소프트웨어라면 단축키는 상황에 따라 하나씩 알아 가거나, 아예 사용하지 않겠다고 생각하는 편이 낫습니다. 단축키를 손에 익숙하게 만들기는 어렵지만 잊는 시간은 생각보다 빠르더군요.

12.9 메인 메뉴 > 윈도우_Window

윈도우_Window

툴바/리본

메인 툴바와 리본을 보이거나 감추는 기능입니다.

클라우드 라이브러리

클라우드 라이브러리로 연결합니다(인터넷 연결 필요).

라이브러리/프로젝트/애니메이션

각 탭을 보이거나 감추는 기능입니다.

KeyShot XR

키샷 XR은 컨트롤 가능한 3D 애니메이션을 제작하는기능으로 대화형 창을 통해 쉽게 생성가능합니다. 애니메이션 시퀀스 이미지들과 HTML 문서로 구성되며 내 문서 > 애니메이션 폴더에 결과물이 생성됩니다.

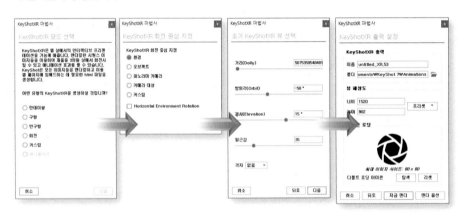

XR 결과물 = 시퀀스(Seqeunce) 이미지 + HTML 문서 ⟹ 구글 크롬, 익스플로러 등에서 웹 3D로 구현

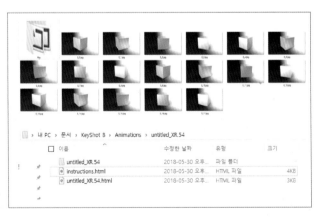

웹 포트폴리오, 제품 소개 페이지 등에 적용이 가능합니다.

지오메트리 뷰 ⭐

지오메트리 뷰는 카메라를 포함한 전체 장면 구성을
쉐이드 상태로 확인할 수 있는 창입니다.
카메라 개체의 위치를 확인하면서 장면을 구성할
수 있고, 복잡한 씬의 경우 실시간 렌더링을 멈추고
지오메트리 뷰를 통해 장면을 설정할 수 있습니다.
(자세한 내용은 다음 장 참조)

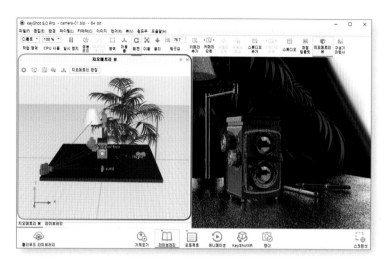

스튜디오

키샷은 여러 개의 카메라를 생성할 수 있고 복수의 모
델&환경 세트를 구성 할 수 있습니다. 즉 하나의 모델
을 여러 가지 다른 버전으로 구성하고 이를 스튜디오
로 명명하여 관리할 수 있는 기능입니다.
(카메라의 추가는 카메라 메뉴에 있습니다)

재질 템플릿

자주 쓰는 파트, 재질 등을 템플릿으로 정의하여 비
슷한 씬을 제작할 때 재질 등이 입혀진 상태로 불러
와 작업 효율을 높일 수 있습니다.

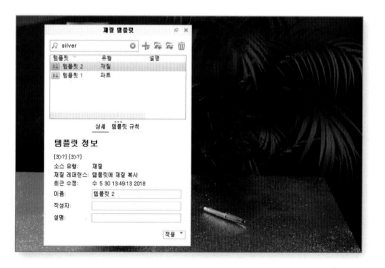

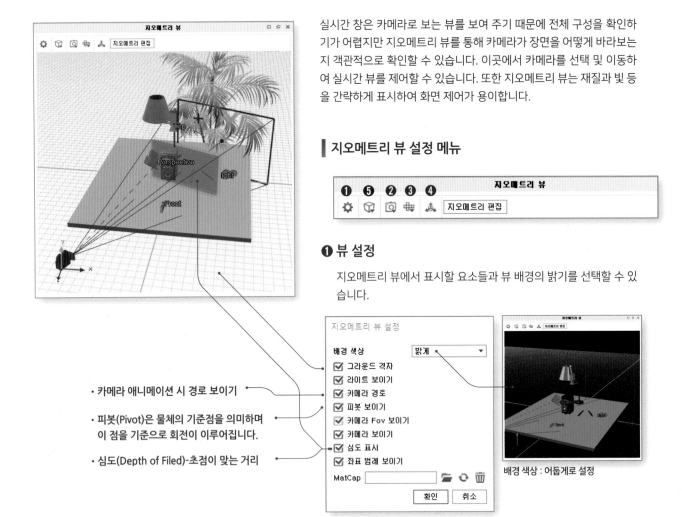

실시간 창은 카메라로 보는 뷰를 보여 주기 때문에 전체 구성을 확인하기가 어렵지만 지오메트리 뷰를 통해 카메라가 장면을 어떻게 바라보는지 객관적으로 확인할 수 있습니다. 이곳에서 카메라를 선택 및 이동하여 실시간 뷰를 제어할 수 있습니다. 또한 지오메트리 뷰는 재질과 빛 등을 간략하게 표시하여 화면 제어가 용이합니다.

지오메트리 뷰 설정 메뉴

❶ 뷰 설정

지오메트리 뷰에서 표시할 요소들과 뷰 배경의 밝기를 선택할 수 있습니다.

· 카메라 애니메이션 시 경로 보이기

· 피봇(Pivot)은 물체의 기준점을 의미하며 이 점을 기준으로 회전이 이루어집니다.

· 심도(Depth of Filed)-초점이 맞는 거리

배경 색상 : 어둡게로 설정

❷ 카메라 타입 설정

카메라의 타입을 원근감(Perpective)과 직교 그래픽(Orthographic) 타입으로 설정할 수 있습니다(프로젝트 탭의 카메라 메뉴에서도 설정 가능).

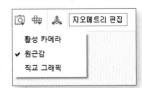

❸ 장면 내 카메라 선택

현재 장면 내에 여러 개의 카메라가 있을 경우 선택할 수 있습니다.

❹ 지오메트리 편집

씬 트리에서 지오메트리(개체)를 선택, 편집할 수 있습니다.

➎ 디스플레이 스타일

지오메트리 뷰는 7가지 디스플레이 스타일을 제공합니다. 지오메트리 뷰는 반사 등을 표현하지 않지만, 매트캡 이미지를 설정하여 오버랩되는 반사 재질을 표현할 수 있습니다. 매트캡 이미지(HDRI와 유사한 환경 이미지)로는 *.jpg,*.png, *.exr 등의 이미지 포맷을 사용하며 웹 검색을 통해 찾을 수 있습니다.

세이디드(Shaded)-음영

평평(Flat)

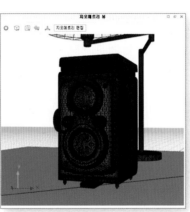

와이어 프레임 셰이드(Wireframe Shade)

와이어 프레임(Wireframe)

바운딩(Bounding Box)

MatCap * 지오메트리 뷰에서 설정

Matcap + 색상

구성기 마법사

구성기 마법사는 모델/재질 변형이 가능한 인터렉티브 프레젠테이션을 해야 할 경우 사용합니다. 미리 모델 세트 등을 이용하여 재질과 모델 변형을 설정하고 프레젠테이션을 진행 > 전체 화면에서 컨트롤하는 것으로 앞의 KeyShot XR과 달리 별도의 결과물을 생성하지는 않습니다. **키샷을 이용한 효과적인 프레젠테이션** 정도의 기능으로, 대화형 메뉴로 쉽게 생성 가능합니다. 실시간 렌더 기능을 활용하는 것이므로 PC의 성능이 뒷받침되어야 원활하게 사용할 수 있습니다.

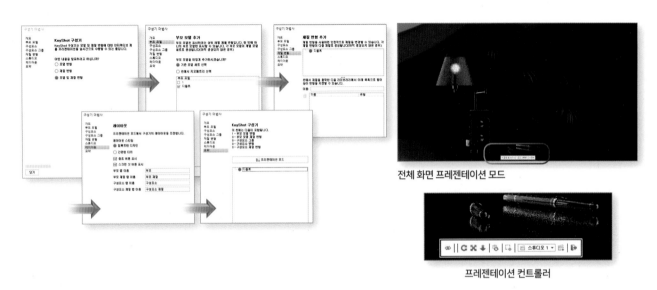

전체 화면 프레젠테이션 모드

프레젠테이션 컨트롤러

스크립팅 콘솔

스크립팅 콘솔은 파이썬 코드로 작성된 키샷의 기능 코드들을 실행하거나 수정, 편집, 새로운 기능을 생성할 수 있는 미니 프로그래밍 에디터입니다.

프로그래밍에 대한 이해가 뒷받침되어야 사용할 수 있습니다.

스크립트 편집기

도킹 활성화

라이브러리, 프로젝트 탭 등을 키샷 실시간 창의 좌우에 가까이 가져가면 자석처럼 붙는 도킹 기능을 On/Off 합니다. 애니메이션 창은 실시간 창 하단에 도킹이 가능합니다.

창 도크

흩어져 있는 탭들을 기본 위치로 도킹하여 정리합니다.

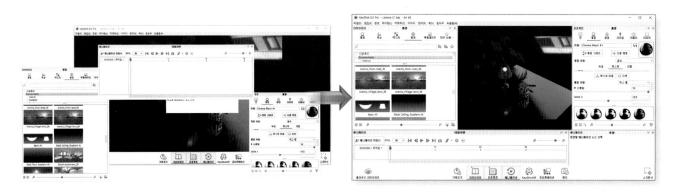

⚠️ 중요한 탭들이 나타나지 않을때!

필자는 메인 랩탑 + 메인 데스크탑 + 외부 모니터를 2대 확장하여 사용합니다. 외부 모니터가 크다 보니 키샷을 사용할 때 라이브러리 탭이나 프로젝트 탭을 여기저기 흩어 두고 작업합니다. 이렇게 사용하다가 외부 모니터를 제거하였을 때, 간혹 탭들이 '분명 있는데 보이지 않는 경우'가 발생합니다. 이런 경우에는 화면 해상도를 낮춘 후 다시 원상 복귀하면 사라졌던 탭들이 나타납니다. 키샷은 마지막 인터페이스의 위치와 크기를 저장했다가 재실행 시 그 상태로 다시 불러들입니다. 화면 해상도를 변경하여 인터페이스를 강제 리셋하는 역할로 사용하는 것입니다.

도움말

키샷 서포트 페이지로 연결합니다.
(https://help.keyshot.com)

카테고리 선택 또는 검색으로 원하는 정보를 찾을 수 있습니다. 아직 한글은 지원하지 않습니다.

메뉴얼

키샷 영문 매뉴얼 페이지로 연결합니다. 세분화된 카테고리에 비해 설명이 자세하지 않습니다. 사용하는 키샷 버전에 따라 자동으로 선택하여 보여 줍니다.

핫키 개요

키샷의 기본 단축키 정리 이미지가 나타납니다. 저장하여 사용할 수 있으며 커스터마이징도 가능합니다.
(설정/상세 정보 > 환경 설정 핫키 메뉴로 연결됩니다)

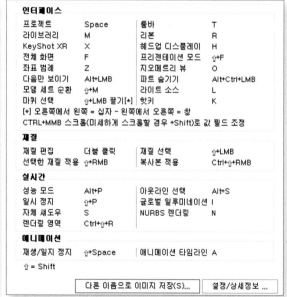

시작 대화 창/학습

- 웰컴 팝업 창이 나타납니다.
- 키샷 튜토리얼/Webinar/팁 등을 볼 수 있습니다.
  (키샷 홈페이지로 연결됩니다)

고지 사항

팬톤, 몰드 테크 재질 등의 권리 사항입니다.

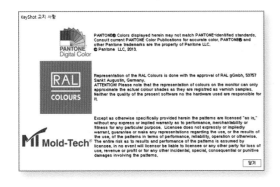

로그

키샷 사용 중 에러/경고 사항을 보여 줍니다.

라이선스 등록

체험판 사용 종료 후 정식 라이선스를 등록하거나 현재 라이선스를 삭제하고 다른 라이선스를 등록합니다.

이 컴퓨터의 라이선스 비활성화

공용 PC의 키샷을 사용하거나 다른 컴퓨터로 키샷 라이선스를 옮길 때 기존 컴퓨터의 라이선스를 비활성화하고 새로운 컴퓨터에서 컴퓨터에서 등록해야 합니다.

라이선스 정보 보이기

현재 라이선스의 시리얼 정보를 확인합니다.

업데이트 확인

업데이트가 있을 시 업데이트 내용 확인 및 설치 유무를 선택합니다.

정보

현재 사용 중인 키샷의 버전 창이 나타납니다.

Import

Library

Project

Animation

Timeline

1s

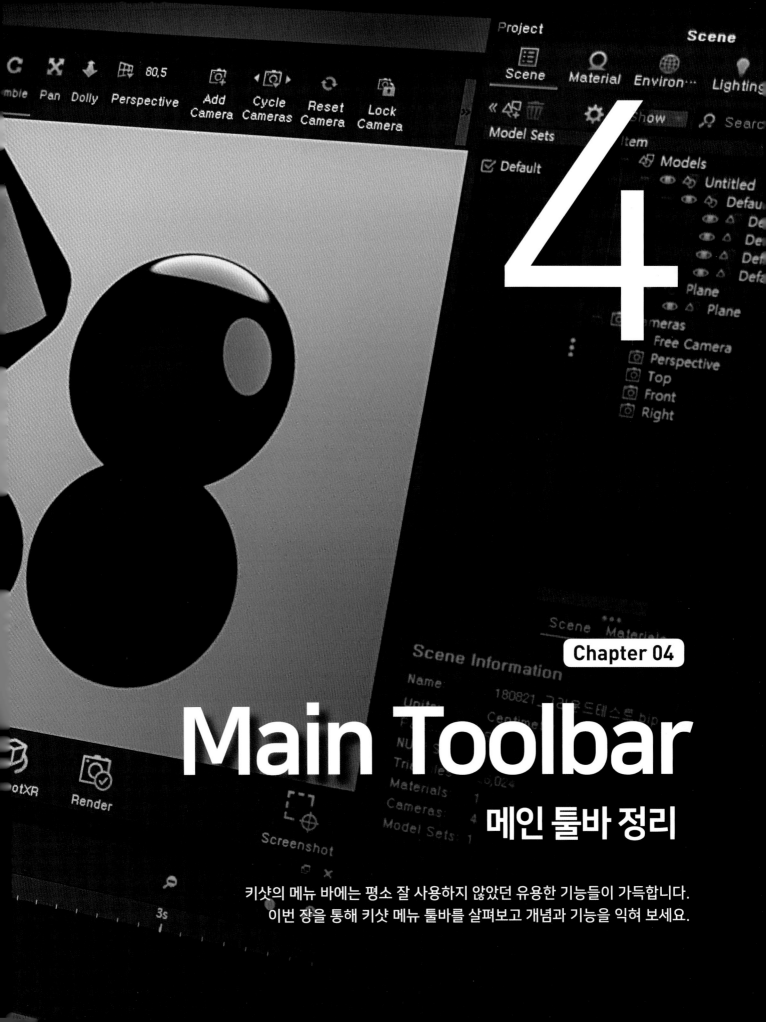

Chapter 04

Main Toolbar

메인 툴바 정리

키샷의 메뉴 바에는 평소 잘 사용하지 않았던 유용한 기능들이 가득합니다.
이번 장을 통해 키샷 메뉴 툴바를 살펴보고 개념과 기능을 익혀 보세요.

메인 툴바 > 가져오기_ Import

키샷의 메인 툴바는 최종 렌더링을 위한 모든 설정을 진행하는 핵심 도구입니다.
3D 모델링 파일을 키샷으로 가져오는 옵션에 대하여 알아봅니다.

1. KeyShot에서 지원하는 파일 형식

가져오기　라이브러리　프로젝트　애니메이션　KeyShotXR　렌더

키샷은 자체 모델링 기능이 거의 없는 **3D 렌더러**이기 때문에 외부에서 진행한 모델링 파일을 불러와 렌더링 과정을 진행하게됩니다.
키샷은 현존하는 대부분의 3D 모델 포맷을 지원하며 새로 개발되는 포맷은 플러그인을 통해 지속적으로 지원하고 있습니다.

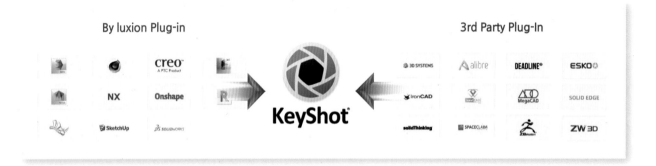

· 키샷에서 지원하는 프로그램(파일 포맷) 리스트

3ds Max (.3ds)	Solid Edge ST10 and prior (.par, .asm, .psm)
ALIAS 2017	SolidWorks 2018 and prior (.prt, .sldprt, .asm, .sldasm)
AutoCAD (.dwg, .dxf)	
CATIA v5-6 (.3dxml, .cgr, .catpart)	Acis (.sat)
Cinema 4D R18 and prior (.c4d)	Alembic (.abc)
Creo 4.0 and prior (.prt, .asm)	3DXML (.3dxml)
Creo View (.pvz, .pvs, .edz, .ed, .c3di, .ol)	Collada (.dae)
Inventor 2018 and prior (.ipt, .iam)	FBX (.fbx)
Maya 2017 and prior (.ma, .mb)	IGES (.igs, .iges)
NX 12 and prior (.prt)	JT (.jt)
Onshape	OBJ (.obj)
Pro/ENGINEER Wildfire 2-5 (.prt, .asm)	Parasolid (.x_t)
Revit 2018 and prior	STEP (.stp, .step)
Rhinoceros 5 and prior	STL (.stl)
SketchUp 2018 and prior (.skp)	ZPR (.zpr)-* Z brush

데이터 형식별 가져오기 옵션 차이

렌더링의 기본 값은 '폴리곤' 방식의 3D 데이터 입니다.
넙스 모델링의 경우, 폴리곤으로 변환하거나, 넙스 모드를 활용할 수 있습니다(키샷 프로 버전).

3D Max나 Maya, Cinema 4D와 같은 폴리곤 기반의 3D 프로그램은 폴리곤 구성 그대로 키샷으로 넘어오지만 Rhino 3D와 같은 Nurbs 모델과 Solid 방식의 모델링 데이터는 데이터를 폴리곤으로 변환하는 과정-테셀레이션(Tesselation)을 직접 설정하여 키샷으로 가져오게 됩니다. 데이터를 키샷으로 불러들일 때의 주의 사항을 알아보겠습니다.

(이외에도 *.obj,*.fbx,*.ma 등 파일 옵션에 따라 가져오기 창의 세부 옵션이 조금씩 다르게 나타납니다.)

폴리곤 데이터 가져오기

폴리곤-메쉬 데이터를 가져올 때는 유닛의 단위를 주의해서 설정합니다. 너무 크게 가져오거나 작게 가져올 경우 IES 라이팅이나 실물 기반 재질 적용에 어려움이 발생합니다.
3D Max는 위 방향이 Y로 설정되어 있으므로 키샷으로 가져올 때도 위 방향을 Y로 설정해야 정상적으로 들어옵니다.

Rhino 3D(넙스) 데이터 가져오기

라이노 3D와 같은 넙스 방식의 데이터는 키샷에서 자체적으로 폴리곤으로의 변환을 진행합니다. 그러나 복잡한 곡면의 경우 **라이노 3D에서 *.IGES로 변환하거나 폴리곤 메쉬로 데이터를 변환해서 가져와야** 각이 지는 문제를 어느 정도 방지할 수 있습니다.

* 키샷 프로 버전의 넙스 모델링 가져오기를 활용할 경우, 폴리곤 변환을 유동적으로 진행하여 모델링이 각지는 문제에서 벗어날 수 있습니다.

IGES, STEP 데이터 가져오기

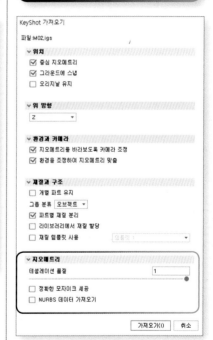

솔리드 방식의 데이터도 폴리곤으로 변환하여 키샷으로 들어옵니다. 변환 품질은 테셀레이션 품질로 제어하며 1이 가장 높고 낮아질수록 적은 수의 폴리곤으로 모델을 변환합니다.

외부 3D 모델을 키샷으로 불러올 때 나타나는 설정 중 가장 옵션이 많은 IGES,STEP 모델의 경우를 알아봅니다.

* IGES, STEP 데이터를 불러올 경우 가져오기 설정 창

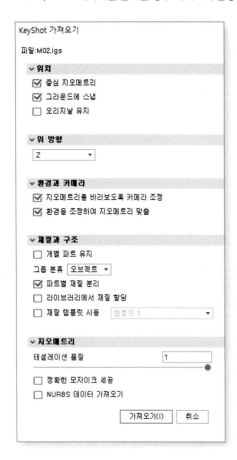

위치

3D 모델을 키샷 원점 좌표에 놓고 바닥에 붙일지(**중심 지오메트리, 그라운드에 스냅 옵션**) 아니면 모델링 시 설정된 원점 그대로 가져올지를(**오리지널 유지**) 결정합니다. 오리지널 선택 시 모델 상황에 따라 바닥 면에서 뜨거나 가라앉은 상태로 들어올 수 있습니다.

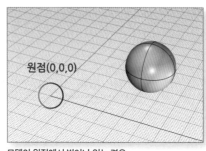

모델이 원점에서 벗어나 있는 경우

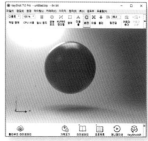

바닥에서 뜬 경우

위 방향

모델링 프로그램에 따라 위 방향을 Y 또는 Z축으로 사용하는 경우가 있습니다 (라이노 3D는 Z축을 위 방향으로 사용합니다).
키샷으로 불러올 때 **모델링을 진행한 방향으로 축을 설정해야** 모델이 뒤집어 지거나 회전되지 않고 정상적으로 불러올 수 있습니다.

환경과 카메라

- **지오메트리를 바라보도록 카메라 조정**

  카메라 회전(화면 회전)의 중심 (FOV-Field of View)을 개체에 맞춥니다.

- **환경을 조절하여 지오메트리 맞춤**

  모델의 크기에 따라 환경의 사이즈를 조절합니다.

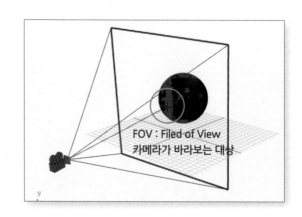

FOV : Filed of View
카메라가 바라보는 대상

재질과 구조

- **개별 파트 유지** (Keep Individual Parts-Group by : Object/Material/Layer)

  예를 들어 육면체의 경우 각 면이 독립적으로 선택되도록 하되 씬 트리의 구조를
  오브젝트, 레이어, 그룹, 재질 등으로 설정할 수 있습니다.

- **파트별 재질 분리** (Seperate Materials by Part)

  각 파트별로 재질을 분리하여 할당합니다.

- **라이브러리에서 재질 할당**

  모델에 적용된 재질의 이름이 키샷의 라이브러리에서 사용하는 이름과 같을 때, 키샷 재질로 바꿔 적용합니다.

- **재질 탬플릿 사용**

  미리 정의된 재질 템플릿이 있는 경우 선택하여 적용할 수 있습니다.

지오메트리

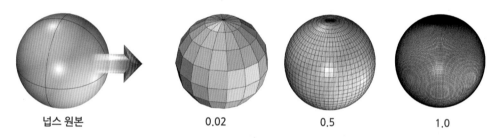

- **테셀레이션 품질**

  넙스/솔리드 모델을 폴리곤으로 변환하는 정밀도를 의미합니다. 수치가 높을수록 폴리곤 수가 많아집니다.

| 넙스 원본 | 0.02 | 0.5 | 1.0 |

- **정확한 모자이크 세공** (Accurate Tesslation)

  정확한 모자이크 세공은 모델의 폴리곤 전환 시 품질을 최적화합니다.

- **넙스 데이터 가져오기**

  넙스 모델링의 경우 이 옵션을 통해 폴리곤 변환 시 각이 지는 문제를 쉽게 해결할 수 있습니다. 그러나 **이 옵션은 실시간 렌더링 및 최종 렌더링의 속도가 느려집니다. 리본 바의 렌더 넙스 아이콘을 클릭하면 실시간 창 및 최종 렌더링에 반영됩니다.**

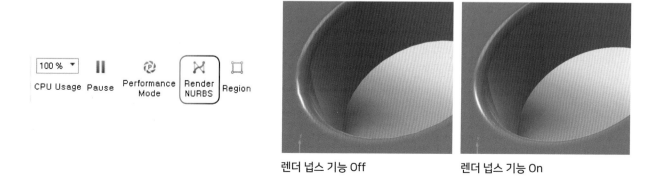

렌더 넙스 기능 Off   렌더 넙스 기능 On

a. 개체/특정 면이 보이지 않는 문제

간혹 라이노 3D에서 제작한 돌출면의 경우 키샷에서 3D 개체로 인식하지 못해 면이 보이지 않는 경우가 있습니다. 이럴 때에는 **돌출면(Extrude Surface)을 분해(Explode)하여 아이소커브를 생성한 후 결합(Join) > 저장 > 키샷으로 보냅니다.**

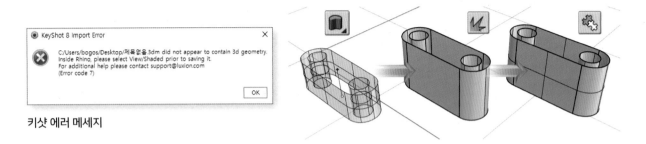

키샷 에러 메세지

면의 차수(Degree)가 낮은 면에 복잡한 트림(Trim), 3차원 변형이 적용된 경우 키샷에서 면이 보이지 않을 수 있습니다. 라이노 3D에서 해당 면을 재생성(Rebuild)하여 3차 이상의 차수로 설정 + 제어점 개수를 충분히 설정합니다.

b. 버전 안정성

최근 출시된 라이노 3D 6 버전의 *.3dm으로 저장할 경우 키샷 버전에 따라 열리지 않거나 3D 개체가 보이지 않는 문제가 간혹 발생합니다. *.3dm 파일로 저장하여 키샷에서 데이터를 열 경우에는 라이노 3D 5 버전으로 저장하는 편이 안정적입니다.

c. 같은 재질별 레이어 정리

라이노 3D에서 키샷으로 데이터를 보내기 전, **같은 재질끼리 레이어로 정리하면** 키샷에서의 작업 효율을 높일 수 있습니다. 만약 애니메이션 작업을 진행해야 할 경우에는 같은 재질의 파트라도 독립된 레이어로 정리합니다. **키샷의 씬 트리에서 모델링을 파트별로 정리할 수도 있지만 합쳐져서 나누지 못하는 경우도 있고, 또한 라이노 3D에서 진행하는 편이 시간 효율성 면에서 좋습니다.**

라이노 3D의 레이어 탭

키샷의 씬 트리

d. 곡면이 각져 보이는 경우(Tesselation Issue)

- Rhino 3D의 파일 형식인 *.3dm의 경우, **넙스 면의 폴리곤 변환(테셀레이션) 항목이 나타나지 않고 자동으로 변환되며** 간혹 튜브 형태의 곡면들이 적은 개수의 폴리곤으로 변환되어 각지는 현상이 심하게 보이는 경우가 있습니다. 이런 경우 라이노 3D에서 메쉬 변환 기능을 통해 폴리곤의 수를 직접 설정하여 변환 > 키샷으로 가져옵니다.

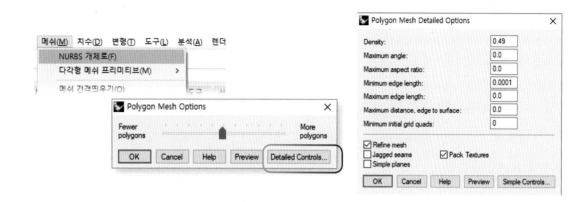

- **라이노 3D에서 넙스 면의 메쉬 변환 기능에 익숙치 않은 경우,** 개체를 *.IGES로 저장하여 키샷 가져오기 설정의 테셀레이션 품질 제어를 통해 해결할 수도 있습니다.

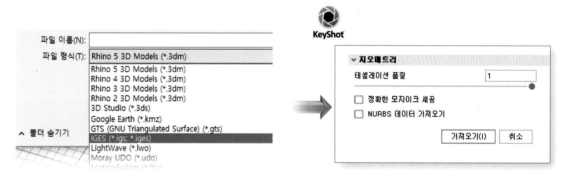

 - **키샷 프로 버전에서 넙스 모델 파일에 지원하는** 넙스 데이터 가져오기 옵션은 각진 곡면 문제를 가장 쉽게 해결할 수 있는 방법입니다. 단, 렌더링 시간이 증가합니다.

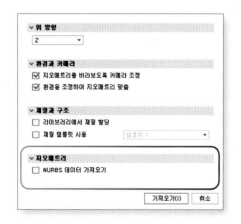

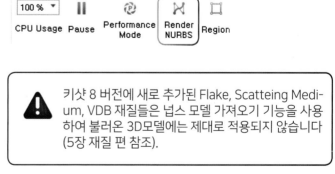

키샷 8 버전에 새로 추가된 Flake, Scatteing Medium, VDB 재질들은 넙스 모델 가져오기 기능을 사용하여 불러온 3D모델에는 제대로 적용되지 않습니다 (5장 재질 편 참조).

5. 메인 툴바 > 라이브러리_Library

라이브러리는 렌더링을 위한 재질, 환경, 텍스쳐의 보물 창고입니다.
재질별 세부 사항은 Material 파트를 참고하세요.

5.1 라이브러리 탭의 구조

가져오기　라이브러리　프로젝트　애니메이션　KeyShotXR　렌더

앞서 키샷 간단 사용 예제에서 드래그&드롭으로 설정하는 라이브러리의 편리함을 보았습니다. 잘 만들어진 재질, 환경, 배경, 텍스쳐
는 우수한 3D 렌더링을 얻기 위한 핵심 자산으로 지속적인 수집&관리가 필요합니다. 이를 위한 라이브러리 탭의 구조를 살펴봅니다.

- 재질_Materials
- 색상_Colors
- 텍스쳐_Textures
- 환경_Environment
- 백플레이트_Backplates
- 자주 사용하는 환경

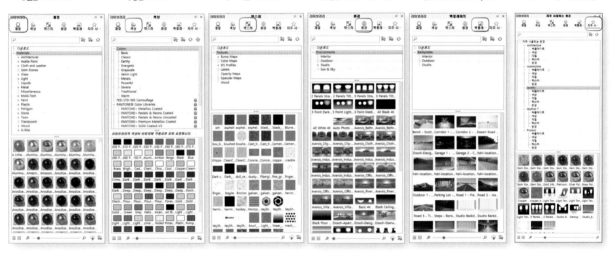

라이브러리 탭 구조 1

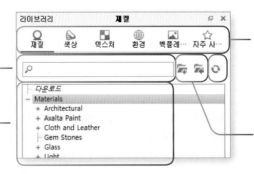

라이브러리 검색을 지원합니다. ——

재질을 카테고리로 묶어 표시합니다. ——

라이브러리 탭은 6가지의 카테고리로 나뉩니다.
아이콘을 클릭하여 각 카테고리로 이동합니다.

새로고침(Refresh)을 통해 작업 도중 추가된
자산을 업데이트할 수 있습니다.

카테고리 구조를 생성, 변경할 수 있습니다.

라이브러리 탭 구조 2

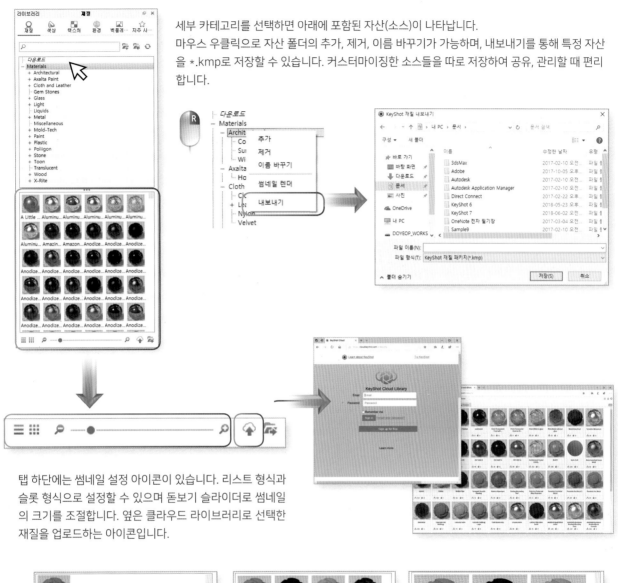

세부 카테고리를 선택하면 아래에 포함된 자산(소스)이 나타납니다.

마우스 우클릭으로 자산 폴더의 추가, 제거, 이름 바꾸기가 가능하며, 내보내기를 통해 특정 자산을 *.kmp로 저장할 수 있습니다. 커스터마이징한 소스들을 따로 저장하여 공유, 관리할 때 편리합니다.

탭 하단에는 썸네일 설정 아이콘이 있습니다. 리스트 형식과 슬롯 형식으로 설정할 수 있으며 돋보기 슬라이더로 썸네일의 크기를 조절합니다. 옆은 클라우드 라이브러리로 선택한 재질을 업로드하는 아이콘입니다.

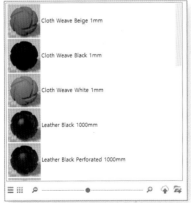

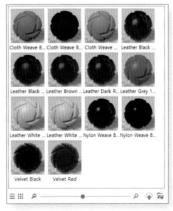

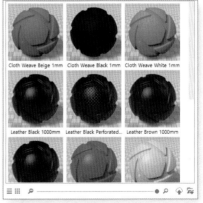

라이브러리 탭 > 색상

키샷은 키워드 분류된 색상 카테고리와 함께 팬톤의 컬러칩을 제공합니다. 팬톤 컬러칩을 통해 3D 개체의 색상을 정확하게 표현하고 평가할 수 있습니다.

라이브러리 탭 > 환경과 백플레이트의 개념 차이

키샷의 환경 탭에 있는 이미지들은 빛과 주변 환경을 포함한 HDR 이미지로 흰색에 가까운 부분이 발광하여 조명의 역할을 수행합니다. 반면 백플레이트는 아래와 같이 배경의 역할을 하는 이미지로 종이에 출력한 배경지와 같습니다. 제품의 합성 시에 주로 사용합니다.

5.2 클라우드 라이브러리 사용하기/Cloud Library

클라우드 라이브러리는 키샷 사용자들이 모여 재질, 환경, 배경, 텍스쳐 등을 공유하는 채널입니다. 기본으로 제공되는 소스들을 커스터마이징하여 올리거나 자신의 소스를 따로 만들어 올리고 받을 수 있습니다. 웹 브라우저에 주소를 입력하여 찾아 들어가거나 키샷 인터페이스 좌측 하단의 클라우드 라이브러리 탭을 클릭하여 접속할 수 있습니다. 가입 및 사용은 무료이며, 첫 사용 시에는 가입 시 기입한 이메일로 온 인증 메일을 클릭하여 접속해야 합니다.

* 키샷 클라우드 라이브러리 https://cloud.KeyShot.com

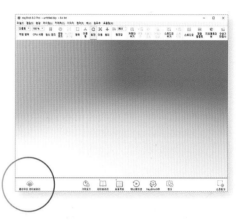

• 클라우드 라이브러리 접속 아이콘

재질, 환경, 배경, 텍스쳐를 무료로 받을 수 있습니다.

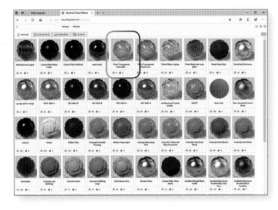

⭐ 원하는 소스를 클릭하여 다운로드합니다.
다운로드한 소스들은 라이브러리 탭 > 재질 >
다운로드 탭에 자동으로 저장&업데이트 됩니다.

6. 메인 툴바 > 프로젝트_Project

프로젝트 탭은 씬의 구조/재질/환경/카메라/렌더 등 모든 세부 설정을 위한
기능이 모여 있는 핵심 탭입니다.

가져오기　　라이브러리　　프로젝트　　애니메이션　　KeyShotXR　　렌더

인터페이스 하단의 메인툴바 > 프로젝트 탭은 키샷 기능의 핵심 메뉴들이 모여 있는 곳입니다. 개체를 관리하는 씬 탭과 환경을 설정, 관리하는 환경 탭, 개체에 적용된 재질을 수정하고 새로운 재질을 만들 수 있는 재질 탭, 빛의 속성을 관리하는 라이팅 탭, 렌더링 촬영을 위한 카메라 설정, 이미지의 특수 효과 및 실시간 렌더 창의 크기와 비율을 조절하는 이미지 탭으로 구성되어 있습니다. 각 탭의 세부 속성을 알아봅니다.

▌프로젝트 탭의 구조

프로젝트 탭의 아이콘을 클릭하면 각 카테고리로 이동할 수 있습니다.

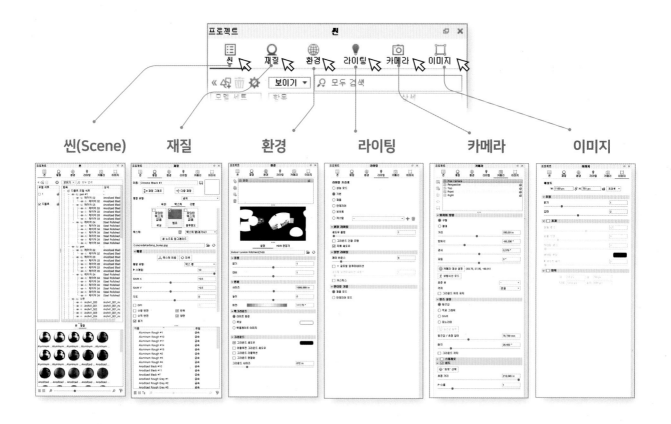

프로젝트 > 씬(Scene) > 모델 세트

모델 세트 기능을 이용하여 하나의 장면 내에서 3차원 개체 전부 또는 일부를 복사하여 새로운 장면을 구성할 수 있습니다.

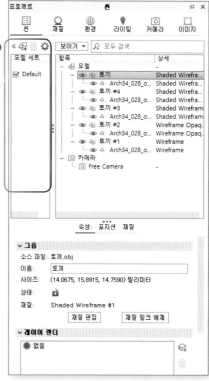

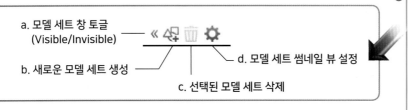

a. 모델 세트 창 토글 (Visible/Invisible)

b. 새로운 모델 세트 생성

c. 선택된 모델 세트 삭제

d. 모델 세트 썸네일 뷰 설정

a. 모델 세트 창 토글(Visible/Invisible)

모델 세트 창을 보이거나 감춥니다.

b. 새로운 모델 세트 생성

아이콘을 누르면 새로운 모델 세트 추가 창과 현재 디폴트 모델 세트에 포함된 개체들이 나타나며, 이 중에서 체크하여 선택 > 새로운 모델 세트 이름을 지정하고 확인을 누르면 모델 세트가 생성됩니다.

모델 세트 이름 설정

이곳에서 체크한 모델을 복사하여 새로운 모델 세트로 생성합니다.

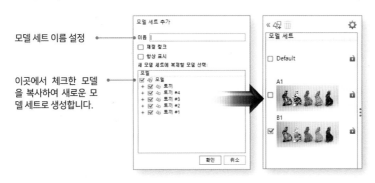

d. 모델 세트 썸네일 뷰 설정

모델 세트 창에 보일 썸네일의 크기 및 품질을 설정합니다. 썸네일 렌더링 설정 > 썸네일 렌더를 클릭하여 적용합니다.

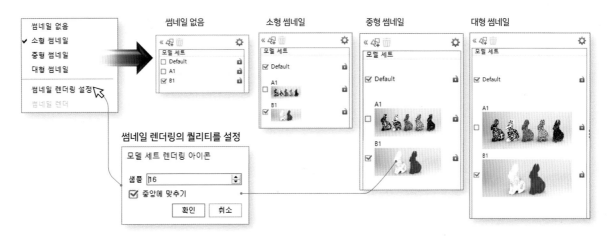

▌프로젝트 > 씬(Scene) > 씬 트리

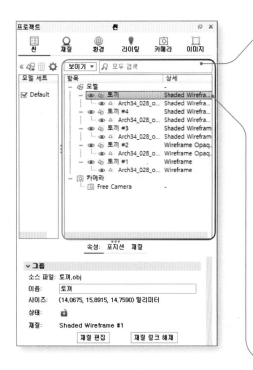

- 복잡한 씬의 경우 개체 이름 검색으로 선택할 수 있습니다. 보이기 옵션을 통해 파트와 라이트를 구분하여 보이게 할 수 있습니다.

- 씬 트리는 선택된 모델 세트 내에 포함된 3차원 개체의 트리 구조 및 카메라, 라이트항목을 보여 줍니다. 개체를 선택 > 드래그하여 트리 구조를 변경할 수 있습니다. 애니메이션이 적용된 경우 주의하여 사용해야 합니다.

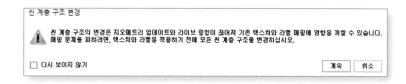

- 항목을 선택하면 오렌지색 테두리로 표시됩니다.

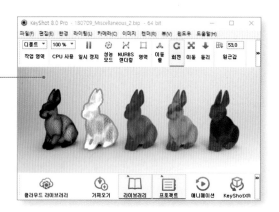

▌씬(Scene) > 복제, 패턴 만들기 기능

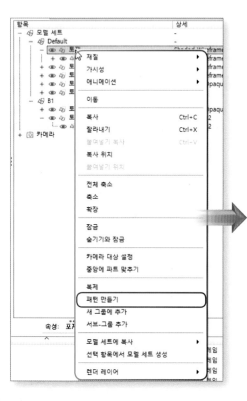

- 개체를 선택 > 우클릭 시 각종 명령 탭이 나타납니다.
  실시간 창에서 개체를 선택 > 우클릭하였을 때 나타나는 메뉴와는 항목이 조금 다릅니다.

  이 중 패턴 만들기 기능에 대하여 알아보겠습니다.

씬(Scene) > 패턴 만들기 기능

패턴 만들기는 키샷에서 여러 개의 개체로 장면을 구성해야 할 때, 개체 선택 > 복사 > 붙여 넣기 > 이동 과정의 번거로움을 한 번에 해결할 수 있습니다. 단, 한 번 만든 패턴은 수정할 수 없어 개체들을 직접 선택하여 이동해야 합니다.

❶ 메인 메뉴 > 편집 > 지오메트리 추가 > 라운드 큐브를 선택하여 개체를 생성합니다.

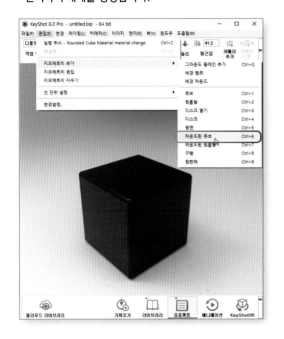

❷ 씬 탭의 트리 구조에서 방금 생성한 라운드 큐브를 마우스 우클릭 > 나타나는 서브 메뉴 중 패턴 만들기를 클릭합니다.

❸ 패턴 도구 창이 나타납니다. 이 창에서 선형&원형 배열 및 X, Y, Z축으로의 복사 개수, 축의 간격, 스케터링(Scatering)을 설정합니다.

패턴 도구 > 선형

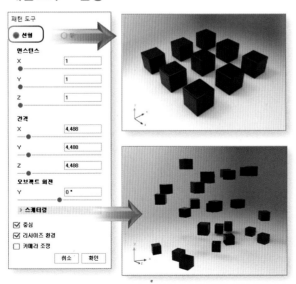

패턴 도구 > 원형

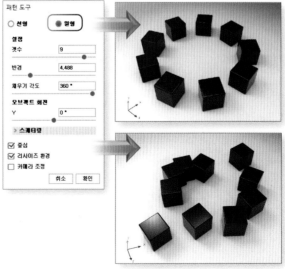

프로젝트 > 씬(Scene) > 속성, 포지션, 재질

씬 트리에서 개체를 선택하면 아래에 개체의 속성, 포지션, 재질이 나타납니다. 실시간 렌더 창에서 개체를 선택 > 우클릭 > 파트 이동
으로 나타나는 조절자(이동 툴)를 통해 확인하면서 포지션을 조절할 수도 있지만, 정확하게 제어하기가 어려워 수치 제어가 가능한 씬
탭의 포지션 기능을 많이 사용합니다.

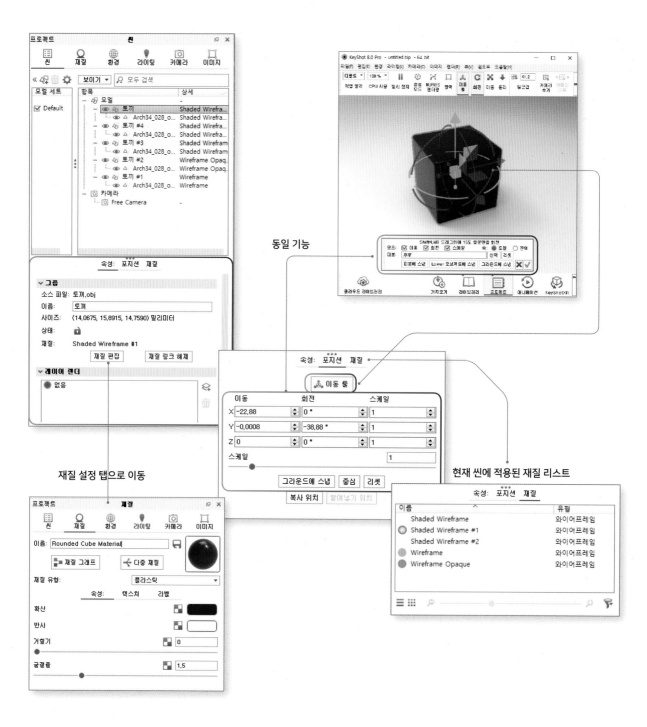

동일 기능

재질 설정 탭으로 이동

현재 씬에 적용된 재질 리스트

프로젝트 > 이미지 탭

프로젝트 > 이미지 탭은 실시간 렌더 창의 크기 조절 및 이미지 효과 적용(볼륨, 비네팅), 영역을 설정하여 부분 실시간 렌더링 등의 기능을 수행합니다. 조정 효과 활성화를 위해서는 환경 설정 > 고급 > GPU 활성화에 체크해야 합니다.

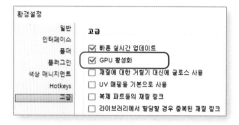

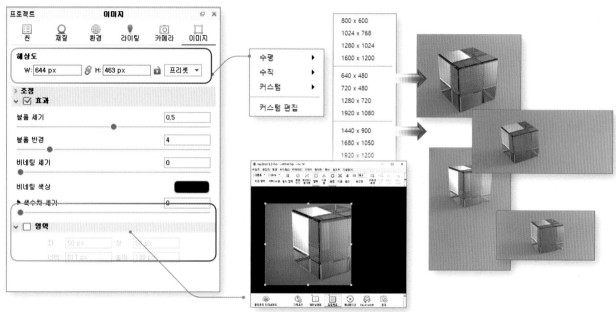

- **조정 > 볼륨(Volume Effect)**

  볼륨 효과는 뿌옇게 산란하는 빛 효과를 표현합니다.

- **조정 > 비네팅(Vinetting Effect)**

  비네팅 효과는 렌즈 주변의 빛 부족 효과를 구현합니다.

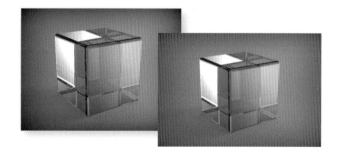

- **색수차 세기(色收差, Chromatic Aberration)**

  빛은 파장에 따라 굴절률이 다릅니다. 이 특성 때문에 렌더링 시 개체의 색이 다르게 나타나는 경우가 발생하는데, 이를 색수차 현상이라 합니다. 이 현상을 제어하는 항목입니다.

프로젝트 > 재질 탭

재질 탭은 재질을 변경, 조정하는 기능을 모아 둔 곳으로 크게 **속성, 텍스쳐, 라벨** 항목으로 구성되어 있습니다. 속성은 각 재질 고유의 설정 가능 항목입니다. 텍스쳐는 재질의 표현 효과에 대한 설정이며 라벨은 재질 표면에 스티커와 같은 개념의 이미지 등을 배치하는 기능입니다. 재질에 관한 자세한 내용은 4장 재질 편을 참고하세요.

적용된 재질의 이름/수정 가능

수정한 재질을 저장 또는 다른 이름으로 지정 후
라이브러리에 별도의 재질로 저장할 수 있습니다.

현재 설정된 재질의 모습

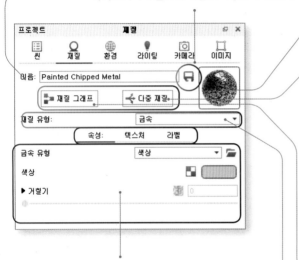

다중 재질 : 최종 재질을 결정하기 위해 여러 가지 재질을 바꿔 가며 느낌을 비교해야 하는 경우, 여러 가지 재질을 다중 재질 슬롯에 넣어 두고 클릭하여 재질을 빠르게 바꿔 적용할 수 있습니다.

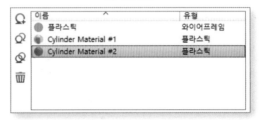

재질 유형에 따른 설정 속성들로 체크, 슬라이더, 수치, 명도, 컬러 등의 설정 방식을 이용하여 설정합니다.

 좌측 아이콘이 표시된 설정 항목은 텍스쳐/애니메이션, 유틸리티 기능의 적용이 가능한 것으로, 이 아이콘을 우클릭(RMB) 시 아래와 같은 선택 메뉴가 나타납니다(자세한 내용은 5장, 6장을 참고하세요).

재질 그래프 : 복잡한 재질의 경우, 재질 그래프로 확인 및 설정이 가능합니다.

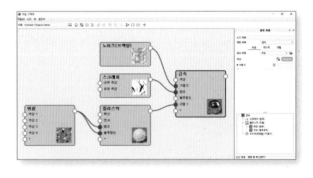

재질 유형 : 기본, 고급, 라이트 소스, 특별의 4개 카테고리/28종이며 각 재질 유형에 따라 고유의 속성 설정 항목을 가집니다.

프로젝트 > 환경 탭 1

환경은 장면을 둘러싸고 있는 구체에 적용되는 환경 이미지, 백그라운드, 그라운드 관련 항목을 설정하는 탭입니다. HDRI 이미지를 이용하여 장면의 빛 분위기를 구현하는 키샷에서는 매우 중요한 탭입니다. 환경 설정 및 HDR 편집기로 구성됩니다.

구체에 입혀진 환경/조명 이미지

• 환경 탭 설정 항목

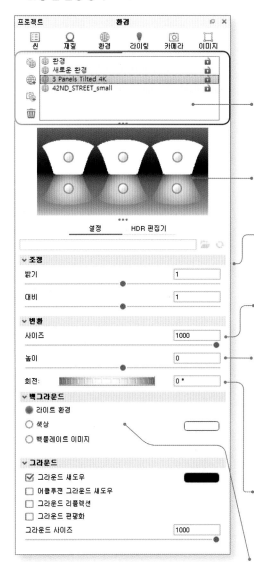

다중 환경 : 최종 환경을 결정하기 위해 환경을 바꿔가며 느낌을 비교해야 하는 경우, 여러 가지 환경 이미지를 다중 환경 슬롯에 넣어 두고 클릭하여 빠르게 바꿔 적용할 수 있습니다.

현재 적용된 환경 이미지를 보여 주며 HDR 편집기를 통해 세부 설정을 진행합니다(뒷장 참조).

적용된 HDR 이미지의 밝기와 대비를 조절합니다.

사이즈 : 장면을 둘러싼 환경의 크기를 설정된 유닛(inch, cm)으로 설정합니다.

높이 : 환경의 높이를 설정합니다.

회전 : 개체의 시점은 고정하고 환경을 회전합니다.

백그라운드 : 개체 주변의 이미지 처리 방식을 설정합니다. 라이트 환경 그대로 보여 주거나 특정 색상을 지정 또는 별도의 백플레이트 이미지를 적용할 수 있습니다.

라이트 환경   색상   백플레이트 이미지

프로젝트 > 환경 탭 2

환경 탭 하단의 그라운드 항목에서는 그림자, 어클루전, 반사(리플렉션) 등을 제어할 수 있습니다. 그라운드는 별도의 바닥 개체가 없을 경우 생성되는 가상의 바닥면이므로 바닥 개체가 있을 경우에는 의미가 없습니다.

· 그라운드 섀도

바닥면에 개체의 그림자를 생성할지 결정합니다. 그림자의 색상을 직접 설정할 수 있습니다.

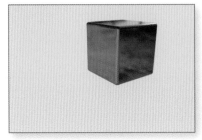

| 그라운드 섀도 Off | 그라운드 섀도 On | 그라운드 섀도 On |

· 어클루전 그라운드 섀도
Occlusion Ground Shadows

어클루전(Occlusion)은 빛이 들지 않는 곳(구석이나 틈)들에 추가적인 음영을 더해 주는 기술입니다. 그라운드 섀도와 함께 이 옵션을 활성화하면 설정된 빛에 의한 그림자는 무시되고 어클루전 연산에 의한 그림자를 그라운드에 표현합니다.

적용 환경

글로벌 일루미네이션(빛의 난반사) 연산에는 많은 CPU 자원이 소요됩니다. 어클루전(Occlusion) 기술은 이와 비슷한 효과를 적은 자원으로 빠르게 구현 할 수 있습니다. 특히 3D 게임에서 그림자의 시각적 퀄리티는 유지하면서 CPU 부하를 줄일 수 있어 필수적으로 사용됩니다.

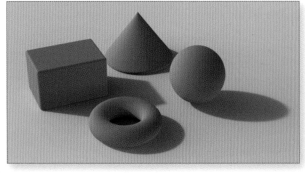

그라운드 섀도

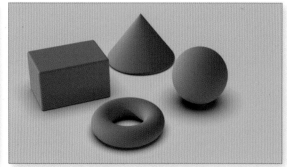

어클루전 그라운드 섀도

· 그라운드 리플렉션

그라운드에 반사 특성을 활성화합니다. 주변이 어두울수록 반사가 잘 보입니다. 반사율 등의 조절은 불가능합니다.
그라운드에 세밀한 조절이 필요한 경우, 편집 > 개체 추가 > 그라운드 플레인을 선택하여 그라운드 개체를 별도로 생성한 후 재질 설정을 통하여 세부 조절을 진행합니다.

 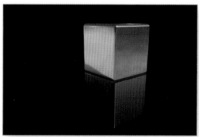 

· 그라운드 편평화

라이팅 환경이 장면 내에 보이는 경우, 지면(지표면)이 되는 환경 이미지를 지면에 투사하여 왜곡을 보정합니다.
바닥면이 되는 환경 이미지의 왜곡이 줄어들어 조금 더 자연스럽게 보입니다.

그라운드 편평화 Off   그라운드 편평화 On

· 그라운드 사이즈

그림자를 드리울 바닥이 없는 경우, 키샷은 자동으로 가상의 바닥면을 생성하여 그림자를 표현합니다.
이 옵션은 가상의 바닥면의 크기를 설정하는데, 너무 작게 설정하면 그림자가 잘리거나 아예 나타나지 않습니다.

정상적인 셰도   그라운드 사이즈가 작아 그림자가 잘린 경우   그라운드 사이즈의 개념

프로젝트 > 환경 탭 3-HDR 편집기

HDR 편집기를 통해 환경의 세부 사항을 설정합니다. 환경 유형에는 색상, 그러데이션, 태양과 하늘(S), 이미지의 총 4가지 형식이 있으며, 라이브러리의 다양한 환경은 이 4가지 형식 중 하나이거나 혼합된 형식으로 설정되어 있습니다. 각 환경 유형에는 발광체의 역할을 하는 핀(Pin), 그러데이션 핀, 이미지 핀을 추가/제어할 수 있습니다.

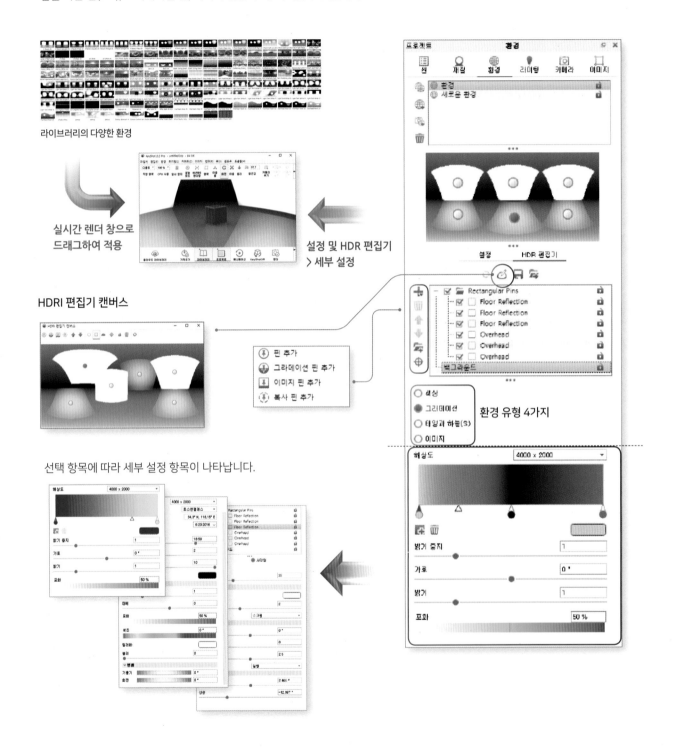

라이브러리의 다양한 환경

실시간 렌더 창으로
드래그하여 적용

설정 및 HDR 편집기
> 세부 설정

HDRI 편집기 캔버스

환경 유형 4가지

선택 항목에 따라 세부 설정 항목이 나타납니다.

HDR 편집기 > 환경 유형

· 환경 유형 : 색상

단색으로 환경을 설정합니다. 밝기 옵션으로 광량을 설정합니다.

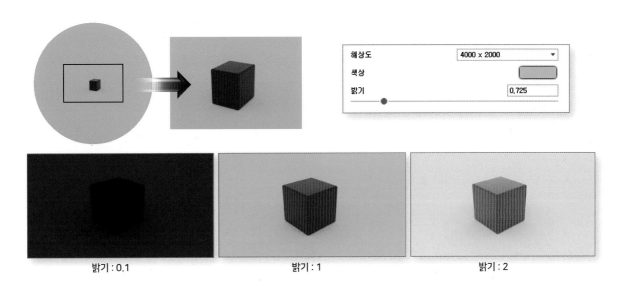

| 밝기 : 0.1 | 밝기 : 1 | 밝기 : 2 |

· 환경 유형 : 그러데이션

그러데이션으로 환경을 설정합니다. 포인트 추가를 통해 다중 그러데이션 환경을 제작할 수 있습니다.

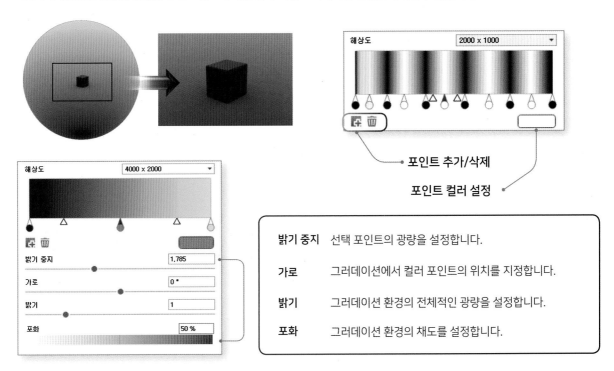

포인트 추가/삭제

포인트 컬러 설정

밝기 중지	선택 포인트의 광량을 설정합니다.
가로	그러데이션에서 컬러 포인트의 위치를 지정합니다.
밝기	그러데이션 환경의 전체적인 광량을 설정합니다.
포화	그러데이션 환경의 채도를 설정합니다.

HDR 편집기 > 환경 유형

· **환경 유형 : 이미지**

HDR 이미지를 환경으로 설정합니다. 분위기에 적합한 HDR 이미지의 사용은 실제와 흡사한 렌더링 이미지를 얻을 수 있는 가장 손쉬운 방법 입니다.

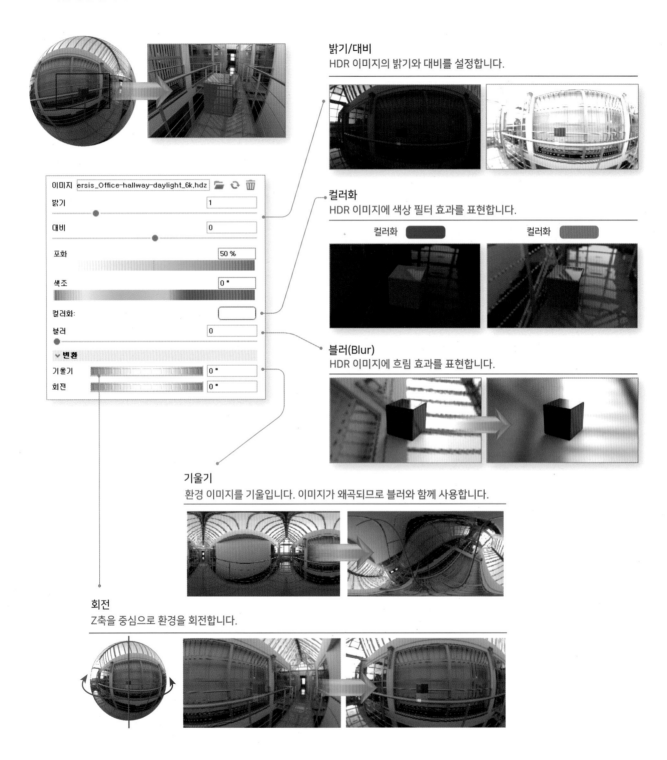

밝기/대비
HDR 이미지의 밝기와 대비를 설정합니다.

컬러화
HDR 이미지에 색상 필터 효과를 표현합니다.

컬러화   컬러화

블러(Blur)
HDR 이미지에 흐림 효과를 표현합니다.

기울기
환경 이미지를 기울입니다. 이미지가 왜곡되므로 블러와 함께 사용합니다.

회전
Z축을 중심으로 환경을 회전합니다.

HDR 편집기 > 환경 유형

· 환경 유형 : 그러데이션 + 핀(Pin)

라이브러리 > 환경 중 많은 수가 그러데이션과 핀의 조합으로 이루어진 환경입니다. 이러한 유형의 환경은 제품을 촬영하는
포토 스튜디오의 환경과 흡사합니다.

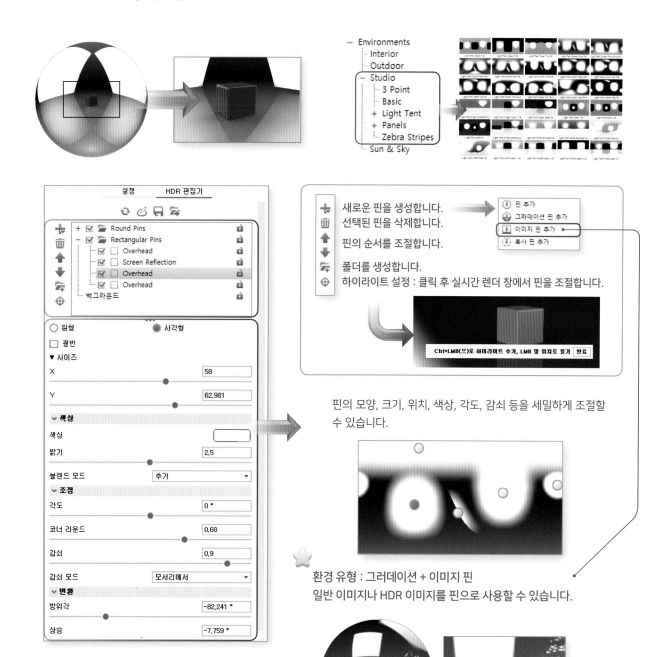

새로운 핀을 생성합니다.
선택된 핀을 삭제합니다.

핀의 순서를 조절합니다.

폴더를 생성합니다.
하이라이트 설정 : 클릭 후 실시간 렌더 창에서 핀을 조절합니다.

핀의 모양, 크기, 위치, 색상, 각도, 감쇠 등을 세밀하게 조절할
수 있습니다.

환경 유형 : 그러데이션 + 이미지 핀
일반 이미지나 HDR 이미지를 핀으로 사용할 수 있습니다.

라이팅 프리셋

라이팅 탭의 프리셋들은 빛 연산 항목들을 제어하는 설정입니다.
각 프리셋은 섀도 품질, 레이 바운스, 글로벌 일루미네이션, 커스틱스 등의 활성화 여부와 적용 수치를 설정한 것으로, 프리셋의 선택만으로도 최적화된 결과를 얻을 수 있습니다.

물론 커스텀으로 사용자의 필요에 따라 각 옵션을 조절하여 사용할 수도 있습니다. 설정은 실시간 렌더링 창 및 최종 렌더링에 바로 적용되기 때문에, 레이 바운스 값이 높을 경우 화면 움직임이 느려지므로 장면 구성이 마무리된 후 설정하는 편이 좋습니다.

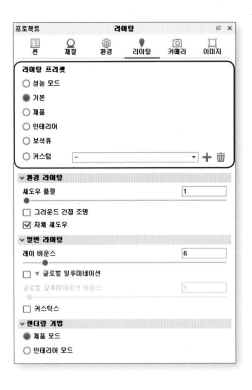

1. 성능 모드

최소한의 빛 연산만 진행하고 그림자, 투명체 등을 표현하지 않습니다. 씬이 복잡하거나 PC의 성능이 부족한 경우 사용합니다.

2. 기본

단순한 라이팅과 그림자를 표현합니다. 별도의 조명 개체 없이 환경 이미지(HDR)로 렌더링을 진행할 때 유용합니다. 이 모드는 기본적인 투명체를 표현하기 때문에 실시간 렌더 창에서 투명 재질의 적용 느낌 등을 확인하면서 진행할 수 있습니다.

3. 제품

중첩된 투명체와 빛의 난반사를 표현할 수 있는 설정으로 효과적인 퀄리티를 보여 줍니다.

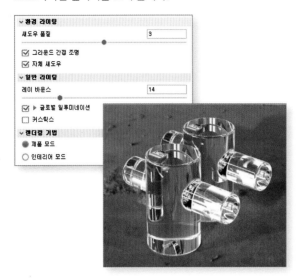

4. 인테리어

천장이나 벽 등으로 둘러싸인 공간 모델링의 조명, 그림자 표현에 최적화된 설정입니다.

5. 보석류

난반사, 커스틱스 등 모든 라이팅 효과를 표현합니다. 렌더링에 가장 오랜 시간이 소요됩니다.

보석류 모드　　　　　　　기본 모드

 상황에 따른 라이팅 프리셋의 사용

우측 이미지는 각각 기본 모드와 보석류 모드로 렌더링을 진행한 것으로, 렌더링 시간은 보석류 모드 쪽이 오래 걸렸지만 최종 결과물은 별 차이가 없습니다.

섀도 품질, 레이 바운스 횟수, 글로벌 일루미네이션, 커스틱스 등의 설정 값이 높을수록 렌더링 시간이 더 오래 걸리지만, 꼭 그만큼의 이미지 품질을 보장하지는 않습니다. 재질과 조명 상황에 맞추어 적절하게 선택할 필요가 있습니다.

기본 모드　　　　　　　　보석류 모드

환경 라이팅

그림자의 품질, 그라운드 간접 조명 효과, 자체 섀도 등의 활성화 여부를 결정합니다.

섀도 품질

그림자의 품질을 설정합니다. 간혹 그림자가 깨지거나 노이즈 또는 얼룩이 발생하는 경우에 이 수치를 높여 해결할 수 있습니다. 설정 값이 높아질수록 렌더링 시간이 증가합니다. 보통 1~4 정도로 설정합니다.

그라운드 간접 조명(Ground Illumination)

그라운드(가상 바닥면)에 의해서 생성되는 빛의 난반사 효과를 활성화합니다. 글로벌 일루미네이션과 함께 사용하며 미묘한 차이지만 개체가 컬러값을 가질 때 실제감을 높여 줍니다. 보통 이 효과를 Color Bleeding(컬러 블리딩)이라 부릅니다.

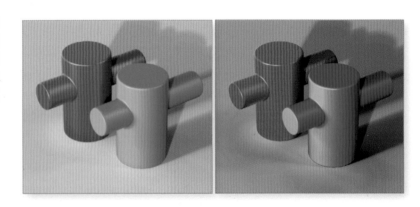

자체 섀도(Self Shadows)

개체에 생기는 그림자의 생성 여부를 결정합니다. 사실성을 위해서 바닥 그림자, 간접 그림자, 자체 그림자 등이 모두 있으면 좋을 것 같지만 때로는 이러한 그림자 때문에 형상의 인식성이 낮아질 수도 있습니다. 우측 이미지에서도 자체 섀도가 없는 편이 더 명확하게 보이면서도 그림자가 없다는 사실이 크게 거슬리지 않습니다.

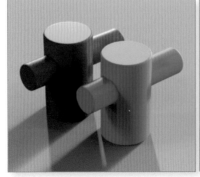

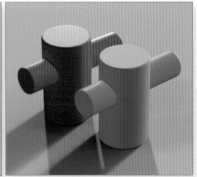

일반 라이팅

일반 라이팅 항목은 레이 바운스와 글로벌 일루미네이션, 커스틱스 항목으로 구성됩니다. 매우 중요한 개념이므로 명확하게 이해할 필요가 있습니다.

✓ 일반 라이팅	
레이 바운스	6
☑ ▼ 글로벌 일루미네이션	
글로벌 일루미네이션 바운스	1
☑ 커스틱스	

레이 바운스(Ray Bounce) 1 > 투명체 내부 굴절

광원으로부터 방출된 빛이 개체와 만나 반사-굴절되는 횟수를 설정합니다. 이 수치에 따라 반사와 굴절의 표현 양상이 달라집니다. 아래는 솔리드 유리 재질이 적용된 개체에 레이 바운스 횟수를 달리한 것으로, 레이 바운스 수치가 높아질수록 검게 보이는 영역이 줄어드는 것을 확인할 수 있습니다. **투명체의 내부 굴절의 경우 레이 바운스 수치가 높아질수록 반드시 더 사실적인 결과를 보장하지는 않습니다.** 아래의 테스트에서 보이듯 적정 수준의 사실성은 6~20 사이입니다. 높은 수치의 레이 바운스는 렌더링 시간만 길어지고 복잡해 보일 수 있습니다.

레이 바운스 0 = 빛이 없는 상태
레이 바운스 1 = 빛이 개체에 닿으면 연산 중지(투명체 표현 불가)
레이 바운스 2 = 빛이 개체에 닿고(1) 반사/또는 굴절을 1회 더 연산
레이 바운스 10 = 빛이 개체에 닿고(1) 반사/또는 굴절을 9회 더 연산

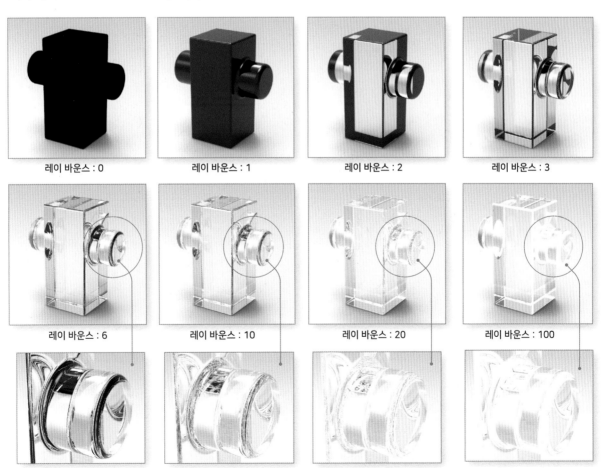

레이 바운스 : 0	레이 바운스 : 1	레이 바운스 : 2	레이 바운스 : 3

레이 바운스 : 6	레이 바운스 : 10	레이 바운스 : 20	레이 바운스 : 100

레이 바운스(Ray Bounce) 2 > 투명체 중첩 굴절

여러 개의 투명체가 겹치는 경우에는 충분한 수의 레이 바운스가 필요합니다. 아래는 25장의 유리가 겹치는 경우인데, 빛이 유리 1장의 앞뒷면을 통과하므로 결과적으로 50번 이상의 레이 바운스 수치가 적용되어야 검게 보이는 부분 없이 모두 맑은 투명으로 보이게 됩니다.

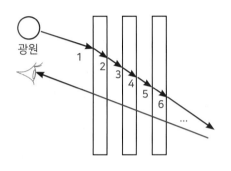

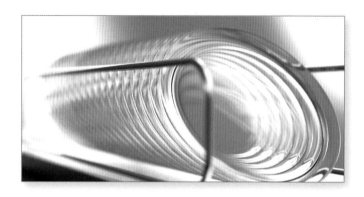

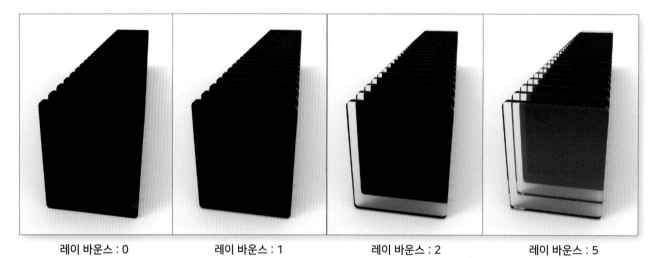

| 레이 바운스 : 0 | 레이 바운스 : 1 | 레이 바운스 : 2 | 레이 바운스 : 5 |

| 레이 바운스 : 15 | 레이 바운스 : 30 | 레이 바운스 : 50 | 레이 바운스 : 100 |

레이 바운스(Ray Bounce) 3 > 반사

레이 바운스 수치는 투명체를 관통하는 굴절 연산 횟수이자 반사 연산 횟수입니다. 2장의 거울을 마주하면 이론상 빛 에너지가 소멸할 때까지 무한 반사가 이루어지는데, 키샷에서는 레이 바운스의 수치로 반사의 횟수를 설정합니다.

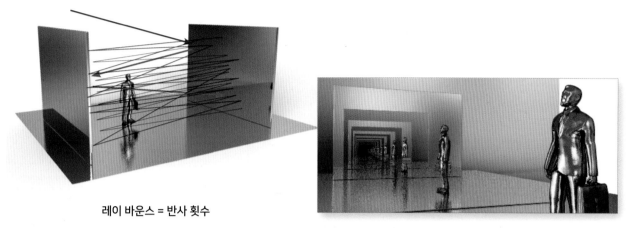

레이 바운스 = 반사 횟수

레이 바운스 : 1   레이 바운스 : 2   레이 바운스 : 5

레이 바운스 : 10   레이 바운스 : 50   레이 바운스 : 100

글로벌 일루미네이션(Global Illumination)

글로벌 일루미네이션 기능의 활성화 및 인다이렉트 라이트의 추적 횟수를 설정합니다. 이와 관련한 자세한 내용은 1장 키샷과 브이레이 비교 편 및 4장 Lighting&Environment 편을 참고하세요.

커스틱스(Caustics)

커스틱스란 빛이 투명체를 통과하며 일어나는 산란 굴절입니다. 일상에서 자주 접하는 현상이지만 3D 구현 시에는 빛의 입자를 추적하여 표현해야 하므로 렌더링 시간이 길어집니다. 글로벌 일루미네이션과 별도로 작동하며 커스틱스가 생성될 별도의 바닥 개체가 반드시 필요합니다(모든 조건이 맞아도 가상의 바닥면인 그라운드에는 생성되지 않습니다).

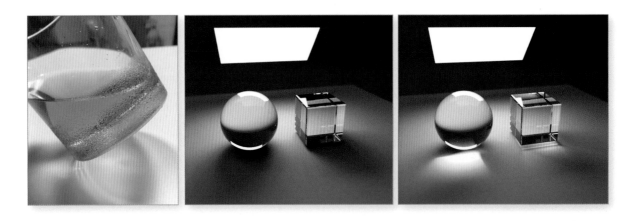

커스틱스의 생성 및 품질 제어는 재질과 라이팅의 강도, 샘플 수, 렌더 설정과 복합적으로 연관되어 이루어집니다.
커스틱스 효과는 그 자체로 매우 아름다워 투명체 렌더링의 감성적 품질을 높일 수 있는 방법입니다.

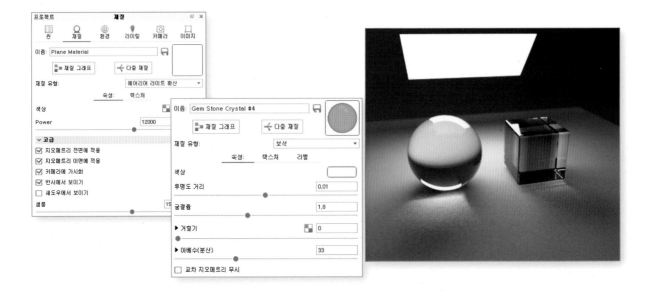

렌더링 테크닉-제품 모드 VS 인테리어 모드

제품 모드와 인테리어 모드는 실시간 렌더링 창에서 진행되는 점진적 렌더링 (Progressive Rendering)의 연산 방식이 다릅니다. 제품 모드는 픽셀당 컬러 값을 구하는 방식으로 실시간 창에서는 노이즈가 감소하는 과정으로 진행되 며, 인테리어 모드는 빛의 입자가 닿는 영역의 평균값을 구해 나가는 FG(Final Gathering) 방식으로 실시간 렌더 창에서는 얼룩이 줄어드는 과정으로 나타 납니다.

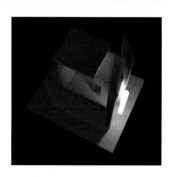

공간 모델링 속으로 들어가서 보는 경우와 같이 실시간 렌더 창 내에 3D 개체 의 면적과 양이 많은 경우에는 인테리어 모드가 더 빠르게 이미지를 업데이트 합니다.

두 렌더링 방식 모두 충분한 시간을 들여 완성한 결과물에서는 그 차이를 분간하 기 어려우며, **렌더링 시간이 부족한 경우 픽셀 노이즈**(제품 모드) **또는 얼 룩**(인테리어 모드)**이 발생합니다.**

실시간 렌더링 변화 양상
제품 모드

실시간 렌더링 변화 양상
인테리어 모드

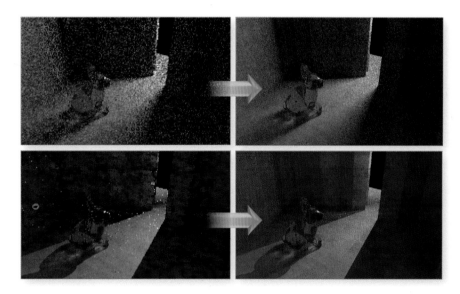

 제품 모드 VS 인테리어 모드 렌더링 결과(4시간)

아래는 각각 제품 모드와 인테리어 모드의 렌더링 결과입니다. 충분한 시간을 들인 경우 모드를 분간하기 어렵습니다.

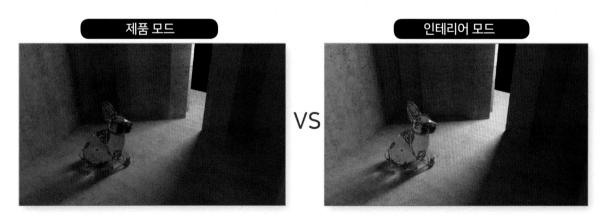

제품 모드 VS 인테리어 모드

프로젝트 > 카메라 탭

재질과 조명 설정이 완료된 후, 카메라 설정을 통해 바라보는 시점과 심도 등을 설정합니다. 키샷의 카메라 설정은 현실의 카메라와 동일한 방식으로 설정하도록 되어 있으며, 필요에 따라 여러 개의 카메라를 생성할 수 있습니다.

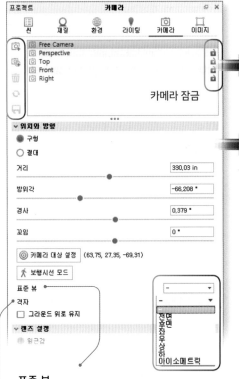

카메라 잠금

📷 새 카메라 생성
📷 새 카메라와 환경 스튜디오 생성
🗑 선택 카메라 삭제
🔄 선택 카메라 리셋
💾 현재 카메라 저장

Add and Edit
Add Locked

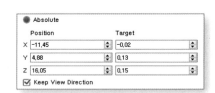

위치와 방향

카메라 위치와 방향은 구형과 절대 좌표 방식을 지원합니다. 보통 마우스 좌측 버튼(방위각 + 경사)과 휠(거리), 휠을 누르고 이동(Pan)을 사용하지만 정밀한 설정 시에는 설정 값 입력 방식을 사용하기도 합니다.

구형(Spherical)

실제 카메라를 조작하는 개념에 따라 거리, 방위각, 경사, 꼬임(Tilting)등을 제어합니다.

절대(Absolute)

X, Y, Z 절대 좌표로 카메라 위치를 설정합니다.

표준 뷰

상하좌우의 정 뷰로 카메라를 설정합니다.

격자

수평 수직을 조금 더 쉽게 판단할 수 있도록 화면을 2, 3등분하는 선이 나타납니다. 렌더링 결과에는 나타나지 않습니다.

카메라 대상 설정(Point of Interest)

키샷은 시작 시 불러온 개체를 카메라 이동의 중심으로 설정하지만 복수의 개체일 때는 작업의 용이성을 위해 카메라의 대상을 바꿔 설정할 필요가 있습니다. 아이콘을 누른 후 카메라 대상이 될 개체를 선택하면 선택된 개체를 중심으로 카메라가 움직입니다(대상을 우클릭하여 카메라 대상 설정을 선택하는 방식을 더 많이 사용합니다).

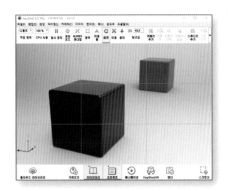

보행 시선 모드

🚶 보행시선 모드

눈높이를 설정하여 사람이 장면 속을 돌아다니며 화면을 제어하는 것으로 인테리어 장면에서 사용할 수 있습니다. 이 방식은 특정 대상에 시점이 묶이지 않기 때문에 오히려 제어가 더 어렵습니다.

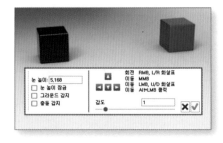

그라운드 위로 유지

카메라가 가상의 바닥면 아래로 내려갈 수 없도록 설정합니다.
바닥면 개체가 있는 경우 사용합니다.

비활성 시 바닥 아래로 카메라 이동 가능   활성 시 바닥 아래로 카메라 이동 불가

렌즈 설정 1

· 원근감(Perspective) = 투시뷰

가장 많이 사용하는 설정입니다. 3포인트 퍼스펙티브 방식으로 원근감, 초점 길이를 렌즈의 mm단위로(최소 5mm~최대10000mm) 설정할 수 있으며 화각과 연동되어 움직입니다.

 카메라/렌즈의 세부 속성들

최근 V-ray나 키샷 등 3D 렌더러에서는 물리 카메라(Physical Camera) 방식을 도입하고 있고 전문적인 렌더러일수록 실제 카메라의 기능을 더 많이 가지고 있습니다. 카메라 렌즈의 화각, 초점 거리, 초점 길이, F스탑(조리개 수치) 등은 수동 카메라에 익숙한 경우에는 어렵지 않은 개념이지만 처음 접할 때에는 이 요소들 간의 상관관계를 이해하기가 쉽지 않습니다.

그러나 사실 좋은 렌더링을 위해서 이러한 개념들을 반드시 이해할 필요는 없습니다. 대략의 역할을 파악하고 이것저것 만져 보면서 내가 원하는 뷰를 설정하고 이미지를 제작할 수 있으면 충분합니다. 여러 번 사용하다 보면 각 개념을 자연스럽게 체득하게 될 것입니다. 가장 중요한 것은 의도(메시지)를 위한 연출 능력입니다.

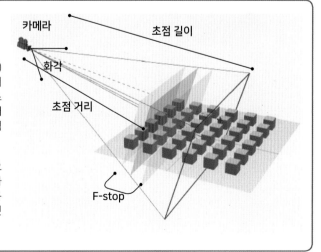

· 원근감/초점 길이 변경에 따른 변화

대상과 카메라 사이의 거리입니다. 최소 5mm에서 최대 10,000mm까지 설정할 수 있습니다. 화각이 넓고 대상과의 거리가 짧을수록 왜곡이 심해집니다.

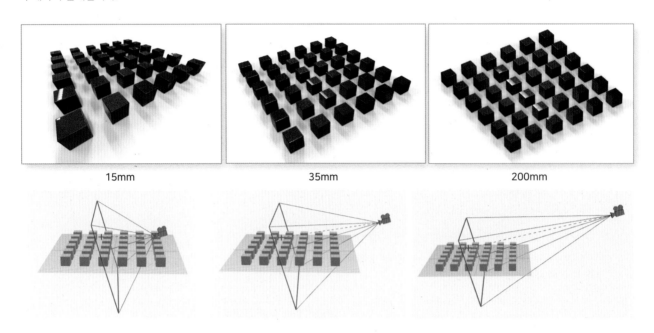

| 15mm | 35mm | 200mm |

· 화각 변경에 따른 변화

화각은 카메라가 대상을 보는 넓이로 넓을수록 많은 범위를 담을 수 있습니다.

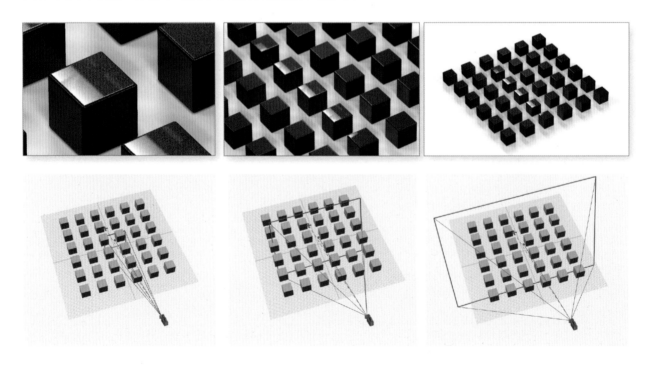

렌즈 설정 2

· 원근감 일치 `원근감 일치`

원근감 일치는 백플레이트를 사용하는 경우에 활성화되며, 배경 이미지에 맞춰 개체의 원근감을 세밀하게 조절할 수 있도록 조절자를 제공합니다(인공지능과 같은 자동화 기능은 아닙니다).

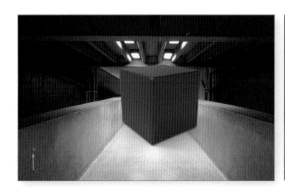 

· 직교 그래픽(Orthographic)

직교 그래픽은 무한 투영으로 대상을 바라보는 방식이기 때문에 거리에 따라 크기가 줄어드는 현상이 발생하지 않습니다.
엔지니어링 프로그램에서 많이 사용하는 방식으로, 투시 뷰에 익숙한 경우, 개체의 먼 쪽이 커 보이는 느낌이 들기도 합니다.

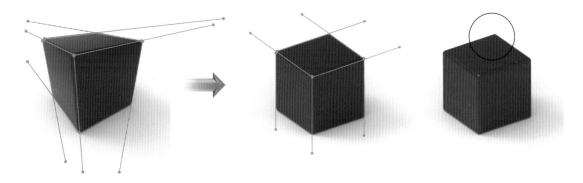

· Shift(2 Point Perspective) + `수직 Shift 예측`

사람의 눈은 3포인트 퍼스펙티브(원근, 투시) 뷰로 보지만 상하 소실점 왜곡에 대한 인지 능력은 낮습니다.
이 기능은 상하 소실점에 의해 발생하는 왜곡이 최소화되는 시점을 예측하여 설정합니다.

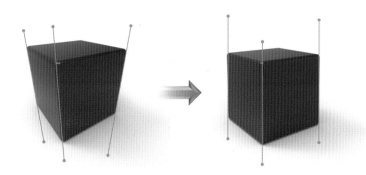

· 파노라마(Panorama)

파노라마 형식으로 뷰를 설정합니다. 보통 파노라마 뷰라고 하면 가로로 긴 비례의 이미지(B)를 생각하기 쉽지만, 이는 우리가 보는 매체의 기술적 한계(평면의 스크린) 때문에 생긴 개념 오류입니다. 본래 파노라마는 이미지는 C, D처럼 시선을 돌렸을 때 입체적인 뷰를 보여 주는 기술입니다. 최근 VR 기기들은 E 타입에 양안시(스테레오) 기술을 결합하여 생생한 실제감을 구현합니다.

A	B	C	D	E
4:3 비율 스크린	16:9 비율 스크린	180° 파노라마	360° 파노라마	반구 파노라마

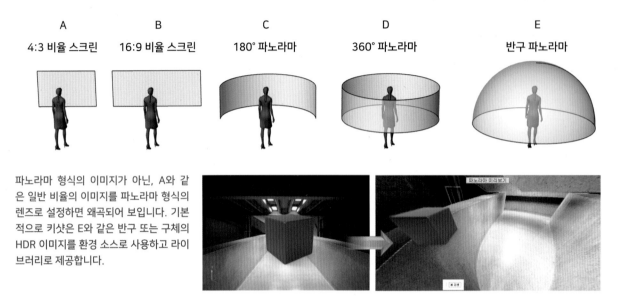

파노라마 형식의 이미지가 아닌, A와 같은 일반 비율의 이미지를 파노라마 형식의 렌즈로 설정하면 왜곡되어 보입니다. 기본적으로 키샷은 E와 같은 반구 또는 구체의 HDR 이미지를 환경 소스로 사용하고 라이브러리로 제공합니다.

▌스테레오(양안시-Binocular Vision)

사람의 좌우 눈은 보는 상이 조금씩 다릅니다. 좌안이 보는 상과 우안이 보는 상을 합쳐 뇌에서 거리감을 인지하는데, 이를 응용하여 실제감을 높이고자 개발된 기술이 양안시 이미지입니다. 1830년대부터 양안시 기술의 역사를 찾을 수 있고 최근에는 가상현실(VR)에서 현실감을 주기 위한 핵심 기술로 사용되고 있습니다. 키샷은 VR 헤드셋이 있는 경우 실시간 렌더 창을 좌안-우안용으로 분리하여 송출하는 3D 스테레오스코픽 뷰 기능을 지원합니다.

Mirror Steroscope 1838

Keystone View Company 1930

HTC VIVE : VR 상용화 기기 _2016

심도(DOF-Depth of Field)

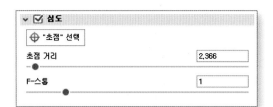

초점 거리 : 0.2~무한대(∞)

F-Stop : 0~255까지 설정 가능

심도는 일반적으로 아웃 포커스(Out Focus)로 불립니다. 이 기능은 초점이 맞는 곳만 선명하게 처리하고 나머지 영역을 지정된 설정과 거리에 따라 점차적으로 흐리게 처리하는 기능으로, 초점 길이와 빛의 양, 렌즈의 조리개 설정에 따라 나타나는 광학 현상입니다. 이는 이미지의 퀄리티를 극적으로 높이는 가장 쉽고 강력한 방법으로, 키샷에서는 대상을 클릭하여 초점을 맞출 곳을 지정하고 F-Stop을 설정하여 초점이 흐려지는 정도를 설정합니다. 모델링 크기(Unit Size)에 따라 초점 거리와 F-Stop 값의 영향이 달라지며, 모델이 작을수록 심도 설정 값 대비 차이가 커집니다. 즉, 모델이 Km 단위로 큰 경우, 심도를 적용해도 효과가 거의 나타나지 않습니다.

DOF 미적용   F-Stop 1   F-Stop 0.1

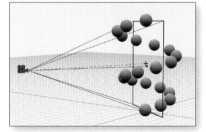

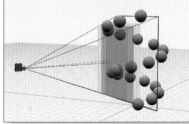

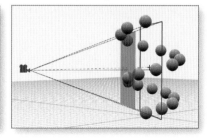

DOF를 이용한 시선 유도

초점은 이미지의 선명도 설정 외에도 제작자의 의도에 따라 보는 이들의 시선을 제어할 수 있습니다.

7. 메인 툴바 > 렌더_Render

렌더 탭은 재질/환경/카메라/빛의 설정이 완료된 장면을 이미지나 애니메이션으로 제작하는
최종 단계입니다.

메인 툴바 > 렌더

가져오기 라이브러리 프로젝트 애니메이션 KeyShotXR 렌더

렌더링은 재질, 카메라, 라이팅, 환경 등의 설정이 완료된 장면을 스틸 이미지나 애니메이션, KeyShot XR의 형식으로 최종 결과물을 제
작하는 과정입니다. 출력, 세부 옵션, 큐로 구분되며 각 형식에 따라 설정 옵션이 조금씩 다릅니다. 애니메이션 출력은 장면에 애니메이
션이 설정된 개체가 있어야만 활성화 됩니다.

● 렌더 출력의 3가지 종류

출력 > 스틸 이미지로 제작

출력 > 애니메이션으로 제작 * 애니메이션 설정과 함께 사용

출력 > KeyShot XR로 제작(Interective 3D)

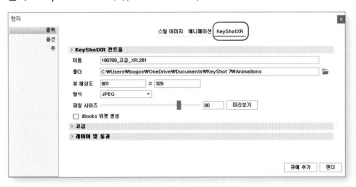

 * KeyShot XR 설정과 함께 사용

● 스틸 이미지 제작 > 출력

3D 렌더링 이미지의 연산 방식, 크기, 각종 옵션을 설정하는 탭으로, 여러 가지 중요한 사항이 많아 렌더링 시 반드시 일일이 확인하며 진행하여야 합니다.

・기본 설정

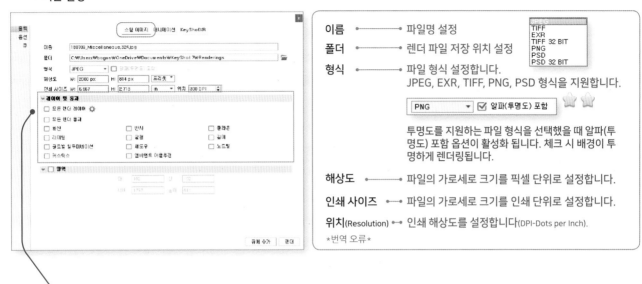

이름	파일명 설정
폴더	렌더 파일 저장 위치 설정
형식	파일 형식 설정합니다. JPEG, EXR, TIFF, PNG, PSD 형식을 지원합니다.

투명도를 지원하는 파일 형식을 선택했을 때 알파(투명도) 포함 옵션이 활성화 됩니다. 체크 시 배경이 투명하게 렌더링됩니다.

해상도	파일의 가로세로 크기를 픽셀 단위로 설정합니다.
인쇄 사이즈	파일의 가로세로 크기를 인쇄 단위로 설정합니다.
위치(Resolution)	인쇄 해상도를 설정합니다(DPI-Dots per Inch).

번역 오류

・레이어 및 패스(Layer&Pass) ⭐⭐⭐

3D 렌더링의 요소별로 별도의 파일을 제작할 수 있습니다. 필요한 요소 앞의 박스에 체크한 후 렌더링을 진행하면 렌더링 이미지 파일과 별도로 요소별 파일이 생성됩니다. EXR 포맷이며 포토샵에서 열어 확인이 가능합니다.
이와 같은 데이터는 후보정 과정 시 유용하게 사용됩니다. 특히 크라운(Crown) 패스는 동일 재질들을 동일 컬러로 표현해 주기 때문에 포토샵에서 선택 영역을 만들 시간을 크게 줄일 수 있어 유용하게 사용됩니다.

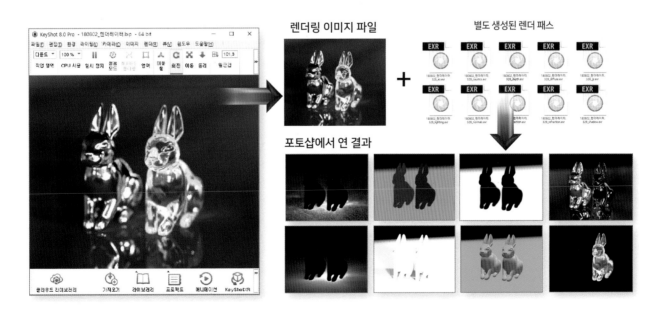

렌더링 이미지 파일

별도 생성된 렌더 패스

포토샵에서 연 결과

모드 설정

옵션은 모드와 품질 항목으로 구성됩니다. 모드 설정을 통해 렌더링 연산을 위한 CPU의 사용량을 결정할 수 있습니다.

모드 〉 디폴트

키샷이 실행되는 PC에서 렌더링을 하는 것으로, 렌더링을 CPU 사용 최우선 항목으로 진행하며 렌더링 시작과 동시에 키샷의 인터페이스는 자동으로 잠깁니다. CPU 사용을 모든 코어로 설정하면 음악을 듣거나 웹서핑 등의 멀티 작업이 어려울 정도로 컴퓨터의 모든 자원을 렌더링 연산에 투입하게 되며 그만큼 렌더링 속도도 빨라집니다.

모드 〉 백그라운드

키샷이 실행되는 PC에서 렌더링을 진행하되, 연산의 우선 순위를 낮게 책정하여 렌더링 수행 중에도 키샷을 사용할 수 있습니다. 그만큼 렌더링의 속도는 느려집니다.

모드 〉 네트워크로 보내기

렌더링 연산을 네트워크로 연결된 여러 대의 PC에서 분산하여 진행할 수 있습니다(2장 하드웨어 편 〉 렌더 팜 참조).

CPU 사용

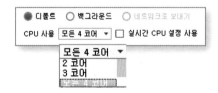

키샷이 실행 중인 PC의 CPU 코어 사용을 설정합니다 (2장 하드웨어 편 참조).

실시간 CPU 설정 사용

PC에서 여러 가지 작업을 수행하면서 렌더링을 하는 경우, CPU 자원을 유동적으로 사용하여 실시간으로 요청되는 작업에 우선 순위를 부여하고 남은 유휴 자원으로 렌더링 연산을 수행합니다. 멀티 작업을 진행하며 이 옵션을 활성화하고 렌더링하는 경우 PC 속도가 느려지지 않는 듯 느껴지지만 렌더링 속도는 그만큼 느려집니다.

품질 설정

렌더링 결과물의 퀄리티를 설정합니다. 최대 샘플, 최대 시간, 커스텀 제어의 3가지 방식을 지원합니다.
우선 샘플의 개념에 대하여 알아보겠습니다.

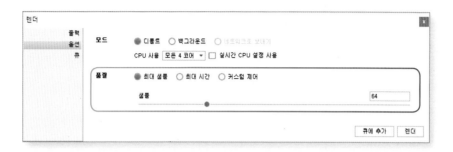

· 샘플(Sample)의 개념

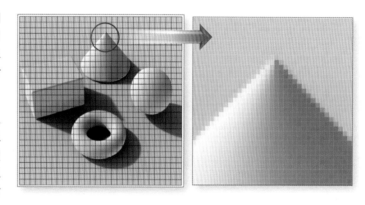

3차원의 장면(Scene)은 렌더링 과정을 거쳐 픽셀 방식의
이미지 또는 애니메이션(이미지의 순차 배열)으로 만들어집
니다. 렌더링 이미지는 가로세로의 픽셀 개수를 지정하여 크
기와 정밀도를 설정하는데 이를 픽셀 해상도(PPI-Pixel per
Inch = Pixel Resolution)라 합니다.

렌더링은 각 픽셀이 어떤 컬러값을 가져야 할지 장면의 빛,
반사, 굴절, 컬러, 카메라, 기타 효과를 계산하여 이미지로
만드는 과정으로 볼 수 있습니다. 이때 샘플은 각 픽셀의 컬
러값을 얼마나 정밀하고 정확하게 할지를 결정하는 것으로
높을수록 더 정확하고 낮을수록 거칠고 부정확하게 나타납
니다.

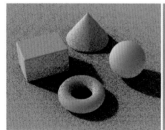

최대 샘플 : 1

최대 샘플 : 10

최대 샘플 : 100

최대 샘플 : 1,000

 일정 수량 이상의 샘플 수는 렌더링 시간만 늘어날 뿐 이미지 품질의
차이는 미미합니다.

품질 > 최대 샘플

최대 샘플은 장면의 구성과 관계없이 지정된 샘플 수만큼 픽셀의 컬러값을 계산하는 방식입니다. 동일 퀄리티의 이미지들이 수백 장씩 연속되어야 하는 애니메이션 제작 시 주로 사용합니다.

품질 > 최대 시간

가장 진보된 렌더링 품질 제어 방식입니다. 최대 시간에 맞게 샘플 수, 세부 항목의 퀄리티를 자동으로 설정합니다. 경험을 통해 장면 구성과 해상도에 따른 적정 시간 감각을 익힐 필요가 있지만 시간을 길게 설정할수록 전체적인 퀄리티가 높아지기 때문에 유휴 시간을 이용하여 렌더링 시간을 설정하는 방식으로 사용하면 편리합니다.

품질 > 커스텀 제어

커스텀 제어를 통해 렌더링 연산을 위한 세부 항목별로 조절할 수 있습니다. 각 항목별로 수치를 높일수록 품질은 높아지지만 일정 수치 이상은 품질 차이 없이 렌더링 시간만 크게 증가합니다. 여러 번 테스트 렌더링을 거치며 옵션에 따른 적정 수준을 찾는 것이 중요합니다.

프로젝트 탭의 환경, 라이팅, 카메라에서 관련 항목이 활성화 되어야 커스텀 제어 탭의 해당 항목이 활성화 됩니다.

샘플 수	픽셀 컬러값의 정확도/정밀도를 설정
레이 바운스	빛이 개체와 만나 반사/굴절되는 횟수를 설정 (장면에 사용된 재질에 따라 설정)
안티 앨리어싱	곡면체의 외곽 퀄리티를 설정(보통 1~3)
섀도	그림자의 품질을 설정(보통 1~3)
글로벌 일루미네이션	빛의 난반사 추적 퀄리티를 설정(1~10)
DOF 품질	카메라의 심도 효과 퀄리티를 설정(1~10)
커스틱스	빛의 굴절 산란 효과 퀄리티를 설정(1~100)

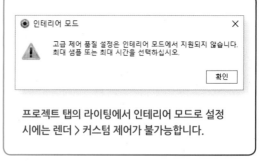

프로젝트 탭의 라이팅에서 인테리어 모드로 설정 시에는 렌더 > 커스텀 제어가 불가능합니다.

품질 > 커스텀 제어 세부 설정

픽셀 필터 사이즈

샤프니스를 낮추기 위해 픽셀에 적용될 블러 레벨(Blur Level)을 설정합니다(보통 1.5).

픽셀 필터 사이즈 : 1　　　　　픽셀 필터 사이즈 : 3

DOF 품질

DOF(Depth of Filed) : 심도에 의해 발생하는 흐림 효과의 퀄리티를 설정합니다. 설정 값이 낮을수록 흐림 효과가 적용되는 부분에 노이즈가 발생합니다. 1~10까지 설정할 수 있습니다.

DOF 품질 : 1　　　　　DOF 품질 : 5

날카로운 섀도

라이팅 설정 상황에 따라 날카로운 섀도가 개체에 생성되는 것을 허용합니다. 이 옵션 활성화 시 상황에 따라 **조금 더 정확한 그림자**를 생성합니다.

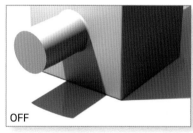 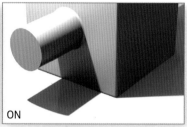

OFF　　　　　ON

(＊ 틈 사이의 그림자 비교)

날카로운 텍스쳐 필터링

보는 위치에 따라 압축되어 보이는 면의 텍스쳐 디테일을 가능한 선명하게 유지합니다.

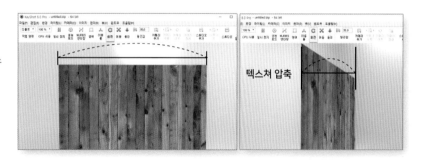

텍스쳐 압축

글로벌 일루미네이션 캐시

이 기능은 그림자의 얼룩과 연산 부족에 의해 나타나는 검은 점들을 노이즈로 변환합니다. 활성화 시 조금 더 빠른 글로벌 일루미네이션 연산을 돕습니다. 사실 노이즈든 검은 점이든 후보정으로 없애야 하므로 충분한 시간을 들여 렌더링을 진행해 미연에 방지하는 것이 최선입니다.

렌더 > 큐(Que)

렌더 큐는 큐에 작업을 저장하여 순차적으로 여러 장의 렌더링을 실행하는 **렌더링 예약 기능**으로 복수의 파일에 대한 렌더링을 실행할 수 있습니다. A 파일의 렌더링, B, C, D 파일의 렌더링을 큐에 쌓고 프로세스 큐를 실행하면 순차적으로 A 파일을 열어 렌더링을 진행 > 완료 후 B파일을 열어 렌더링 진행하는 방식으로 작동합니다.

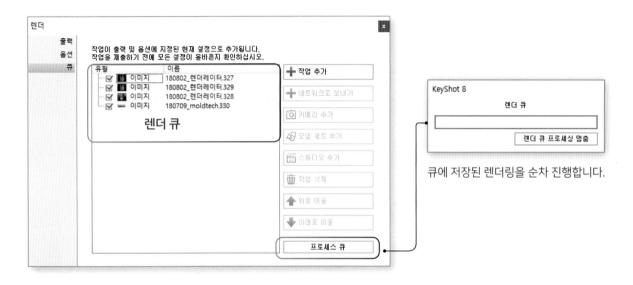

큐에 저장된 렌더링을 순차 진행합니다.

· 큐에 렌더 예약하기

장면 설정 > 렌더> 출력과 옵션 탭의 우측 하단 렌더(바로 렌더링 시작) 버튼 옆의 큐에 추가 버튼을 클릭하거나, 큐 탭에서 작업 추가를 통해 큐에 렌더링 작업을 예약할 수 있습니다.

❶ 작업하던 파일을 닫고 새로운 파일을 열어도 큐에 예약된 작업은 유지됩니다. 큐에 저장된 파일의 위치를 옮기거나 삭제하면 실행되지 않습니다.

❷ 큐에 추가 아이콘을 클릭하는 시점의 출력&렌더 설정 상태로 큐에 추가됩니다. 따라서 렌더 파일의 저장 위치, 형식, 크기, 퀄리티 등의 설정을 완료한 후 최종적으로 큐에 추가 버튼을 눌러야 합니다.

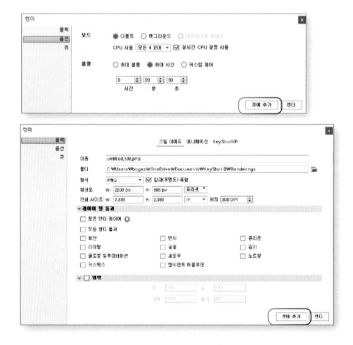

키샷의 개발 목표(쉬운 사용&우수한 결과)에 걸맞게 애니메이션 기능도 마법사를 통해 쉽게 설정할 수 있습니다. 모델/파트/카메라 애니메이션을 지원합니다. 이 책은 애니메이션에 관한 내용은 포함하지 않으므로 기본 사용 개념만 간단히 알아보겠습니다.

❶ 애니메이션 설정 탭 열기　　　　❷ 애니메이션 마법사 실행

❸ 애니메이션 종류 선택(모델/파트/카메라)

❹ 애니메이션을 적용할 파트(or 카메라) 선택

❺ 애니메이션 세부 설정 진행

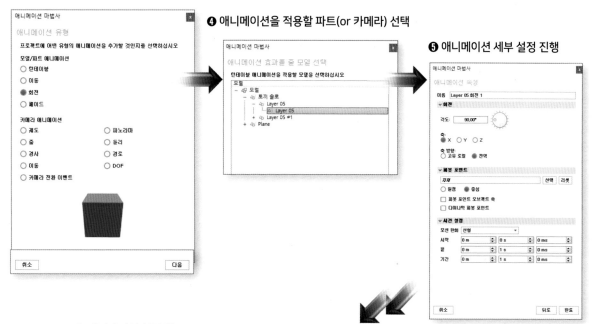

❻ 애니메이션 설정 완료

애니메이션 설정이 완료되면 타임라인에 컬러 바가 나타납니다. 컬러 바를 더블클릭하여 적용된 애니메이션의 설정을 지속적으로 수정할 수 있습니다. 타임라인에서는 애니메이션의 순서, 진행 시간, 프레임 설정, 모션 블러 등을 재설정할 수 있습니다. 최종 애니메이션은 .avi 파일이나 프레임별 스틸이미지로 제작할 수 있습니다. 키샷 애니메이션 기능은 제한적이지만, 디자인을 보여 주는 용도로는 부족함이 없습니다.

5

Materials

키샷의 재질 유형&재질 사용법

재질의 기본 속성들에 대하여 이해하고, 재질별 설정 항목의 사용법과재
질의 밑바탕이 되는 재질 유형에 대하여 알아봅니다.

키샷의 재질과 재질 유형

재질(Material)은 렌더링의 한 축을 담당하는 분야로써 고급 유저가 되기 위해서는 재질 고유의 특성과 설정 항목의 의미들을 반드시 이해해야 합니다. 키샷에서 제공하는 라이브 러리의 재질 및 재질의 근간이 되는 재질 유형에 대하여 알아봅니다.

1. 재질 카테고리(라이브러리)의 구성

```
- Materials
    + Architectural
    + Axalta Paint
    + Cloth and Leather
    - Gem Stones
    + Glass
    + Light
    - Liquids
    + Metal
    - Miscellaneous
    - Mold-Tech
    + Paint
    + Plastic
    + Poliigon
    + Stone
    + Toon
    - Translucent
    + Wood
    + X-Rite
```

키샷의 재질 카테고리

키샷은 기본 라이브러리에 유리, 금속, 나무, 플라스틱 등 수백 개의 완성된 재질을 제공하 며 몇몇 재질은 추가로 소분류 카테고리를 가지고 있습니다. 이러한 재질들은 실세계의 물 리/광학적 특성을 반영한 것들로 대체적으로 우수한 결과를 보여 주지만 고급 유저의 입장 에서는 부족한 부분이 존재합니다. 3D 렌더링이 실제의 재질들을 100% 재현하기는 어렵 더라도 재질에 대한 속성과 이해를 바탕으로 세부 설정들을 수정하여 사용할 수 있다면 분 명 더 나은 렌더링 결과를 얻을 수 있을 것입니다.

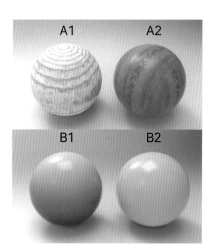

A1_키샷에서 제공하는 나무 재질

A2_매핑을 통해 제작한 나무 재질

B1_Translucent (투명) 재질

B2_페인트 재질

2. 3차원 재질 = CMF + P + E(Color, Material, Finishing + Pattern + Environment)

컬러는 개체의 성격과 분위기를 결정하는 중요한 요소임에 는 틀림없으나 3차원에서 컬러만으로는 아무런 의미가 없습 니다.

3차원 재질은 컬러+소재+마감, 즉CMF(Color+Material+ Finishing)의 조합으로 이루어지며, 여기에 주변 환경과 빛이 더해져서 최종적으로 완성됩니다. 우측의 이미지는 같은 컬러의 다른 재질들을 적용한 사례로, 8개의 육면체들이 각기 다른 느낌을 주고 있습니다.

동일한 색상에 다양한 소재/마감이 적용된 사례

3. 라이브러리와 재질 유형

키샷은 라이브러리의 미리 설정되어 있는 다양한 재질들을 드래그&드롭 방식으로 적용하는 것만으로도 우수한 결과를 얻을 수 있지만 고급 유저가 되기 위해서는 재질 유형 및 세부 설정에 대한 이해가 반드시 필요합니다. 키샷의 재질 유형은 물성과 렌더 연산 방식에 따라 **기본, 고급, 라이트 소스, 특별의 4개 카테고리-32종류**가 있습니다. 재질 유형을 바탕으로 설정 > 일반 분류 체계로 정리 > 바로 사용할 수 있도록 한 것이 라이브러리이기 때문에 상이한 재질이 동일한 재질 유형을 바탕으로 설정된 경우도 적지 않습니다. 라이브러리의 재질들은 작업 시 효율을 높이기 위한 것일 뿐, 절대적 기준이 아닙니다. 상황에 따라 세부 설정, 재질 유형을 수정 및 테스트하며 최종 느낌을 찾아가는 연습이 필요합니다.

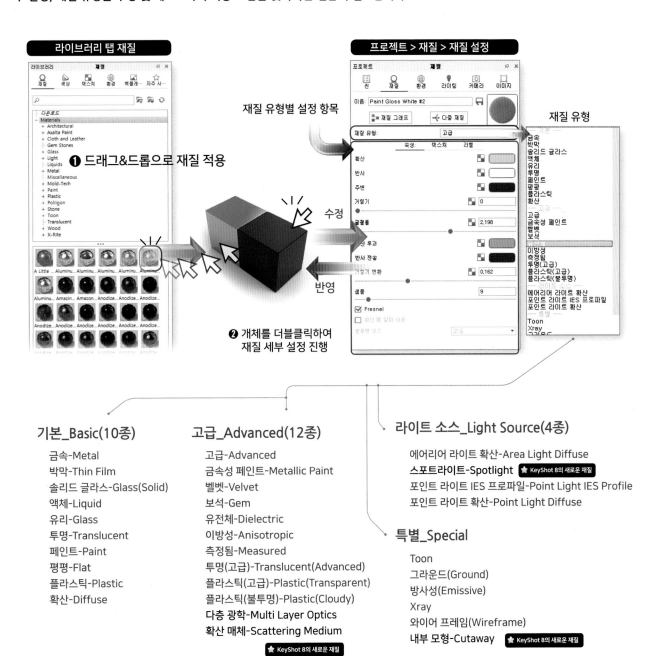

기본_Basic(10종)

금속-Metal
박막-Thin Film
솔리드 글라스-Glass(Solid)
액체-Liquid
유리-Glass
투명-Translucent
페인트-Paint
평평-Flat
플라스틱-Plastic
확산-Diffuse

고급_Advanced(12종)

고급-Advanced
금속성 페인트-Metallic Paint
벨벳-Velvet
보석-Gem
유전체-Dielectric
이방성-Anisotropic
측정됨-Measured
투명(고급)-Translucent(Advanced)
플라스틱(고급)-Plastic(Transparent)
플라스틱(불투명)-Plastic(Cloudy)
다층 광학-Multi Layer Optics
확산 매체-Scattering Medium

⭐ KeyShot 8의 새로운 재질

라이트 소스_Light Source(4종)

에어리어 라이트 확산-Area Light Diffuse
스포트라이트-Spotlight ⭐ KeyShot 8의 새로운 재질
포인트 라이트 IES 프로파일-Point Light IES Profile
포인트 라이트 확산-Point Light Diffuse

특별_Special

Toon
그라운드(Ground)
방사성(Emissive)
Xray
와이어 프레임(Wireframe)
내부 모형-Cutaway ⭐ KeyShot 8의 새로운 재질

4. 재질 설정 창

프로젝트 탭의 재질 설정 창은 크게 재질 유형 고유의 속성, 텍스쳐, 라벨의 메뉴로 구성됩니다. 속성은 개체 유형에 따라 설정할 수 있는 고유의 항목들로 구성됩니다. 텍스쳐는 이미지 또는 키샷에서 제공하는 논리 매핑을 이용하여 재질에 다채로운 색 요철, 입체 패턴과 같은 표면 상태의 설정, 투명도의 부분적 제어 등을 설정할 수 있으며 재질 유형에 따라 지원 요소는 상이합니다. 라벨은 표면에 로고 이미지 등을 레이어링하여 붙일 수 있는 기능입니다. 이 설정들의 혼용을 통해 다양한 재질을 만들고 표현할 수 있습니다.

 라이브러리의 재질 중에는 기본 속성에 각종 텍스쳐가 함께 설정된 경우가 많습니다.

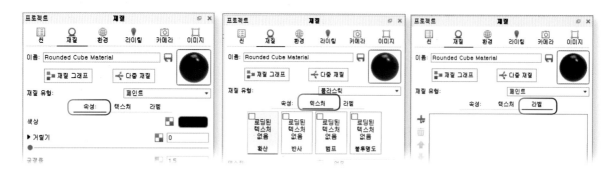

5. 재질 그래프

재질이 복잡해질수록 구성을 파악하기가 어려워집니다. 그래서 많은 렌더러가 노드 트리 그래프 방식의 재질 설정 기능을 지원합니다. 아래는 Old Metal 재질로 키샷 라이브러리의 재질 중 가장 복잡한 구성입니다. 기본 설정 탭만으로는 이 재질의 구성을 파악하기 어렵지만 재질 그래프로 보면 한눈에 파악할 수 있을 뿐만 아니라, 세부 속성을 바로 선택하여 설정할 수도 있습니다.

Rusty Scratched Steel

Slot 방식-선형 구조의 재질 설정

노드 트리(Node Tree) 방식의 재질 설정

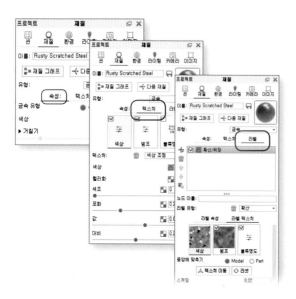

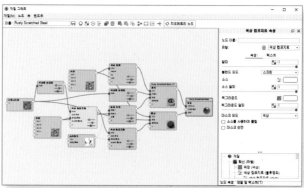

6. 재질 기본 활용 연습

범프 맵 적용하기

라이브러리의 많은 재질들이 재질 유형의 설정과 다양한 매핑을 활용하여 사실감을 높입니다. 매핑은 사실성을 높여 줄 뿐 아니라 모델링의 수고를 덜어 줄 수도 있습니다. 컬러 맵(표면 색상)과 범프 맵(표면 요철) 적용을 통해 매핑의 기본 활용법에 대하여 알아보겠습니다.

❶ 편집 > 지오메트리 추가 > 구체를 생성합니다.

❷ 구체를 더블클릭하면 프로젝트 > 재질 탭이 나타납니다. 재질 유형에서 페인트를 선택 > 구체에 페인트 재질이 적용됩니다.

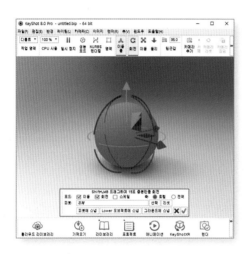

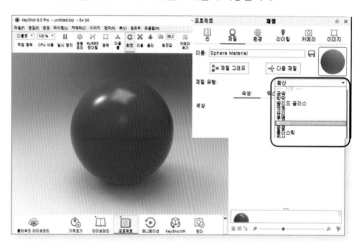

❸ 텍스쳐 항목으로 이동(클릭) > 색상, 범프, 불투명도의 항목이 보입니다. 범프 탭 위에서 마우스 우클릭을 하면 범프 맵에 적용할 수 있는 매핑 종류들이 나타나는데, 그중 텍스쳐 맵을 클릭하면 탐색창이 열립니다.

❹ 탐색창 > 내 컴퓨터 > 문서 > 키샷 8 폴더로 이동하면 키샷 설치 시 같이 제공되는 각종 소스들이 보입니다. 텍스쳐 폴더 > 범프 맵으로 들어가 rusty_paint_bump 파일을 더블클릭 or 선택 > 확인합니다.

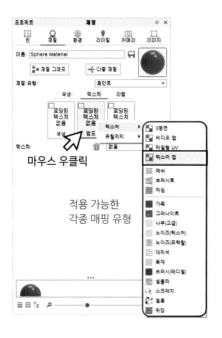

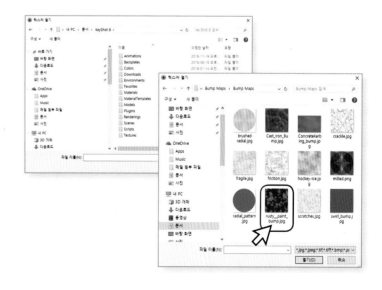

❺ 텍스쳐의 범프 탭에 선택한 이미지가 보이며, 개체의 표면에 요철이 생겨났습니다. 범프 탭 하단에 크기 및 매핑 탭에서 적용한 범프 맵의 세부 사항을 조절할 수 있습니다. 범프 높이를 높이면 요철이 더 깊어지지만 1 이상으로 설정 시 이미지가 깨져 보이며 사실성도 저하됩니다. 너비와 높이 역시 너무 크게 설정하면 이미지가 깨져 보일 수 있습니다(범프 맵으로 사용하는 이미지의 픽셀 해상도를 높여 제작하면 이 문제는 일정 부분 해결이 가능합니다).

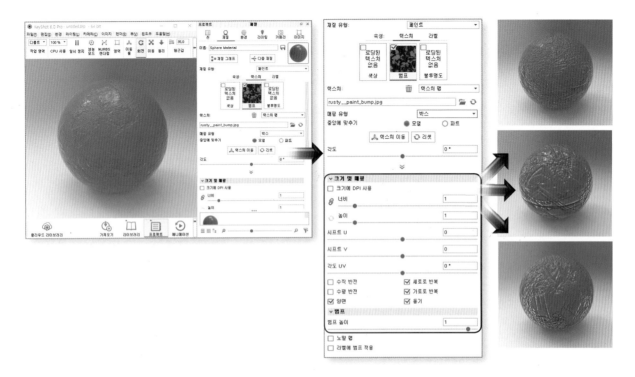

범프 맵을 컬러 맵으로 복사 적용하기

❻ 범프에 적용한 이미지를 색상 맵으로 이동해 보겠습니다. 범프 맵에 사용한 방식과 같이 진행할 수 있지만, 같은 소스를 쓰고 싶을 때에는 단순히 범프 맵에 보이는 이미지를 클릭 > 드래그 하여 색상탭으로 이동 > 넣어 줄 수도 있습니다. 범프 맵이 색상 맵으로 이동하며 개체에 이미지가 입혀졌습니다. 만약 범프 맵과 색상 맵에 같은 소스를 쓰고 싶을 때에는 어떻게 할까요?

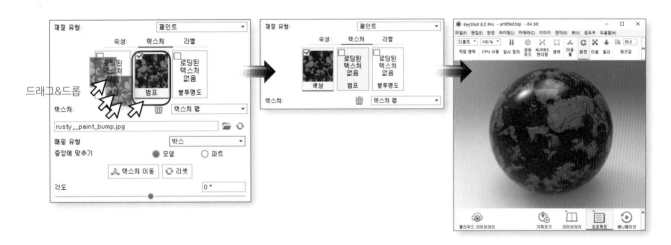

적용한 매핑 복사하여 적용하기

❼ 답은 간단합니다. Shift 키를 누른 상태로 색상 탭의 맵을 클릭 > 범프 맵으로 드래그&드롭하면 색상 맵의 이미지 소스가 복사되며 범프 맵에도 적용됩니다.

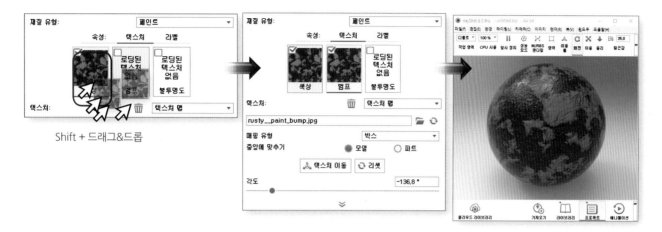

Shift + 드래그&드롭

적용한 매핑 삭제 및 논리 매핑 적용하기

❽ 색상 맵 우클릭 > 삭제를 클릭하면 적용된 맵이 삭제됩니다. 다시 색상 맵을 우클릭하여 하위 카테고리 > 대리석을 선택합니다. 색상 맵에 이미지가 아닌 대리석 논리 매핑이 적용됩니다. 논리 매핑(Logic Mapping)은 이미지 매핑과는 달리 여러 가지 설정을 통해 맵에 변화를 줄 수 있습니다. 잘 조절하면 자신만의 독특한 재질을 얻을 수 있습니다.

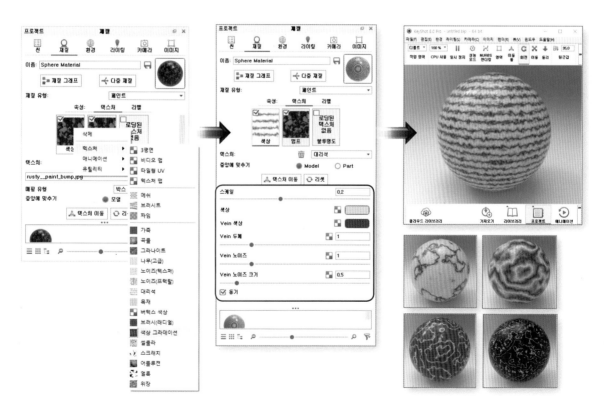

라벨 추가하기

라벨은 키샷의 독특한 기능으로, 사용 방법에 따라 무한한 응용이 가능하지만 쉽게 이해하려면 개체에 스티커를 붙이는 것이라 생각하면 됩니다. 라벨에 사용할 이미지는 배경을 투명하게 제작한(알파 채널을 가진) *.PNG 파일 포맷을 주로 사용합니다.

❾ 텍스쳐 > 라벨 탭으로 이동합니다. 좌측의 '+' 아이콘을 클릭하여 라벨 추가(텍스쳐)를 선택합니다.

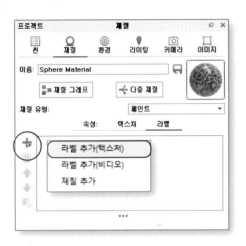

❿ 탐색 창 > 문서 > 키샷 8 > Labels 폴더를 열어 KeyShot Wordmark.png를 선택, 확인합니다.

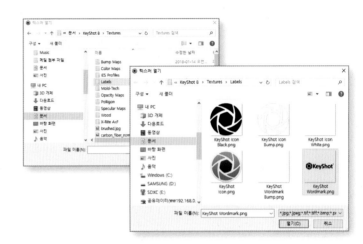

⓫ 선택한 이미지가 라벨 창에 들어왔습니다. 실시간 렌더 창에서 위치와 크기를 조절하고 제어 탭의 녹색 체크를 눌러 완료합니다. 완료 후에도 라벨 설정 항목을 통해 수정할 수 있습니다.

⓬ 라벨은 2개 이상을 적용할 수 있습니다. 라벨 기능은 제품의 표면의 로고, 마크, 아이콘의 표현에 유용합니다.

재질 그래프로 구성 확인하기

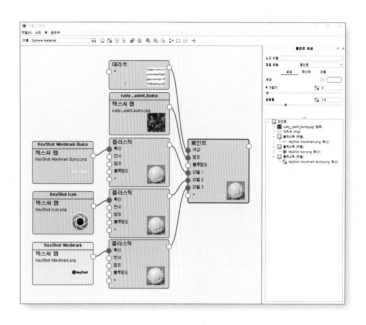

재질 그래프를 클릭하여 현재까지의 재질 구성을 확인합니다. 처음 구체를 만들고 재질 유형에서 페인트를 적용한 뒤에 색상 맵에 대리석, 범프 맵에 이미지를 적용하였고, 추가로 3개의 라벨을 적용하였습니다. 각 노드에 적용된 이미지와 매핑은 썸네일로 확인할 수 있으며 수정이 필요할 경우, 해당 노드를 선택하면 오른쪽 탭이 해당 항목으로 변경됩니다.

재질을 만든 이는 재질이 어떤 구조로 되어 있는가를 알고 있지만, 완성된 재질을 처음 접한 경우에는 그것을 쉽게 파악하기 어렵습니다. **키샷의 라이브러리에 있는 복잡한 재질을 단순히 사용하는데 그치지 않고 재질 그래프로 확인하여 구조를 파악한다면 실력 향상에 큰 도움이 될 것입니다.**

자신만의 재질 따로 저장하기

제작한 재질 또는 라이브러리의 재질을 수정한 경우 이 재질을 별도의 재질로 라이브러리에 저장할 수 있습니다. 우선 재질의 이름을 설정하고, 옆의 저장 버튼을 클릭합니다. 재질 탭 위에 저장 창이 나타나면 원하는 카테고리를 선택하고 확인합니다. 라이브러리를 확인해 보면 지정 위치에 지정 이름으로 저장된 재질을 찾을 수 있습니다.

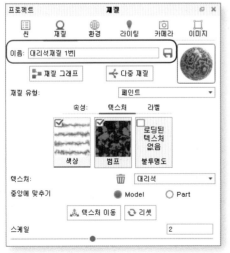

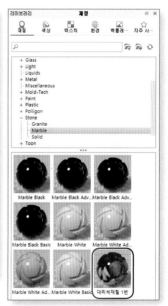

매핑은 모델링의 수고를 덜어 줄 수 있습니다. 오른쪽 이미지는 구멍이 많은 연필꽂이입니다. 이 수많은 구멍을 모델링에서 처리한다면 많은 시간이 소요되며 데이터의 크기도 커집니다. 그래도 이 디자인으로 최종 결정이 났다면 수고를 할 의미가 있겠습니다만, 시안의 하나로 제작해야 할 상황이라면 불투명도 맵을 이용하는 것을 고려해야 합니다.

❶ 기본 형태를 모델링합니다 (모델링 과정은 생략합니다).

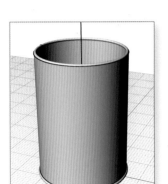

❷ 키샷으로 모델을 불러와 **검은색 페인트 재질**을 적용합니다.

❸ 일러스트레이터나 포트샵 등에서 아래와 같이 블랙&화이트 이미지를 제작합니다. 불투명도 맵은 블랙 = 투명, 화이트=불투명, 회색=반투명으로 작동합니다.

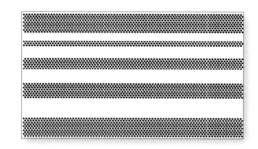

❹ 텍스쳐 > 불투명도에 제작한 이미지를 적용합니다.

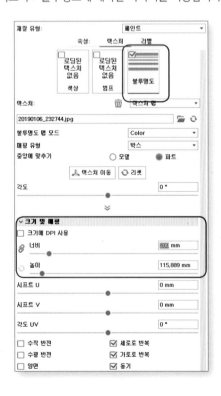

❺ 구멍이 투명하게 나타났지만 매핑 유형, 사이즈, 위치의 조절이 필요합니다. (불투명도 맵 적용 후 아무런 변화가 보이지 않는 경우는 보통 설정 > 크기 및 매핑 > 너비와 높이 설정을 낮추어야 변화가 보입니다. 맵이 적용될 때 너무 크게 설정된 상황으로, 1:1 모델링이 아닌 경우 자주 발생하는 문제입니다)

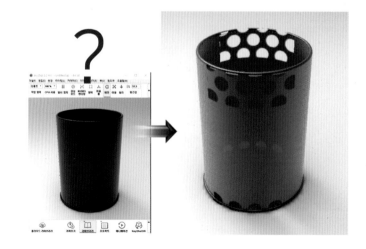

❻ 불투명도 맵 설정의 매핑 유형을 확인합니다. 현재 박스 모드로 설정되어 있습니다. 클릭 > 리스트 중 원통형으로 변경합니다. **맵을 입힐 모델이 원통형이니 매핑 역시 원통형에 맞춰 적용해야 합니다.**

❼ 매핑 유형을 원통형으로 설정하자 결과는 달라졌지만 아직 정확하지 않습니다. 텍스쳐 이동을 클릭 > 텍스쳐 조절자가 나타납니다.

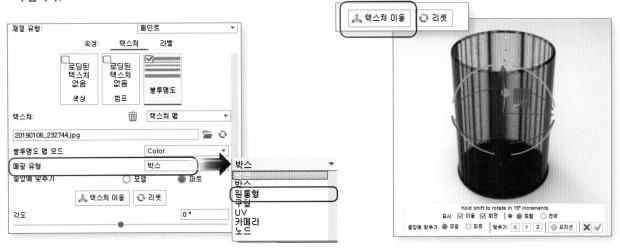

❽ 텍스쳐 조절자는 설정된 매핑 유형에 맞춰 텍스처 조절을 용이하게 할 수 있도록 도와줍니다
(재질 유형에 따라 텍스쳐 조절자가 비활성화되는 경우도 있으니 반드시 페인트 재질로 진행하세요).

재질 조절자 탭에서 맞추기를 순차적으로 클릭하여 변화를 살펴봅니다. 아래는 X, Y, Z에 따른 매핑 적용 결과입니다. Z축이 모델링의 방향과 일치하는 매핑의 방향이었습니다. 방향을 맞추었으면 체크를 클릭하여 적용합니다. 추가로 크기&매핑을 조금씩 조절하며 정확한 느낌으로 설정합니다(4, 5번과정).

조절자의 축 방향을 설정합니다. 개체가 기울어져있을 때 로컬을 사용하면 편리합니다. 현재 모델은 바로 서 있는 상황이므로 어느쪽이든 같습니다.

여러 개체에 동일한 재질이 적용되었을 경우, 매핑의 중심을 어디에 둘지 결정합니다. 지금은 모델=파트인 상황이라 어느쪽으로 해도 무방합니다.

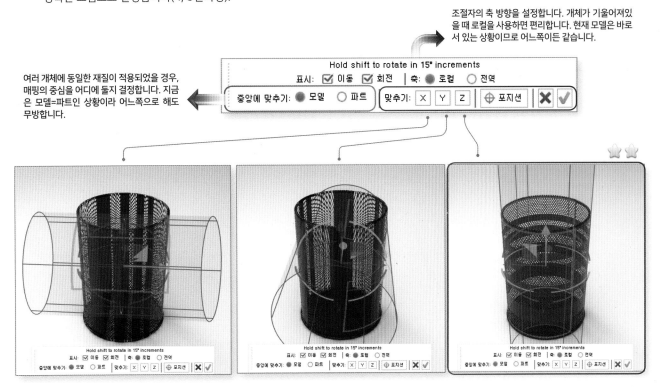

8. 예제 완성 및 렌더링

구멍이 많은 연필꽂이가 완성되었습니다. 아래는 클립과 연필 모델링을 추가 > 배치 및 조명 환경을 연출하여 완성한 렌더링 이미지입니다.
연필의 글자는 라벨로 처리하였습니다. 키샷의 렌더링 퀄리티는 매우 높아, 사용하기에 따라 실사진보다 더 나은 이미지를 만들 수 있습니다.

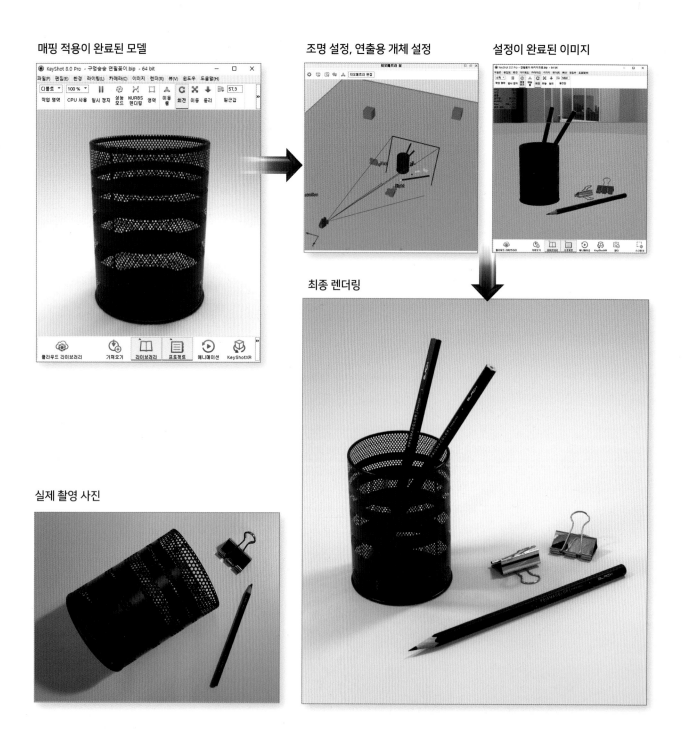

매핑 적용이 완료된 모델

조명 설정, 연출용 개체 설정

설정이 완료된 이미지

최종 렌더링

실제 촬영 사진

9. 범프 맵의 활용 팁

앞서 범프 맵을 이용하여 재질 표면의 사실성을 높이는 방법을 알아보았습니다만, 사실 범프 맵의 활용성은 더욱 다양합니다. 음각, 양각의 글자나 복잡한 문양 등은 블랙&화이트로 2D 이미지를 만들어 범프 맵으로 적용하는 편이 모델링으로 처리하는 방법보다 빠르고 편리합니다. 범프 맵을 조금 더 사실적으로 사용하는 방법을 알아보겠습니다.

· 외곽 블러 적용을 통한 퀄리티 높이기

아래는 일러스트레이터에서 제작한 문양으로 A는 선명한 올블랙, B는 외곽에 블러(Blur) 효과를 주었고, C는 그러데이션 기능을 사용하여 명암을 표현하였습니다. 이를 범프 맵으로 적용하면 아래와 같이 나타납니다.

* 범프 맵은 픽셀 이미지를 사용하기 때문에 픽셀 해상도가 낮으면 거칠게 나타납니다. 가능한 고해상도로 제작하여야 확대 시에도 손상 없이 깨끗한 범프 효과를 얻을 수 있습니다.

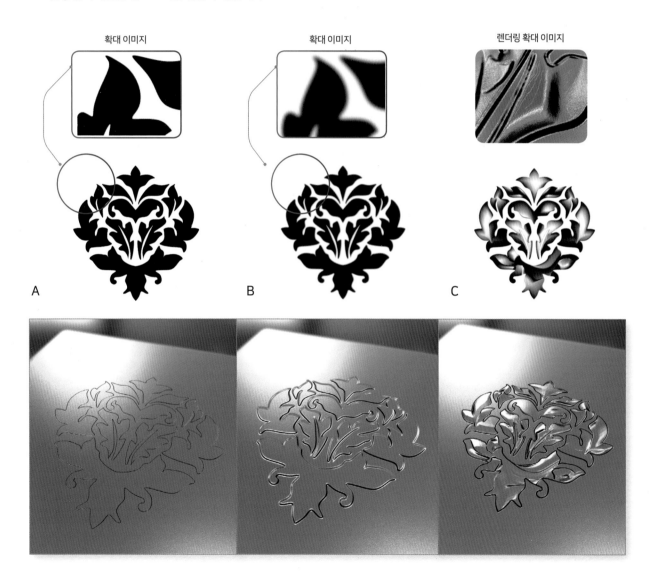

확대 이미지　　　　　　　확대 이미지　　　　　　　렌더링 확대 이미지

A　　　　　　　　　　　　B　　　　　　　　　　　　C

10. 매핑의 이해-매핑 유형과 세부 설정

2차원 이미지를 3차원의 면에 적용하는 작업을 매핑이라 하며, 매핑을 위한 이미지는 2D(평면)로 제작됩니다. 매핑 유형은 맵 이미지를 3차원에 어떻게 적용할 것인가를 설정하는 것으로 키샷은 평면, 박스, 원통형, 구형, UV, 카메라, 노드의 7가지를 지원합니다. 3D 애니메이션 회사에는 매핑만 전문으로하는 직군이 따로 있을 정도로 매핑의 세계는 넓고 심오하지만 여기서는 가장 기본이 되는 개념을 위주로 진행하겠습니다. 매핑 유형에 앞서 매핑 설정 시 주의 사항부터 알아보겠습니다.

키샷 매핑 유형

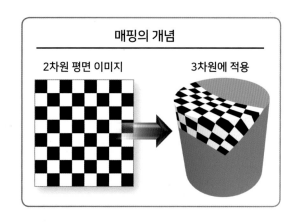

매핑의 개념

2차원 평면 이미지 → 3차원에 적용

⚠ 맵 이미지 제작 시 주의 사항

포토샵 등에서 3D 맵으로 사용할 이미지를 제작할 때, 반드시 RGB 모드로 제작합니다. 인쇄 시 사용하는 CMYK 모드, 컬러를 제한하는 INDEX 모드, 회색조 이미지를 제작하는 Grayscale 모드 등은 키샷에서 맵으로 적용 시 오류가 나거나 검게 보입니다. 또한 8비트 이상의 16, 32비트 이미지 역시 키샷에서 지원은 하지만 간혹 오류가 나므로 사용하지 않습니다.

포토샵의 이미지 모드 설정 메뉴

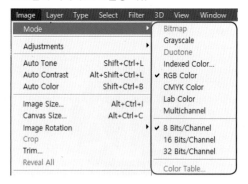

⚠ 모델링 정리 시 주의 사항

보통 3D 모델링 시 동일 재질로 설정할 개체들을 묶어 레이어별로 정리하여 키샷으로 가져오지만, 매핑을 적용할 경우라면 설령 같은 매핑을 사용하더라도 독립 개체로 분리하여야 합니다. 매핑은 적용 시 기준 위치가 중요하기 때문입니다. 떨어진 개체에 같은 매핑을 적용하면 정확하게 설정하기가 어렵습니다.

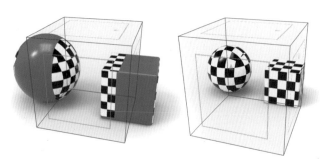

개체가 묶여 있어 매핑 설정이 어려움

별도 개체로 분리되어 개체별 매핑이 가능

평면은 2D 매핑 이미지를 평면으로 개체에 투사합니다. 텍스쳐 이동 툴을 이용하여 특정 축으로 맞출 수 있으며, 세부 설정을 통해 각도, 크기, 위치를 조절할 수 있습니다.

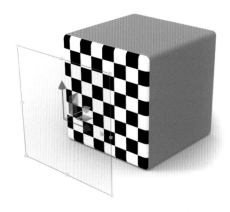

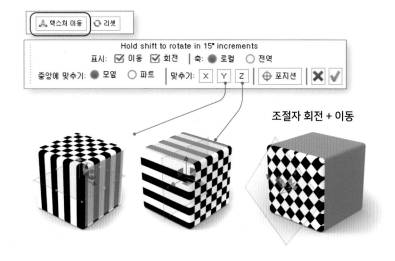

조절자 회전 + 이동

· 크기 설정 증가

너비, 높이를 설정합니다. 링크를 클릭하여 각 항목을 별도로 조절할 수 있습니다.

· 깊이 설정 증가

평면에만 있는 설정으로, 맵을 적용한 후 설정된 깊이만큼 나머지 면을 채우는 기능입니다.

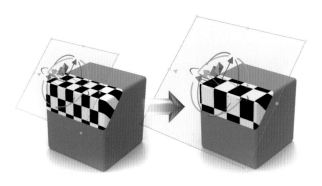

· 세로 반복, 가로 반복

세로, 가로로 반복 설정은 맵을 지속적으로 이어 붙이는 것으로 개체를 전체적으로 감쌀 때나 패턴 작업 시 유용합니다.

세로 반복   가로 + 세로 반복

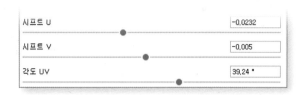

매핑 유형 2_박스

박스는 6면에 각각 매핑 이미지를 적용하여 3D 개체를 감쌉니다. 평면에 비해 크기 조절 옵션이 많습니다.

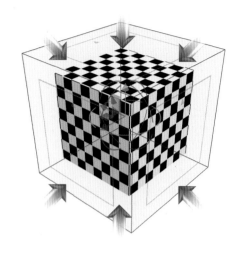

시프트 U		-0.0232
시프트 V		-0.005
각도 UV		39.24 °

· 텍스쳐 리셋

텍스쳐 설정을 초기화 합니다.

· 각도 UV 설정

각 면에 할당된 매핑의 각도를 조절합니다.

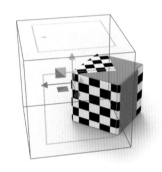

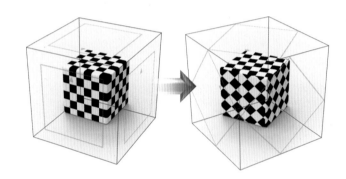

매핑 유형 3_원통형

매핑 이미지를 원통형으로 설정합니다. 추가로 래핑 설정 항목이 있습니다.

| 래핑 | | 108.818 ° |

· 래핑 설정에 따른 변화

래핑 + 가로 반복 옵션 설정

● 매핑 유형 4_구형

이미지를 구형에 맞춥니다. 중앙(적도) 부분에서는 매핑이 늘어나며 극으로 갈수록 매핑이 왜곡됩니다. 이 현상을 없애기 위해서는 별도의 UV 맵 작업이 필요합니다. 매핑을 빈틈없이 채울 때는 가로, 세로 반복을 활성화하거나 위치 텍스쳐의 맞추기 기능을 이용합니다.

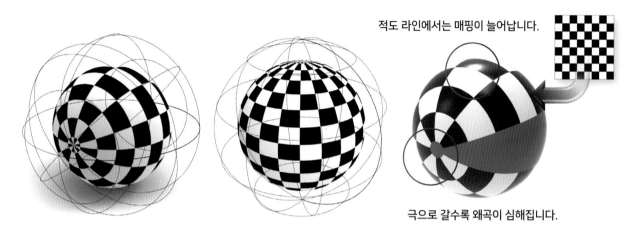

적도 라인에서는 매핑이 늘어납니다.

극으로 갈수록 왜곡이 심해집니다.

● 매핑 유형 5_카메라

카메라가 보는 방향으로 매핑 이미지를 프로젝션합니다.

모델에 입혀지지만 카메라의 시점에 기반하므로 카메라의 위치가 바뀌어도 매핑의 양상은 동일하게 나타납니다. 특정 뷰에서 특정한 매핑이 정확하게 보여야 하는 경우 사용할 수 있습니다.

매핑 유형 개념도

3D 모델은 폴리곤 또는 넙스 면으로 만들어지며 각 면은 UVW 방향(가로, 세로, 높이)을 가집니다. 앞서 본 모든 매핑 유형은 일정 부분은 정확하게 표현되지만 왜곡되는 부분이 반드시 발생합니다. **UV 매핑은 면의 방향을 따라 매핑하는 것으로 복잡한 굴곡면의 경우에는 왜곡되는 부분의 UV 좌표를 따로 작업하여 설정 > 왜곡 없는 정확한 매핑을 구현할 수 있습니다.** UV 설정 없이 면이 본래 가진 UV 방향을 기준으로 사용할 수도 있습니다. 왜곡은 발생하지만 굴곡진 제품의 면에 사용 시 효과적입니다.

넙스 면의 UV

UV 매핑 적용(좌표 미설정)
전체적 왜곡 발생

박스 매핑 적용
확연한 왜곡 발생

UV 좌표 지정-UV 에디터

재질별 파트로 구성되는 제품 디자인은 기본 재질과 라벨로 대부분의 표현이 가능합니다. 그러나 인체, 동물과 같이 하나의 덩어리에 많은 굴곡을 지닌 모델은 보통 폴리곤으로 작업한 후 UV 좌표 설정 과정을 꼭 거칩니다. 키샷은 UV가 설정된 모델을 읽어들일 수는 있지만 별도의 UV 좌표 지정 기능은 없습니다.

3D Max-UV 에디터

UV 설정에 따른 차이

매핑 유형 : 노드(Node)

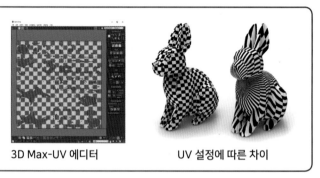

UV 매핑에 노드를 추가, 노드 설정에 의해 매핑의 일정 부분을 가리는 것으로 라벨 기능과 개념이 비슷하며 사용 빈도는 낮습니다.

매쉬
백그라운드
색상

checker3
텍스처 맵
checker3.jpg
UV 매핑

페인트
색상
범프
불투명도

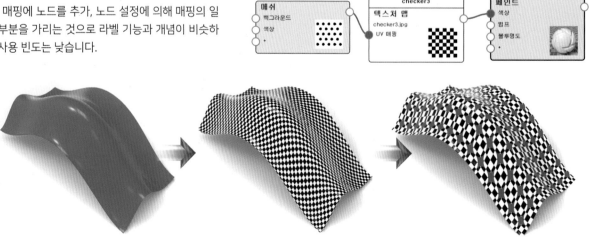

11. 재질 설정 주의 사항 > Unit-Aware Size Parameters

키샷 6 버전까지는 매핑 관련 설정 항목이 비율로만 조절하게 되어 있었습니다. 그래서 아래와 같은 구멍(Hole)들의 크기를 조절할 때 정확한 크기 개념 없이 어림에 의존해야 했습니다. 그러나 키샷 7, 8로 업그레이드되면서 실제 치수 단위(m, mm, cm, inch)로 설정할 수 있게 되었습니다. 따라서 키샷 7, 8 버전의 원활한 사용을 위해서는 3D 모델링 시 모델의 실제 크기를 고려하여 진행해야 합니다. 만약 3D Max, Maya 등을 이용하여 비례 모델링을 하더라도 대략의 크기와 단위는 항상 인지할 필요가 있습니다.

 키샷 6 버전 이하 > 컬러 설정 or 비율에 맞춰 색, 재질&텍스쳐를 조절합니다.

 키샷 7 이상 > 컬러 설정 방식은 동일하나 재질&텍스쳐를 실제 단위로 설정합니다.
따라서 정확한 재질 구현을 위해서는 모델링 시 실제 크기로 진행해야 합니다.
(키샷 8 버전의 일부 재질 유형은 비례 조절, 실제 단위 조절 방식을 선택할 수 있습니다.)

* 키샷의 재질 설정에는 비율(%)로 조절하는 항목과 실제 치수(굴절률, 맵의 크기, 투명도의 거리)로 조절하는 항목이 있습니다.

아래는 직경 1, 5, 10, 50, 100mm 구체에 라이브러리 재질 > 금속 > 메쉬를 적용한 결과입니다. 치수로 설정되어 있어 작은 개체는 형상을 알아보기 어려울 정도가 됩니다. 모델의 사이즈에 맞춰 재질들의 설정도 수정할 수 있지만 키샷에는 아직 거리&크기 측정 기능이 없어 감각에 의존하여 수정해야 하는 어려움이 있습니다. 향후 이 부분은 개선되리라 예상합니다.

 비율로 설정하는 항목(거칠기, 굴절률 등)

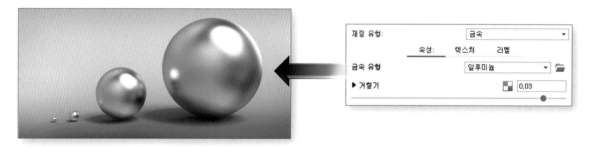

 치수로 설정하는 항목

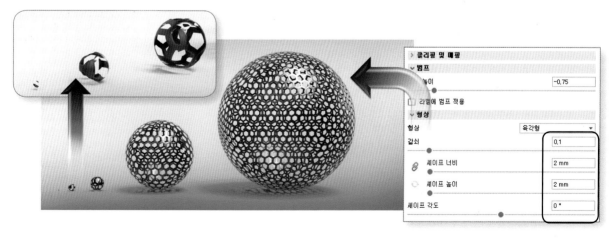

12. 재질의 기본 개념 이해하기

3차원에서 이미지로 구현되는 재질은 컬러 등의 정보와 시각으로 느껴지는 '촉각적 정보'의 집합체입니다.
3D 렌더링을 위한 재질의 설정은 물리적 특성의 완벽한 표현보다는 '~**처럼 보이는 느낌**'의 구현에 더 집중할 필요가 있습니다.
이 장에서는 키샷의 다양한 재질과 속성들(설정)에 대하여 정리합니다. 재질에 대한 기본 이해가 뒷받침된다면 렌더링 실력이 한층 발전하게 될 것입니다.

12.1 재질의 기본 속성

3차원 재질은 다양한 속성의 조합으로 만들어집니다. 아래 1~3번은 재질의 기본 속성이며, 4~6번은 재질의 확장 성격의 속성들입니다. 이러한 속성들을 설정하여 촉감이 있는 금속, 나무와 같이 사실적이거나 와이어 프레임, 툰 재질과 같이 개념적인 재질을 표현할 수 있습니다.

재질의 기본 속성
1. 재질의 색_Color > 1 Layer, 2 Layer, Multi Layer
2. 빛의 반사_Reflection > 유광, 반광, 무광
3. 빛의 굴절_Refraction > 투명, 반투명, 불투명

재질의 확장 속성
4. 특수한 표현 > Toon, Wireframe 등 개념적 표현
5. 재질의 표면 질감과 패턴(Texture&Pattern)-매핑
6. 모델링 효과를 구현하는 3차원 매핑(Bump, Displacement Map, Volume Map)

돌 텍스쳐/반광

유광/불투명
+ 투명 맵(알파 맵)적용

와이어 프레임

유광/투명
3 Layers Color

무광/불투명/블랙

반광/불투명/블랙

유광/불투명/블랙

유광/투명

12.2 반사의 이해

모든 재질은 빛의 일부를 흡수하고 반사합니다. 빛이 재질을 만나 반사와 굴절을 일으키지 않고 투과시키는 매질은 진공이 유일하며, 공기와 가스도 아주 미세하게 빛을 산란(반사) + 굴절시킵니다. 빛이 100% 흡수되는 경우는 블랙홀뿐입니다. 아스팔트나 고무 타이어와 같이 거친 재질도 고유의 반사값을 가지고 있습니다.

빛의 반사(Reflection)에는 디퓨즈, 글로시, 스펙큘러의 3가지 종류가 있습니다.

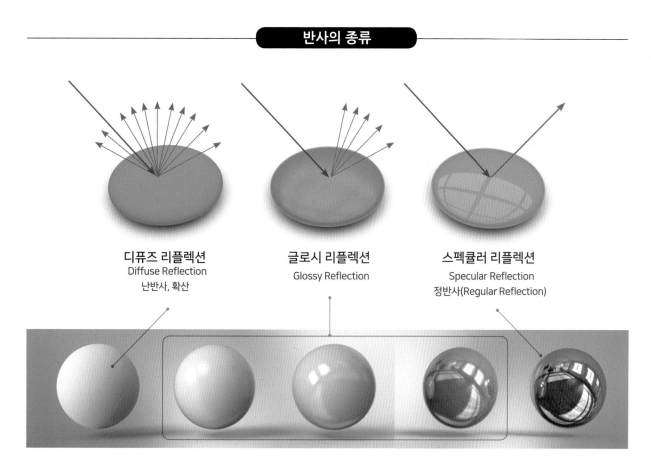

디퓨즈 리플렉션은 면에 닿은 빛이 모든 방향으로 일정하게 분산되어 면에 하이라이트가 생성되지 않고 부드럽게 보이는 현상을 의미합니다. 글로시 리플렉션은 면과 부딪힌 빛이 전체적인 방향성은 유지하되 일부가 분산되어 흐릿해지는 현상입니다. 스펙큘러 리플렉션은 빛의 에너지를 유지하면서 분산 없이 반사되는 특성입니다. 고무 지우개나 표면이 거친 나무는 반사값이 없다고 생각하지만 실제로는 빛이 재질 표면에서 전방향으로 확산되는 디퓨즈 반사가 일어나는 것입니다.

물체의 표면에서 일어나는 이 3가지 반사의 결과를 기준으로 대부분의 3D 렌더러는 '리플렉션' 단어를 빼고 디퓨즈, 글로시, 스펙큘러라고 부르며, **디퓨즈는 물체의 색을, 글로시는 광택의 전체적인 확산도를, 스펙큘러는 정반사의 결과로 물체에 맺히는 하이라이트의 크기와 색 등의 제어 기능을 의미합니다.**

12.3 프레넬 효과(Fresnel Effect)

오귀스탱 장 프레넬(Augustin-Jean Fresnel, 1788년~1827년)은 프랑스의 물리학자로 파동광학의 이론적 연구 및 등대용의 프레넬 렌즈를 발명하였습니다. 그는 표면에서 반사되는 빛 중 눈에 보이는 양이 시점에 의해 달라진다는 점을 공식으로 정리하였습니다.

프레넬 효과의 핵심은 시점에 따라 표면에서 반사되는 빛의 양이 달라진다는 특성입니다. 반사도를 가진 표면을 비스듬히 바라보면 눈의 각도에 따라 표면 위의 리플렉션과 스펙큘러 반사가 높아져 마치 거울처럼 보입니다. 반대로 반사도를 가진 투명 면을 정면에 가깝게 바라볼 때는 반사가 아주 작게 나타납니다.

키샷의 일반 재질은 프레넬 효과가 적용되어 있어서 재질의 굴절률(IOR=Index of Refraction)설정에 따라 자동으로 표현되며, 고급 재질에 한해 프레넬 반사를 따로 제어할 수 있지만 사용 빈도는 낮습니다.

기본 재질

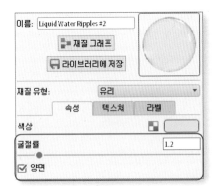

고급 재질

12.4 빛의 굴절과 재질의 굴절률(IOR=Index of Refraction)

빛은 투명도를 가진 재질 표면에 닿아 일부는 반사되고 일부는 매질 속으로 투과하며 굴절이 일어납니다. 빛을 굴절시키는 재질의 특성을 IOR(Index of Refraction)이라 하며 재질의 IOR에 따라 빛의 굴절 정도가 달라집니다. 공기/진공의 IOR 값은 1.000, 액체 상태의 물은 온도에 따라 1.325~1.333입니다. 아래는 자주 사용되는 재질의 IOR 수치입니다. 키샷 라이브러리의 재질들은 IOR이 미리 설정되어 있으나 상황에 따라 조절하여 사용합니다.

Acrylic Glass 1.490~1.492	Copper 1.100~2.430	Gold 0.470	Nickel 1.080
Air 1.000	Crystal 2.000	Ice 1.309	Nylon 1.530
Alcohol, Ethyl(grain) 1.360	Diamond 2.418	Iron 2.950	Pearl 1.530~1.690
Aluminum 1.390~1.440	Emerald 1.560~1.605	Lead 2.010	Plastic 1.460
Asphalt 1.635	Eye, Lens 1.410	Lucite 1.495	Titanium 2.160
Beer 1.345	Glass 1.500	Mercury(liquid) 1.620	Water(35 deg C) 1.325
Bronze 1.180	Glass, Pyrex 1.474	Milk 1.350	

● 굴절률(IOR) 테스트 1

굴절률이 높을수록 표면에서 반사되는 빛의 양도 증가하여 광택도가 높아지게 되고 굴절 왜곡도 심해집니다.

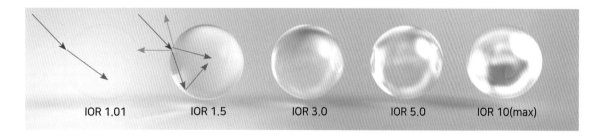

IOR 1.01   IOR 1.5   IOR 3.0   IOR 5.0   IOR 10(max)

● 굴절률(IOR) 테스트 2

굴절률에 따라 빨대의 왜곡 정도가 달라 보입니다. A는 유리(IOR=1.5), B는 유리 + 물(IOR = 1.325), C는 솔리드 유리 + 오일, D는 솔리드 유리 + 물입니다. IOR 수치에 연연하기보다는 가장 자연스럽게 보이는 상태를 찾는 것이 중요합니다.

12.5 재질 투명성과 표면 거칠기(Roughness)

물체가 투명하더라도 표면이 거친 상태라면 많은 양의 빛이 내부로 투과하지 못하고 표면에서 산란을 일으킵니다. 키샷에서는 눈에 보이지 않는 미세한 표면을 거칠기(Roughness)로 나타냅니다. 아래 이미지에서 보듯, 투명한 물체라도 거칠기 값이 1이면 재질에 닿은 모든 빛이 재질의 표면에서 산란·반사되어 불투명하게 보입니다.

● 거칠기(Roughness) 테스트 1

눈으로 확인하기 어려운 마이크로 노이즈를 표현하여 고무 지우개와 비슷한 무광의 질감을 표현합니다.

| IOR 1.01 | IOR 1.25 | IOR 1.75 | IOR 1.75 | IOR 1.75 |
| 거칠기 0.0 | 거칠기 0.15 | 거칠기 0.5 | 거칠기 0.8 | 거칠기 1.0(max) |

● 거칠기(Roughness) 테스트 2

투명체, 반사체에 적용된 거칠기는 0.0X의 미묘한 수치(비율값)만으로도 느낌에 큰 차이가 발생합니다.

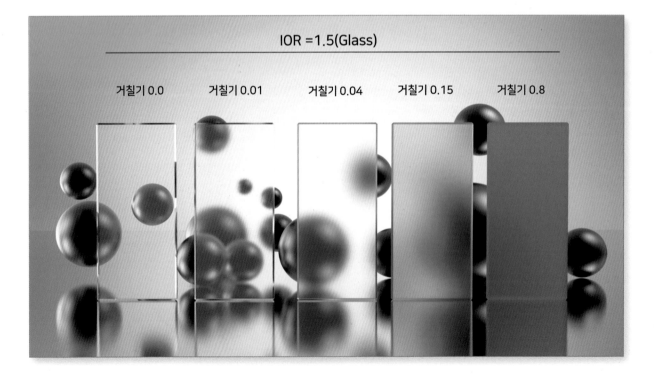

IOR =1.5(Glass)

거칠기 0.0　　거칠기 0.01　　거칠기 0.04　　거칠기 0.15　　거칠기 0.8

12.6 정리 _ 빛의 반사와 재질 투명성

재질은 어떠한 방식으로 빛을 반사(표면 특성)하고 투과(매질 특성)시키는가에 따라 여러 가지 양상으로 나타납니다. 아래 표의 **붉은 화살표는 광원에서 방출된 빛**, **푸른 화살표는 재질의 표면에서 일어나는 반사**, 갈색 화살표는 재질을 통과한 빛을 의미합니다. 표면의 상태와 입사 각도에 따라 디퓨즈-확산 반사(여러 개의 빛으로 분할됨) 또는 정반사-스펙큘러 반사가 일어나며, 매질이 빛을 투과하는 속성을 지닌 경우 빛은 재질 내부로 들어가 굴절 정투과 또는 굴절 확산 투과된 후 매질을 빠져나와 결과적으로 깨끗한 투명 또는 반투명으로 나타납니다. 각각의 정의와 특성에 따라 사용한다면 더욱 사실적인 재질의 표현이 가능합니다.
키샷은 이러한 재질의 특성에 따라 여러 가지 재질 유형으로 나뉩니다.

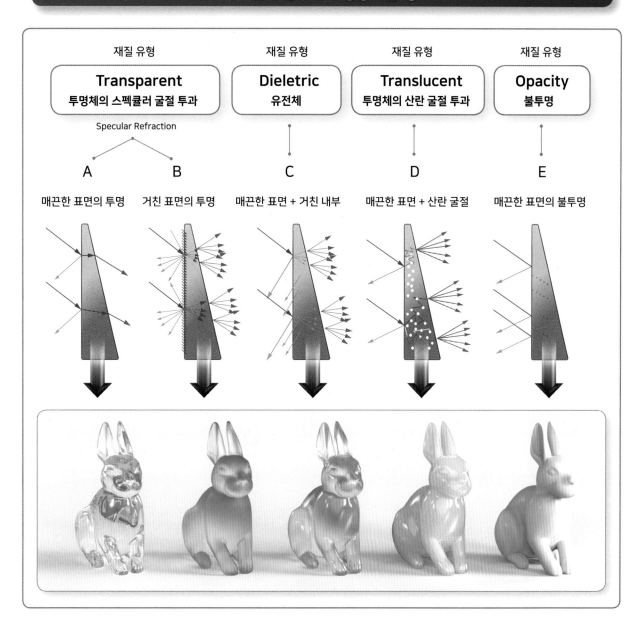

A. 확산_Diffuse

확산은 물체에 부딪힌 가시광선 중 흡수되지 않고 난반사되며 튕겨 나오는 빛의 파
장을 의미하지만, 대부분의 3D 렌더러에서는 단순히 개체의 색으로 사용합니다.
키샷 개체 유형의 확산은 매핑이 가능한 색 설정 옵션만 있어 반사, 투명도 등의 설
정은 불가능합니다. 적용 시 아래처럼 무광의 재질로 보이며 빛에 대한 밝음과 어두
움(음영=쉐이딩)이 나타납니다. 가장 단순한 재질 유형입니다.

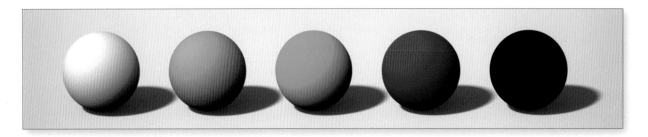

B. 평평_Flat

평평 재질은 비사실적 재질로, 적용 시 빛에 의한 쉐이딩(양감) 없이 단색으로 나타
납니다. 이 재질을 이용하여 개체의 실루엣(외형) 정보를 추출하여 이미지의 보정
에 사용할 수 있습니다.

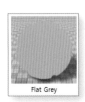

Flat Grey

라이브러리의 Miscellaneous 탭의 Flat_Grey

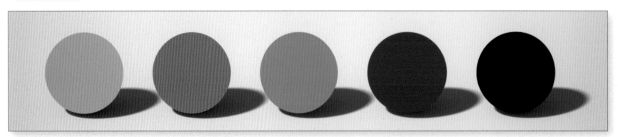

3D 장면은 복수의 개체들과 다양한 재질들로 구성됩니다.

렌더링이 완료된 이미지를 부분적으로 수정하기 위해서는 포토샵을 이용하여 수정할 부분을 섬세하게 선택해야 하는데, 이 과정은 높은 집중력과 많은 시간을 필요로 합니다. 그럴 때 평평(Flat) 재질 유형을 이용하여 동일한 재질끼리 다른 색을 적용한 렌더링 이미지를 추가로 제작해 두면 컬러를 이용하여 선택영역을 쉽게 지정할 수 있어서 렌더링 이미지 보정 및 합성 작업이 한결 쉬워집니다.

렌더링 이미지   평평(Flat) 재질로 렌더링한 이미지

 포토샵의 풀다운 메뉴 > 선택(Selection) > Color Range(색상 범위) 기능을 활용하여 컬러별로 선택 영역을 지정 > 아래와 같이 색상을 쉽게 수정할 수 있습니다.

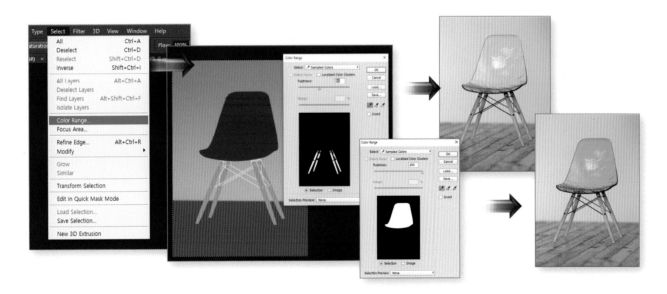

Render Layers and Passes

렌더 출력 시 렌더 레이어의 크라운 옵션을 이용하여 자동으로 위와 같은 보정용 이미지 소스를 만들 수 있습니다 (프로젝트 > 렌더 설정 참고).

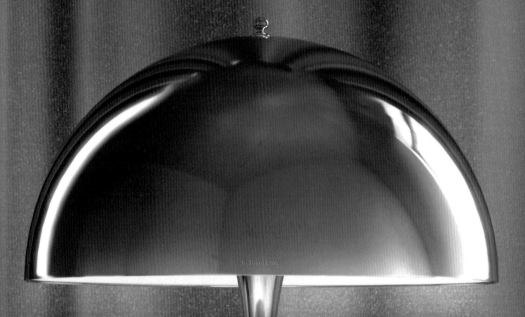

LIBRARY
Metal

C. 금속 재질

금속_Metal #01

일상에서 금속 느낌은 실제 금속을 사용하거나 금속성 후가공(메탈릭 스프레이)으로 구현합니다. 키샷에서 실제 금속은 Metal 재질로, 금속성 후가공은 Plastic > Metalic 재질로 제공하며 각기 다른 설정 옵션으로 구성됩니다. Metal(금속) 탭에는 16개 카테고리의 금속과 다양한 표면 설정(Basic, Mesh, Textured, Brushed, Polished, Rough)이 준비되어 있습니다.

키샷 메탈릭 재질

Metal(실제 금속)   Paint > Metalic(금속성 페인트)

● 금속 재질 유형 설정 항목

재질 유형 금속은 간단한 설정으로 이루어져 있습니다. 금속 유형에서 여러 가지 금속 종류를 선택하거나 색상을 선택하여 금속 컬러를 직접 설정할 수 있습니다. 단, 색상 설정 모드에서는 양극 산화 기능이 지원되지 않습니다.

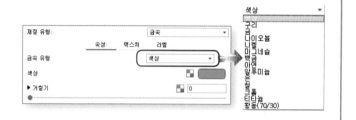

● 라이브러리의 메탈 재질

| Aluminium | Copper | Metal Black | Titanium | White Gold |
| Nickel | Niobium | Gold | Silver | Steel |

● 메탈 색상을 직접 설정

* 재질 설정에서 색상을 선택하여 금속 컬러를 직접 설정할 수 있습니다.

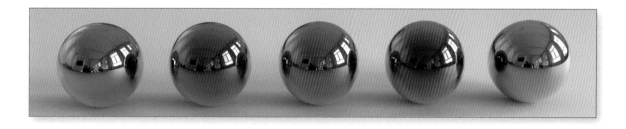

폴리싱(Polished)과 러프(Rough)는 거칠기(Roughness)의 수치 변화로 만들어집니다. 거칠기가 '0'이면 폴리싱(광택)이며 거칠기 수치가 높아질수록 반광 > 무광이 됩니다. 거칠기는 샘플의 수가 낮을수록 거친 입자가 보이며 샘플 수가 높아지면 곱고 부드럽게 나타나지만, **샘플 수에 의한 표면 질감 차이는 미묘합니다.** 금속의 표면 입자감은 샘플의 수로 제어하지 않고 노이즈 텍스쳐 등을 이용하여 금속의 입자를 표현하는 방법을 사용합니다(옆 페이지 : Metal > Textured 테스트 참조).

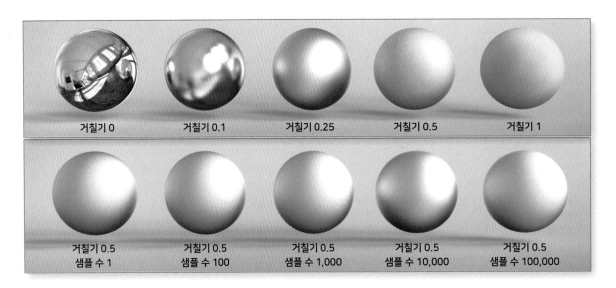

거칠기 0	거칠기 0.1	거칠기 0.25	거칠기 0.5	거칠기 1
거칠기 0.5 샘플 수 1	거칠기 0.5 샘플 수 100	거칠기 0.5 샘플 수 1,000	거칠기 0.5 샘플 수 10,000	거칠기 0.5 샘플 수 100,000

메탈의 소재별 하위 카테고리의 메쉬와 텍스쳐, 브러시드는 범프 맵과 투명도 맵을 적용한 재질입니다. 재질 그래프를 통해 재질 구성을 확인할 수 있으며 각 노드의 설정 수정을 통해 여러 가지 특이한 재질의 표현이 가능합니다.

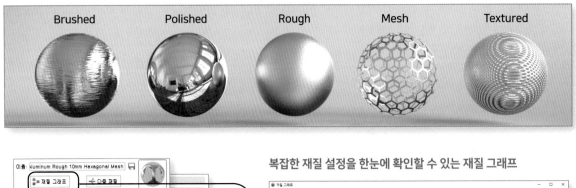

Brushed   Polished   Rough   Mesh   Textured

복잡한 재질 설정을 한눈에 확인할 수 있는 재질 그래프

● Metal > Brushed 테스트

금속 재질에 범프와 거칠기를 적용하여 결을 표현합니다. 브러시드 맵의 설정에 따라 결의 크기와 강도, 방향을 설정할 수 있습니다.

● Metal > Textured 테스트

금속 재질에 범프를 적용하여 입자감을 표현합니다. 노이즈 맵의 설정에 따라 입자의 크기와 강도, 방향을 설정할 수 있습니다.

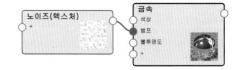

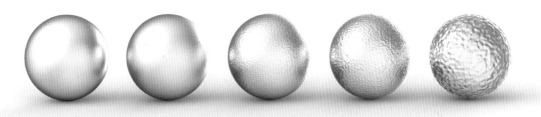

● Metal > Meshed 테스트

금속 재질에 범프와 불투명도 맵을 적용하여 구멍이 뚫린 표면을 구현합니다. 메쉬 맵의 세부 설정을 통해 아래와 같은 표현이 가능합니다.

메쉬 맵의 경우, 모델링의 크기와 단위에 따라 결과가 달라지기 때문에 가급적 1:1 스케일의 모델을 사용하는것이 좋습니다. 스피커의 전면 홀, 그릴 등 다양한 제품에 응용할 수 있습니다. 단, 매핑에 의한 방식이라 두께의 표현이 되지 않아서 확대했을 때 어색함이 도드라져 보이므로 사용 시 참고하세요.

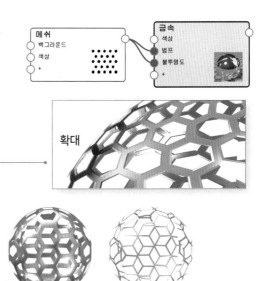

금속의 표면을 나노 단위로 부식시켜 색 입자를 코팅하는 양극 산화(아노다이징)는 금속의 질감은 유지한 채 여러 가지 색을 구현할 수 있고 진주와 같은 무지갯빛 반사를 구현할 수 있습니다. 기본 재질을 금속으로 설정하고 양극 산화 옵션에 체크 > 필름 굴절률과 필름 흡광 계수 > 필름 두께를 설정하여 다양한 느낌의 구현이 가능합니다(1:1 스케일의 모델링이 필요합니다).

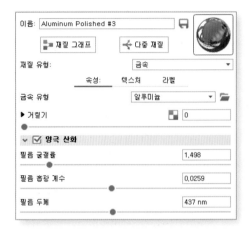

필름 굴절률	양극 산화 코팅의 굴절률 > 값이 높아지면 컬러 왜곡 증가
필름 흡광 계수	값이 클수록 코팅이 어두워지고 컬러 변형 감소
필름 두께	나노미터(nm) 단위로 표면 색조 정의(0~10000nm)

라이브러리 > 메탈 > Anodized의 재질

라이브러리 아노다이즈에 준비된 여러 가지 재질들을 바탕으로 약간의 설정 변경을 통해 특이한 금속 표면 효과를 만들 수 있습니다.

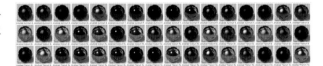

금속 양극 산화 테스트 1

필름 굴절률, 필름 흡광 계수, 필름 두께의 설정 테스트로 무지갯빛 컬러 오버랩이 나타납니다.

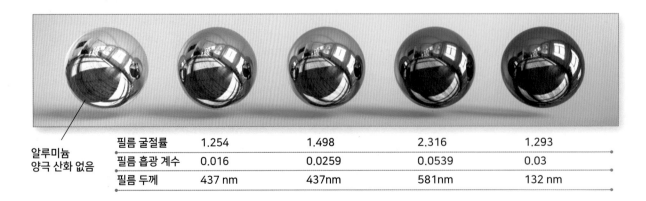

알루미늄 양극 산화 없음				
필름 굴절률	1.254	1.498	2.316	1.293
필름 흡광 계수	0.016	0.0259	0.0539	0.03
필름 두께	437 nm	437nm	581nm	132 nm

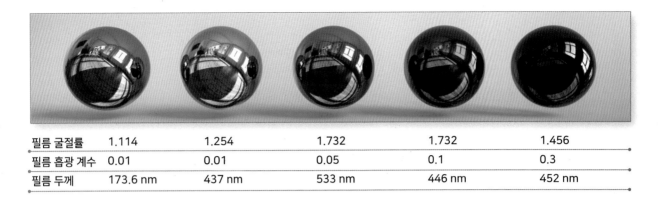

필름 굴절률	1.114	1.254	1.732	1.732	1.456
필름 흡광 계수	0.01	0.01	0.05	0.1	0.3
필름 두께	173.6 nm	437 nm	533 nm	446 nm	452 nm

● 금속 양극 산화 + 거칠기 테스트

위 설정에 거칠기를 추가한 결과입니다. 진주와 비슷한 느낌을 표현할 수 있습니다.

거칠기 설정 = 0.15(기타 옵션 설정은 위와 동일)

● 양극 산화(아노다이징) 샘플

알루미늄은 원자재의 색이 밝고 재질이 물러서 양극 산화(아노다이징)가 잘 구현됩니다. 또한 가벼우면서 성형이 쉽고, 고급스러워 제품에 많이 사용합니다. 아래는 알루미늄 아노다이징의 샘플집입니다. 제품의 양산 시 이와 같은 샘플 차트에서 골라 컬러 및 질감을 결정합니다. 과거에는 디자인 렌더링과 양산 시의 컬러, 질감 차이를 보정하기 위해 디자이너가 공장에 나가 여러 번 테스트를 거쳐야 했지만, 이제 키샷에서 제공하는 정확한 양극 산화 수치를 이용하여 이러한 수고를 조금이나마 덜 수 있게 되었습니다.

LIBRARY
Old/Aged Metal

D. 낡은 금속 재질

메탈 재질 중 Old는 녹이 슬거나 스크래치, 표면의 페인트가 떨어져 나간 것과 같이 낡고 상처난 금속 재질을 포함합니다.
Rusty Scrathced Steel은 키샷 재질 중 가장 복잡한 재질 구성으로, 기본 재질에 여러 가지 매핑이 추가되어 있어 재질 그래프를 통해 재질의 구성을 확인해야 합니다.

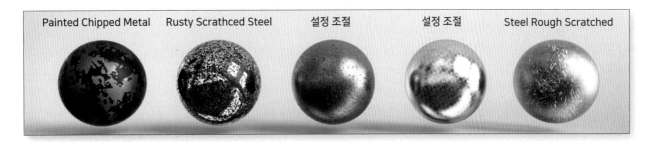

1. Painted Chipped Metal

금속에 표면 거칠기 + 스크래치 범프 매핑을 적용하고 라벨을 이용하여 녹슨 부분을 표현하는 재질입니다. 이 재질을 통해 라벨의 고급 사용법을 확인할 수 있습니다.

보통 라벨을 투명도 채널을 가진 *.PNG 이미지를 사용해 제품 표면의 로고 등을 표현하는 데 주로 사용하지만, 여기서는 라벨을 이용해 금속 재질 위에 플라스틱 재질을 오버랩하고, 위장 맵을 이용하여 플라스틱 재질을 부분적으로 불투명하게 보이도록 하고 있습니다.

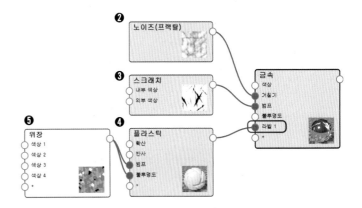

● 재질 구성 개념

재질의 구성 개념을 표현한 이미지입니다. 라벨 기능을 재질 위로 다른 재질을 전체적으로 오버랩하고 부분을 투명하게 적용하는 데에 라벨 기능을 사용하고 있습니다.

| ❶ | ❷ | ❷ + ❸ | ❷ + ❸ + ❹ | ❷ + ❸ + ❹ + ❺ |
| 금속 재질 | 거칠기 > 프랙탈 노이즈 | 스크래치 범프 추가 | 라벨 > 재질 추가 | 라벨 투명도 설정(위장 맵) |

재질 그래프 ❶ 설정 > 금속의 종류 변화 결과입니다.

거칠기(프랙탈 노이즈) 설정 변경

재질 그래프 ❷ ❸ 설정 > 거칠기 및 스크래치 범프 설정 값의 변화 결과입니다.

위장 맵 설정 변경

재질 그래프 ❹ ❺설정 > 라벨 재질 및 위장 맵의 설정을 변화한 결과입니다(스케일 및 컬러).

혼합 설정 변경

재질 구성의 여러 옵션을 종합적으로 변화한 결과입니다. 녹이 슨 금속의 다양한 느낌을 만들 수 있습니다.

2. Steel Rough Scratched

이 재질은 기본 금속에 러프한 느낌의 맵을 색상과 거칠기로 적용하되 금속의 표면 상태를 자유롭게 설정하기 위해 유틸리티 노드 중 색상을 번호로(Color to Number)를 이용하고 있습니다.

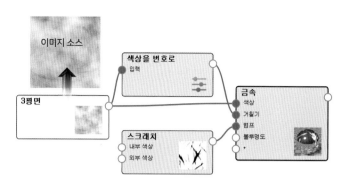

이 유틸리티 노드의 역할을 알아보기 위해 테스트한 결과는 아래와 같습니다. A는 재질 원본으로 유틸리티 노드의 설정 값을 조절하여 맨 아래의 예시와 같이 다양한 표면의 느낌을 얻을 수 있습니다. B는 유틸리티 노드 연결을 해제(연결 포인트를 마우스로 드래그)하고 맵 소스를 색상 값에 바로 적용한 것으로, A와 비교했을 때 느낌이 크게 다르지는 않으나 하이라이트가 매끈하게 생성되며 표면 느낌의 수정이 불가능합니다. C는 맵을 색상과 거칠기에 동시에 적용한 것으로 무광에 가깝게 나타나며 역시 수정은 불가능합니다.

결과적으로 이 재질에서 유틸리티 노드는 이미지 맵 소스를 논리 매핑처럼 제어가 가능하게 하는 컨트롤러의 역할을 수행합니다.

A	B	C
유틸리티 노드를 설정하여 맵 변화 가능	유틸리티 노드 연결 해제 + 맵을 색상 값에 적용	유틸리티 노드 연결 해제 + 맵을 색상 및 거칠기에 동시 적용
	(맵 설정 값 고정됨)	(맵 설정 값 고정됨)

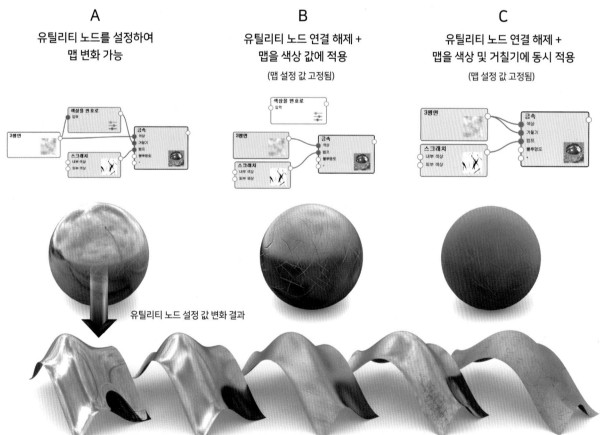

유틸리티 노드 설정 값 변화 결과

3. Rusty Scrathced Steel

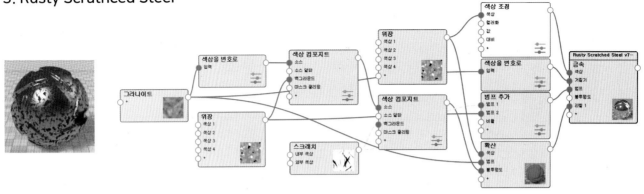

이 재질은 키샷에서 제공하는 모든 재질 중 가장 복잡한 구성으로 이루어져 있지만, 찬찬히 살펴보면 그렇게 어려운 재질도 아닙니다. 금속의 색상과 거칠기, 범프에 각각 매핑을 설정하되 재질의 설정 자유도를 높이기 위해 앞서 살펴본 유틸리티 노드를 단계마다 설정하고, 녹슨 표현을 위해 라벨을 추가하였습니다. 이런 구성을 통해 다층의 녹을 표현하고 있습니다.

그러나 이 재질과 Painted Shipped Metal(우측)을 비교해 보면 재질 그래프의 복잡성 차이에 비해 최종 결과물의 차이는 크지 않습니다. 물론 고급 렌더러의 관점에서는 무척 큰 차이입니다만, 가까이 확대하지 않는 이상 편의대로 사용해도 무방할 정도입니다.

부분 확대 이미지

섬세한 표현과 이야기를 담은 연출

산업 디자이너는 '새로운' 제품을 디자인하기 때문에 낡거나 녹슨 재질은 사용할 일이 없다고 생각할 수도 있습니다. 그러나 디자이너에게도 이러한 '낡은' 표현의 기술은 필요합니다. 제품의 내구성이 뛰어남을 강조할 때 깨끗한 메탈 제품 재질 옆에 낡은 표현이 된 제품이 나란히 서 있다면 '대비의 효과'를 통해 깨끗함이 더욱 가치 있게 보일 수 있습니다. 녹슨 표면을 지워 주는 스펀지를 연출할 때에도 사용할 수 있겠지요.

쉬운 사용 + 우수한 결과를 만들어 내는 키샷의 3D 렌더링 기술은 누구나 자신의 디자인을 사실적으로 표현하여 웹상에 개시할 수 있도록 하였습니다. 바야흐로 3D 렌더링의 대중화 시대라 해도 과언이 아닙니다. 오늘날 이러한 대중화의 중심에서 섬세한 표현과 연출력의 가치는 과거와 비교할 수 없을만큼 중요해 지고 있습니다. 예전이 60점과 80점의 경쟁이었다면 이제는 95점과 97점의 경쟁입니다.

키샷을 사용함에 있어 단순히 라이브러리에 가득한 미리 만들어진 재질을 '드래그&드롭'하는 수준을 넘어, 더욱 사실감 있는 재질과 빛, 그리고 이야기를 담은 연출을 고민하는 시간을 쌓아 갈수록 여러분은 '자신의 디자인을, 자신의 메시지를 잘 전달하는 디자이너'라는 평가를 얻게 될 것입니다.

LIBRARY
Anisotropic

E. 이방성 재질

이방성_Anisotropic(고급)

표면의 미세한 거칠기(Roughness)는 빛을 일정하게 분산시키지 않고 표면 특성에 따라 달리 작동하며 등방성과 이방성의 2가지로 구분합니다. 등방성(Isotropic)은 표면에 닿은 빛을 전방향으로 분산하며 보통 균일한 노이즈(거칠기)로 나타납니다. **이방성(Anisotripic)은 표면의 결을 따라 빛을 분산합니다.** 이방성의 특징은 하이라이트와 반사에서 나타나며 대표적인 사례로는 LP, CD(Compact Disk), 스핀 가공 금속, 헤어라인 가공 금속 등이 있습니다.

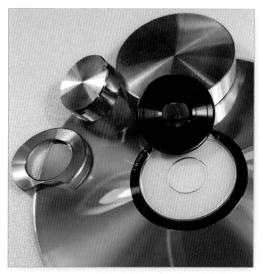

레코드판(LP)의 결을 따라 나타나는 하이라이트

디자인 포인트로 사용되는 이방성 가공

이방성 가공의 사례

● 이방성 재질 설정 항목

거칠기(Roughness) X, Y에 수치를 입력하여 결의 방향을 설정합니다. X, Y의 설정 값이 같으면 이방성 효과가 나타나지 않습니다. 반드시 한쪽 수치가 더 높아야 합니다. 명확한 이방성 효과를 구현하기 위해서는 X,Y 중 하나는 0으로 설정하고 나머지에 수치를 적용합니다. 모드는 래디얼(Radial-원형), 선형(Linear), UV(면의 방향)의 3가지가 있습니다.

확산	재질의 기본 색상입니다.
반사	반사 색상을 설정합니다.
거칠기 X	X 방향의 거칠기 강도를 설정합니다(0~1).
거칠기 Y	Y 방향의 거칠기 강도를 설정합니다(0~1).
각도	거칠기의 방향을 설정합니다.
위치 텍스쳐	위치 조절자로 텍스쳐의 위치를 설정합니다.
리셋	위치 조절자를 초기화합니다.
모드	래디얼, 선형, UV 모드를 선택합니다.
샘플	표현 정확도를 설정합니다. 낮을수록 노이즈가 발생합니다. 20 전후의 값이 적당합니다.

아래는 등방성과 이방성의 차이를 나타낸 이미지입니다. 이방성 재질은 래디얼 모드(어느 한 지점을 중심으로 퍼져 나가며 하이라이트 생성)와 선형 모드, 그리고 면의 UV 방향을 따라 하이라이트가 생성되는 3개의 모드를 지원합니다. 제품의 양산 시에는 래디얼 모드가 많이 사용됩니다.

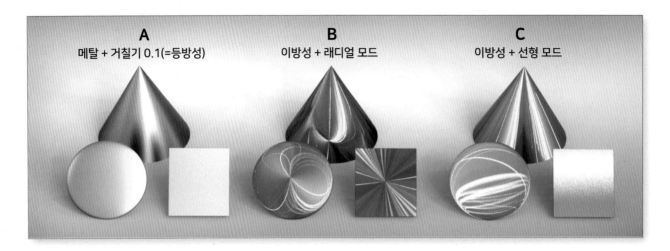

A
메탈 + 거칠기 0.1(=등방성)

B
이방성 + 래디얼 모드

C
이방성 + 선형 모드

⚠ **이방성 재질 주의 사항 1**

* 이방성 재질은 라이브러리에 미리 만들어진 샘플이 없기 때문에 **직접 설정해 주어야 합니다.**
  적용할 개체 선택 > 더블클릭 > 프로젝트 탭 > 재질 > 재질 유형에서 이방성(Anisopropic)을 선택하고 설정합니다.

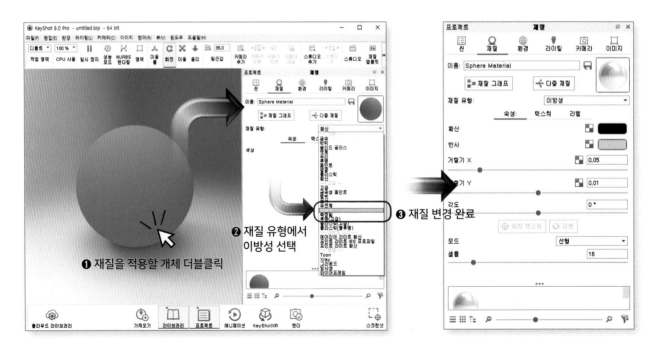

❶ 재질을 적용할 개체 더블클릭

❷ 재질 유형에서 이방성 선택

❸ 재질 변경 완료

이방성 재질은 면마다 각각 적용해야 합니다. Rhino 3D에서 모델링하는 경우, 이방성 재질을 적용할 면마다 별도의 레이어에 정리하여 키샷으로 불러들여야 각 면별로 이방성 재질 방향을 설정할 수 있습니다. 3D Max, 마야와 같은 소프트웨어에서 폴리곤으로 모델링한 경우에도 이방성으로 설정할 면마다 별도의 오브젝트로 분리하여 키샷에서 선택할 수 있도록 합니다.

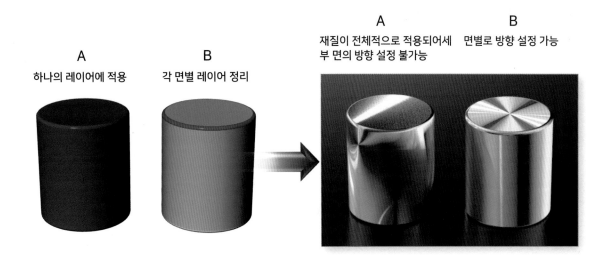

A
하나의 레이어에 적용

B
각 면별 레이어 정리

A
재질이 전체적으로 적용되어세부 면의 방향 설정 불가능

B
면별로 방향 설정 가능

이방성 재질은 기본적으로 금속의 속성과 동일하며 **금속의 거칠기 속성이 X, Y 거칠기와 방향, 모드로 세분화된 것**으로 이해할 수 있습니다. 이방성 재질은 하이라이트와 반사에서 재질특성이 드러나므로, 반사할 환경과 조명에 따라 효과가 크게 달라집니다.

금속 재질 유형의 설정 항목

이방성 재질 유형의 설정 항목

조명 상황 변화에 따른 재질 양상

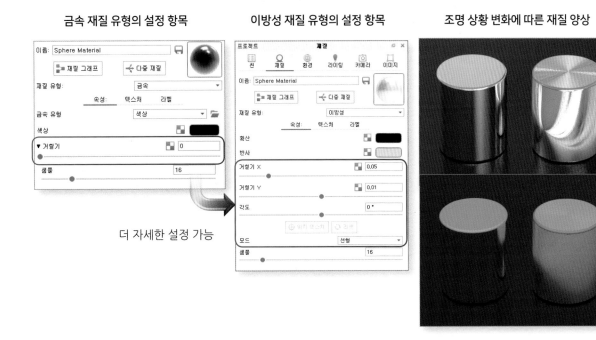

더 자세한 설정 가능

이방성 재질 모드 중 래디얼과 선형은 텍스쳐가 적용되는 기준 위치 설정이 중요합니다. 적용 조절자가 어디에 어떤 각도로 적용되는가에 따라 결과가 달라집니다.

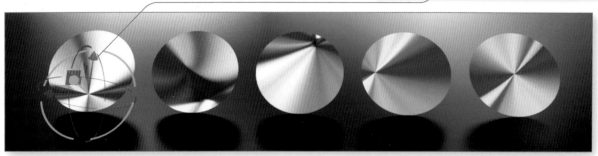

이방성 재질 모드 중 선형 모드는 곡면 모델에서 좀 더 좋은 효과를 보여 줍니다. 평면에서 이방성 재질 > 선형 모드는 효과가 거의 나타나지 않습니다.

확산 컬러와 반사 컬러의 조합을 이용하여 다채로운 색상을 구현할 수 있습니다.

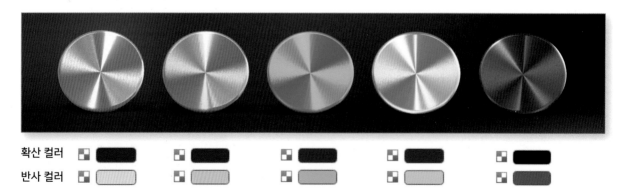

● 거칠기 비율 테스트 1

한 축은 0으로 고정, 다른 축의 거칠기 비율을 순차적으로 높인 결과입니다.
거칠기 비율이 높아질수록 이방성 반사가 더 강하게 나타납니다.

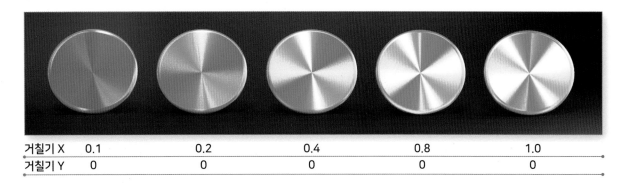

거칠기 X	0.1	0.2	0.4	0.8	1.0
거칠기 Y	0	0	0	0	0

● 거칠기 비율 테스트 2

두 축의 거칠기 비율을 같게 하면 거칠기를 설정한 것과 동일합니다(등방성).
두 축의 거칠기 비율 차이가 클수록 이방성의 효과는 커집니다.

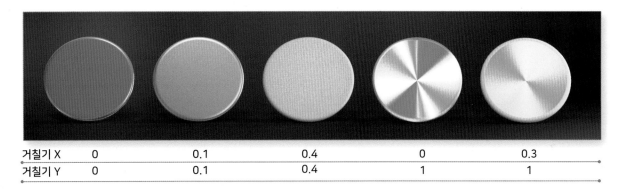

거칠기 X	0	0.1	0.4	0	0.3
거칠기 Y	0	0.1	0.4	1	1

● 샘플 수 테스트

샘플 수가 낮을수록 노이즈 입자가 보이며 수치가 높아질수록 섬세하고 부드럽게 나타납니다.
지나치게 높은 샘플 수는 렌더링 시간을 증가시킬 뿐, 큰 효과는 없습니다.

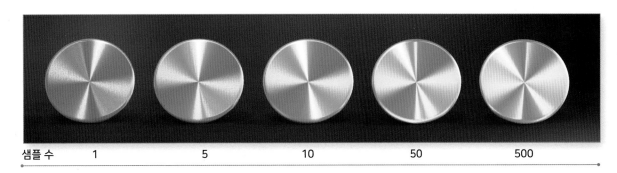

샘플 수	1	5	10	50	500

Design | Dyson Supersonic Hair Dryer

LIBRARY
Thin Film/Soap Bubble

F. 박막, 비눗방울 재질

박막_Thin Film

재질 유형 박막(Thin Film)은 육안으로는 두께의 확인이 어렵고, 주로 표면에 무지갯빛 광택이 도는 거품 비눗방울, 얇은 비닐 필름의 표현과 제품의 X-ray 효과에 사용합니다. 라이브러리의 Miscellaneous의 Lens Coated, Soap Bubble, Soap Bubble Flakes가 이 재질 유형을 사용하며, 두께를 nm(나노미터) 단위로 설정합니다.

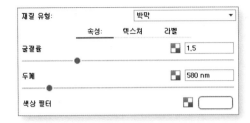

● 굴절률 테스트

박막의 굴절률은 1~10까지 설정 가능하며 굴절률이 높을수록 반사도가 증가합니다(1.1~3이 가장 효과적입니다).

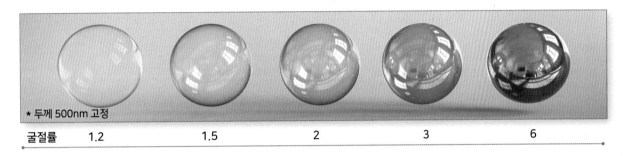

* 두께 500nm 고정

| 굴절률 | 1.2 | 1.5 | 2 | 3 | 6 |

● 두께 테스트

박막의 두께를 1~100,000nm 범위로 설정합니다. 100~1000nm 정도가 적정 범위입니다.
두께 설정에 따라 박막의 색이 달라집니다.

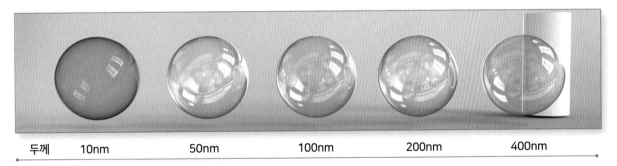

| 두께 | 10nm | 50nm | 100nm | 200nm | 400nm |

● 색상 필터 테스트

색상 필터에 컬러 값을 설정할 수 있습니다. 전체적으로 색상을 조절할 수 있지만 무지개 광채는 사라집니다.

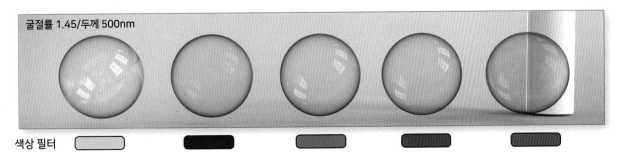

굴절률 1.45/두께 500nm

색상 필터

LIBRARY
Glass&Solid Glass&Liquid

G. 유리&솔리드 유리&액체

사실적인 유리&투명체의 렌더링 이미지를 얻기 위해서는 **두께를 고려한 모델링이 필요합니다.** 얇은 비닐은 두께를 만들지 않거나 재질 굴절을 표현하지 않는 편이 사실적이며 액체는 덩어리로 만들어야 사실적으로 보입니다. 상황에 맞는 모델링에 적합한 환경 설정과 라이팅 설정(레이 바운스의 횟수, 글로벌 일루미네이션, 커스틱스)이 더해져야 사실성이 높아집니다.

두께가 있는 경우   두께가 없는 경우

맑은 투명체는 유리, 솔리드 글라스, 액체, 유전체 재질 유형을 사용할 수 있으며 각 재질 유형은 조금씩 다른 설정으로 구성됩니다. 유리의 경우 굴절 유무를 선택할 수 있어 두께에 의한 굴절을 나타내지 않을 때나 얇은 투명체의 표현에 적합합니다. 솔리드 유리는 광학 굴절을 기본으로 거리에 따른 농도 차이와 표면 상태를 설정할 수 있으며, 액체는 용기에 담겼을 경우의 설정 옵션을 가지고 있습니다. 지금부터 각 재질 유형에 대하여 알아보겠습니다.

재질 유형 : 유리   재질 유형 : 솔리드 글라스   재질 유형 : 액체   재질 유형 : 유전체

라이브러리 유리 재질은 Basic, Frosted, Solid Glass, Textured 카테고리로 나뉘며 색상과 굴절률, 굴절 옵션으로 유리를 표현합니다. 굴절 옵션은 유리의 내부 굴절 활성화 유무입니다. 굴절 옵션은 모델링의 상황과 형상을 고려하여 선택적으로 사용합니다.

● 색상 테스트

유리의 색상을 지정하여 간단히 색유리를 만들 수 있습니다.

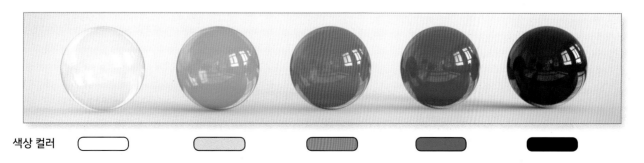

색상 컬러

다양한 색의 유리구슬 만들기

유리 재질의 가장 큰 장점은 색상에 각종 맵을 적용할 수 있다는 점입니다. 색상 옆의 사각 아이콘을 우클릭하면 텍스쳐, 애니메이션, 유틸리티가 나타납니다.

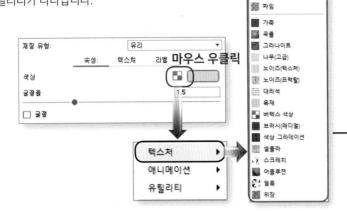

이미지 맵 사용
클릭 시 파일 탐색기가 실행됩니다.

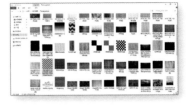

여러 가지 논리 매핑

사용한 이미지 소스

▌텍스쳐 맵 > 매핑 설정을 통한 다양화

하나의 이미지 소스로 매핑 설정의 유형과 크기, 각도 등을 변경하여 여러 가지 결과를 얻을 수 있습니다.

▌논리 매핑 > 설정을 통한 다양화

각기 다른 논리 매핑을 적용하고 크기, 각도, 색상 설정을 통해 다양한 느낌을 표현할 수 있습니다.

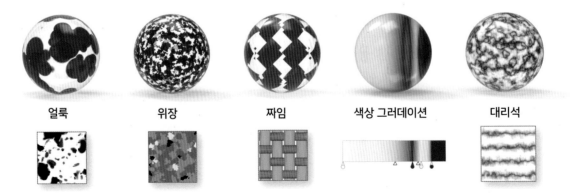

| 얼룩 | 위장 | 짜임 | 색상 그러데이션 | 대리석 |

유리구슬과 커스틱스(광학 굴절)

아래 이미지는 유리구슬(컬러 매핑 설정) + 바닥 개체 + 개체 라이팅(Point Lighting) + 카메라 심도 설정에 라이팅 설정, 그리고 커스틱스(광학 굴절)를 활성화하여 제작한 이미지입니다. 어렵지 않은 구성이고 실력 향상에 많은 도움이 되니 꼭 연습해 보세요.

장면 구성 > 지오메트리 뷰

프로젝트 탭 > 카메라 심도 설정

프로젝트 탭 > 라이팅 설정

적용 이미지 소스

● 굴절 테스트 1

모델링 시 유리의 두께를 만들지 않고 굴절 옵션을 활성화한 후, 굴절률에 변화를 준 이미지입니다. 굴절률은 1~10까지 가능하며 10은 대부분의 빛을 외부로 반사하기 때문에 거울이나 금속처럼 보입니다.

| 굴절률 1.1 | 굴절률 1.3 | 굴절률 1.5 | 굴절률 2 | 굴절률 10.0 |

● 굴절 테스트 2

모델링 시 유리의 두께를 만든 경우, 굴절률 변화에 따라 아래와 같이 나타납니다.

| 굴절률 1.1 | 굴절률 1.3 | 굴절률 1.5 | 굴절률 3 | 굴절률 6 |

● 형상에 따른 굴절률 표현

굴절 활성화/굴절률 1.5

아래는 각기 다른 형상에 투명 유리 재질을 적용하고 굴절률을 1.5로 고정한 결과입니다. 동일한 재질과 굴절률일지라도 형상에 따라 굴절 양상은 다르게 나타납니다.

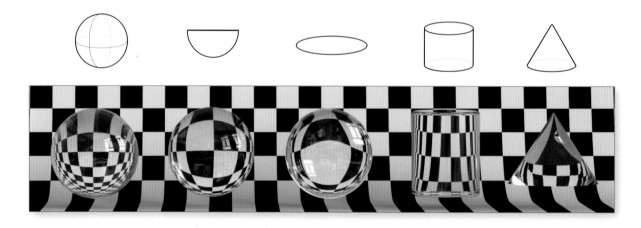

유리 > 텍스쳐 재질은 솔리드 글라스를 기본으로 2중 매핑 구조를 적용하여 Droplets(물방울), Ridges(반복 패턴), Scratched (흠집), Wavy(물결)를 표현합니다.

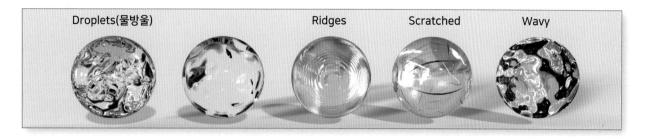

Droplets

재질의 서피스 항목에 솔리드 글라스 재질을 적용하고 범프 맵으로 얼룩을 적용한 것으로 내부의 공기 방울을 표현할 수 있습니다. 얼룩 설정으로 내부 방울의 수, 크기 등을 제어합니다.

Ridges

이 재질은 유리 내부의 굴곡을 표현합니다. 재질 그래프에 포함된 대리석 맵 설정을 통해 굴곡을 제어합니다.

Scratched

이 재질은 유리 내부의 흠집을 표현합니다. 스크래치 맵 설정으로 패턴을 제어합니다.

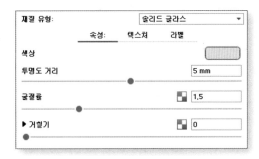

솔리드 글라스는 속이 차 있는 유리 재질로 투명도 거리, 굴절률, 거칠기의 설정이 가능합니다. 재질 유형 > 유리(Glass)와 달리 굴절 활성화 옵션이 없습니다. 즉, 광학 굴절이 기본이며 추가로 표면 거칠기 설정 항목이 있습니다.

색상 테스트

솔리드 글라스의 색상을 지정하여 간단히 색유리를 만들 수 있습니다.

투명도 거리 테스트

솔리드 글라스의 투명도 거리는 색상이 미칠 강도와 거리를 의미합니다. 값이 커질수록 색상 농도가 옅어집니다.
아래는 직경 15mm 구체에 투명도 거리를 달리한 이미지입니다.

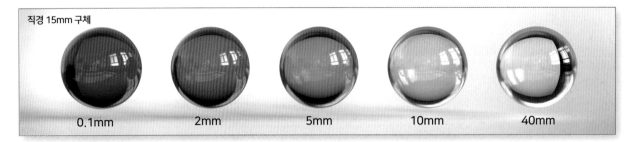

직경 15mm 구체

| 0.1mm | 2mm | 5mm | 10mm | 40mm |

거칠기 테스트

거칠기(Roughness) 값은 0.0X대의 수치로도 많은 차이이가 납니다. 0~1까지 비율로 설정합니다.

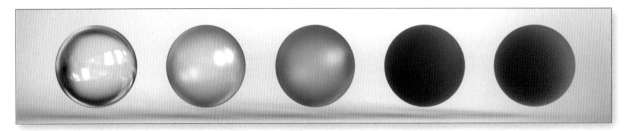

투명도 거리는 두께의 변화가 있는 덩어리에 적용될 때 명확히 나타납니다. 아래는 점차 두 꺼워지는 형상에 투명도 거리를 다르게 설정한 이미지입니다. 투명도 거리가 높아짐에 따라 얇은 부분의 투명도가 증가하는 것을 확인할 수 있습니다.

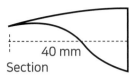

40 mm
Section

5mm   15mm   45mm

아래는 투명도 거리의 설정 색상에 따른 결과입니다. 설정 색상이 어두울수록 계조가 넓어집니다. 설정 색상이 지나치게 밝으면 형광 재질처럼 보입니다.

설정 색상

설정 색상

설정 색상   두께에 따라 표현되는 색상

설정 색상   두께에 따라 표현되는 색상

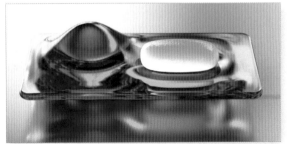

설정 색상   두께에 따라 표현되는 색상

설정 색상   두께에 따라 표현되는 색상

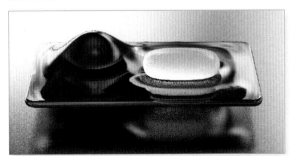

액체_Liquid

라이브러리 > Liquid 탭에 있는 액체 재질들은 유리에 굴절률이 적용된 재질 (Water, Coffee, Beer)과 반투명 재질(Milk, Orange Juice)로 구성되어 있습니다.

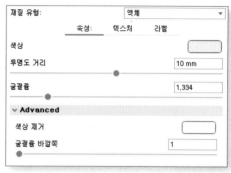

색상	액체의 색상을 설정합니다.
투명도 거리	거리에 따른 색상의 농도와 투명도를 설정합니다.
Advanced	용기에 담긴 액체의 표현 특성을 설정합니다.

● **라이브러리 > Liquid 재질**

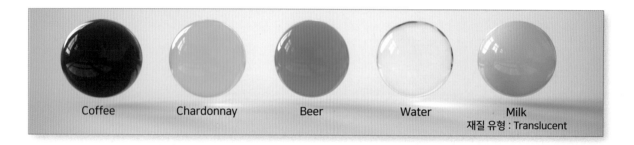

| Coffee | Chardonnay | Beer | Water | Milk |

재질 유형 : Translucent

● **Advanced-색상 제거_Color Out** > Transmission Out

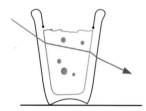

이 기능은 유리컵 내부에 담긴 액체의 색상이 유리를 투과하여 외부로 드러나는 색을 정의하는 것으로, **투명체 내에 액체가 담겨 있거나 덩어리들이 겹쳐 있어야 제대로 작동합니다.** 아래는 내부에 Liquid > 맥주(Beer) 재질을 설정하고 Color Out 색을 달리 설정한 결과입니다. 맥주의 색에 Color Out으로 지정한 색상이 블랜딩되며 하이라이트 등에도 영향을 미치는 것을 확인할 수 있습니다.

색상
색상 제거
Color Out

2개의 면을 겹치거나 아래처럼 두께를 만들고 액체 재질을 적용하면 두께가 보이거나 왜곡이 발생합니다. 이때 안쪽과 바깥쪽 굴절률을 조절하여 적정 수치를 적용하면 한쪽 면이 보이지 않게 되어 두께가 없는 것처럼 보입니다.

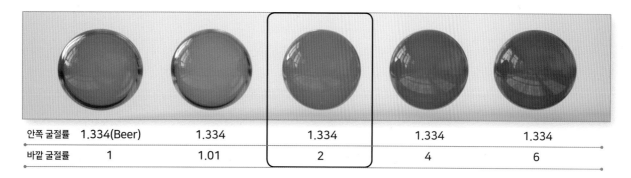

안쪽 굴절률	1.334(Beer)	1.334	1.334	1.334	1.334
바깥 굴절률	1	1.01	2	4	6

또한 안쪽/바깥쪽 굴절률은 외부 매질의 굴절률과 상관되어 작동합니다. 아래는 유리컵 굴절률을 1.5로 고정하고 내부 매질의 안쪽/바깥쪽 굴절률을 변화시킨 이미지입니다. 자연스럽게 보이는 적정 수치를 찾는 것이 중요합니다.

안쪽 굴절률	1.1	1.01	1.5	1.4	4
바깥 굴절률	1	1.01	1	1	1

사실적인 재질의 표현

액체는 물리적으로 정확한 재질 설정만으로는 실제와 같은 느낌을 얻기 어렵습니다. 거품, 유리컵에 맺힌 물방울, 끓는물 등 일상에서 접하는 섬세한 디테일을 찾아서 표현해야 사실적인 느낌에 가깝게 보일 수 있습니다.
또한 렌더링 설정만으로는 액체의 여러 상황에 100% 대응할 수 없습니다. 그래서 음료수, 우유 광고와 같이 액체의 양태적 표현을 위해서는 파티클, 유체 모델링 프로그램을 이용합니다.

유체 시뮬레이션&모델링 프로그램 : Realflow

LIBRARY
Dielectric

H. 유전체

유전체_Dielectric

키샷 재질 유형 유전체(Dielectric)는 **투명체에 대한 좀더 세분화된 설정 옵션을 가진 재질입니다.**
투명체의 기본 설정에 더해서 보석(Gem) 재질에만 있는 아베수 설정과 액체(Liquid) 재질에 있는 Transmission Out(밖으로 전송),
거칠기 변환 설정 등을 포함하고 있습니다. 이 재질은 특히 아래와 같은 상황에 유용합니다.

● 유전체를 사용하는 경우

1. 외부는 광택이며 내부는 반투명 or 노이즈가 있는 투명체의 표현 > 거칠기 변환 설정
2. 투명체의 겹친 부분 색을 달리 해야 하는 경우 > 밖으로 전송 설정
3. 높은 레이 바운스를 사용하면서 복잡한 투명 굴절을 자연스럽게 처리해야 하는 경우 > 거칠기 변환 설정
4. 외부와 내부의 굴절률이 다른 경우 > 전송, 외부 전송 굴절률 설정

 유전체의 세부 항목은 솔리드 글라스/보석 재질 유형의 옵션과 동일합니다.
거칠기와 거칠기 변환의 차이, 아베수 특성을 중점적으로 설명합니다.

● 유전체 설정 항목

전송 Transmission	투명체의 색과 색의 적용 범위, 굴절률로 솔리드 글라스의 설정 옵션과 동일합니다.	
투명도 거리 Transmission Distance		
굴절률 Refractive Index		
밖으로 전송(외부 전송) Transmission Out	면이 겹쳐 있을 경우 겹친 면의 색과 굴절률을 설정합니다.	
굴절률 바깥쪽 Refractive Index Outside		
거칠기 Roughness	표면의 거친 상태를 설정합니다.	
아베수 Abbe Number (Dispersion)	투명체의 무지개 광학 효과를 구현합니다.	
분산 샘플 Dispersion Smaples	광학 효과의 노이즈를 제어합니다.	
거칠기 변환	유전체 내부의 거칠기를 설정합니다.	

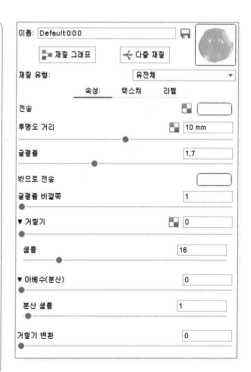

전송 컬러는 투명체의 기본 색을 정의합니다.

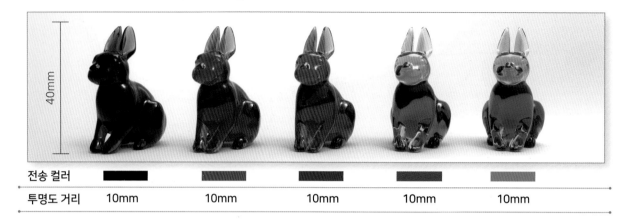

전송 컬러				
투명도 거리 10mm	10mm	10mm	10mm	10mm

● 투명도 거리 테스트

전송 컬러의 농도를 설정합니다. 투명도 거리가 길수록 색이 옅어집니다.　　전송 컬러

투명도 거리 0.1mm	10mm	50mm	100mm	300mm

● 굴절률 테스트

재질의 굴절률을 설정합니다. 높을수록 외부 반사도가 높아집니다.　　전송 컬러 　투명도 거리 10mm

굴절률 1.01	1.25	1.5	3	6

● 투명체의 비사실적 굴절

맑고 투명한 재질은 굴절률 설정에 따라 주변의 환경을 굴절시켜 개체 내부에 표현합니다. 빛의 추적 횟수(Ray Bounces)가 많아질 수록 굴절은 매우 복잡한 양상으로 나타나며, 이는 투명체를 비사실적으로 보이게 하는 요인이 됩니다.

투명 유리 재질 + Ray bounce : 12   투명 유리 재질 + Ray bounce : 40

● 거칠기 변환 VS 거칠기

거칠기 변환은 외부의 광택을 유지한 채(거칠기 수치 0) 내부에 거칠기 효과를 표현하는 기능으로, 반투명한 유리의 표면에 광을 낸 상태와 비슷하게 나타납니다. 이 기능은 여러 개의 투명체가 겹친 장면처럼 높은 Ray Bounces 설정이 필요할 경우 미묘한 거칠기 변환 설정(0.0X~)을 통해 복잡한 굴절을 부드럽게 만드는 용도로 사용할 수 있습니다(거칠기 변환 수치를 높이면 투명도가 점차 낮 아지며, 거칠기는 표면 상태를 설정하는 기능으로 표면의 광택이 함께 영향을 받습니다).

거칠기 변환 Roughness Transmission	VS	거칠기 Roughness
거칠기 변환 = 0.02, 거칠기 = 0		거칠기 변환 = 0, 거칠기 = 0.02
광택은 유지한 채 내부 굴절이 산란됩니다.		표면의 광택까지 부드러워집니다.

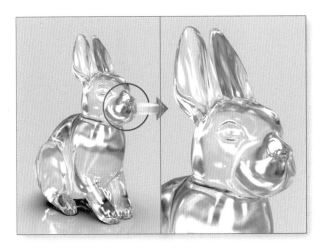 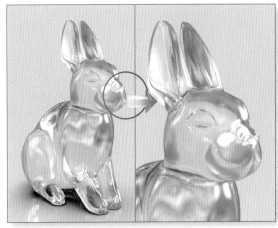

아래는 거칠기 변환 수치에 따른 결과입니다. 0~1까지 설정 가능합니다. 완전한 투명체라도 거칠기 변환 수치가 1에 가까워질수록 불투명도가 증가합니다(표면 광택은 유지됩니다).

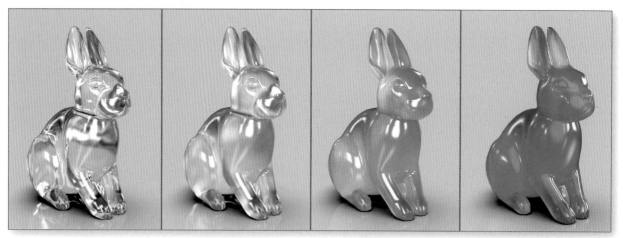

| 거칠기 변환 : 0.02 | 거칠기 변환 : 0.1 | 거칠기 변환 : 0.5 | 거칠기 변환 : 1.0 |

유전체의 밖으로 전송(외부 전송)은 투명체가 겹쳤을 때의 색을 설정하는 기능입니다. 아래 테스트는 별 모양의 솔리드 글라스 바디에 유전체를 겹치고 전송 컬러와 밖으로 전송 컬러를 설정한 결과입니다. 겹치는 재질은 같은 재질로 설정하였습니다.

A > 솔리드 글라스에 솔리드 글라스를 겹친 상황 = 겹치는 부분이 유리의 색으로 나타납니다.

B, C > 솔리드 글라스에 유전체를 겹친 상황 = 전송 컬러가 겹치는 부분의 색으로 나타납니다.

D > 전송 컬러가 화이트이고 외부 전송 컬러를 설정한 경우입니다.

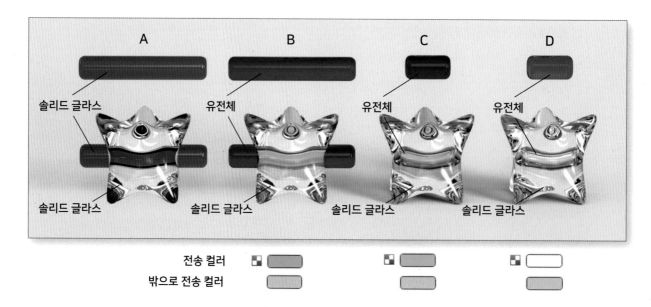

아베수는 0~1000까지 설정 가능하며 0~2 사이에서 가장 강하게 나타납니다. 아베수와 투명도는 반비례합니다. 아베수가 높을수록
투명해지고 무지개 효과는 약해집니다.

| 아베수 | 0 | 0.1 | 0.5 | 1 | 5 |

하단의 이미지는 동일한 옵션으로 설정하고 우측 2개의 개체에 각 0.001의 거칠기 및 거칠기 변환 값을 설정하였습니다.
거칠기 변환 값이 매우 낮은 수치임에도 불구하고 아베수의 효과가 사라집니다.

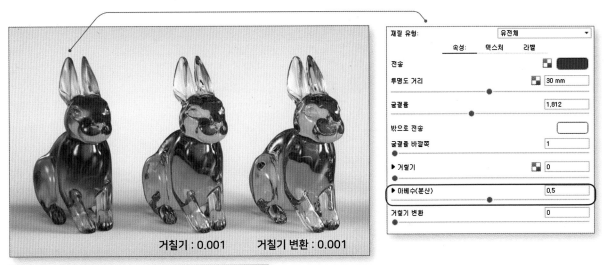

거칠기 : 0.001   거칠기 변환 : 0.001

재질 유형:	유전체 ▼
속성	텍스처 라벨
전송	
투명도 거리	30 mm
굴절률	1,812
빛으로 전송	
굴절률 바깥쪽	1
▶ 거칠기	0
▶ 아베수(분산)	0,5
거칠기 변환	0

* 이러한 특성은 보석(Gem)에서도 동일하게 나타납니다. 좌측은
  아베수 설정에 의해 무지갯빛 광학 효과가 보이고 오른쪽은 거
  칠기를 0.001으로 설정한 결과로 무지갯빛 광학 효과가 사라
  졌습니다.

LIBRARY
Jewel

I. 보석 재질

보석_Gem

라이브러리의 Gem 카테고리에는 다이아몬드, 크리스탈, 사파이어 등 각종 보석 재질이 모여 있습니다. 보석 재질은 유리/솔리드 글라스와 달리 아베수(분산) 설정 항목이 있으며, 실제 보석과 같이 커팅한 모델링에 적용하여야 좋은 결과를 얻을 수 있습니다.

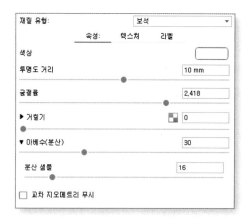

• 보석 커팅 모델링

Gem Stone ... Gem Stone ... Gem Stone ... Gem Stone ... Gem Stone ... Gem Stone ... Gem Stone ... Gem Stone ... Gem Stone ... Gem Stone ... Gem Stone ... Gem Stone ...

● 재질 적용 유의 사항 1

보석 재질의 사실적인 표현을 위해서는 별도의 라이팅 설정이 필요합니다. 프로젝트 > 라이팅 프리셋 > 보석류를 선택하면 빛과 관련된 모든 설정이 활성화되며 보석류 렌더링에 최적화된 설정으로 맞춰집니다. 보석류 세팅으로 진행 시 렌더링에 더 많은 시간이 소요되니 유의하세요.

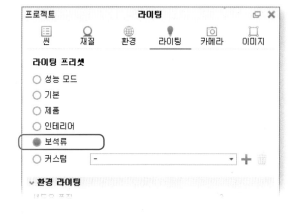

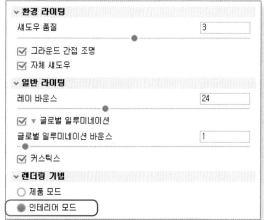

 커스틱스(빛의 굴절 산란) 효과는 인테리어 모드로 진행해야 선명하게 나타납니다.

보석 재질은 모델링 시 굴절률을 반영한 각도로 면을 깎아야 보석 재질의 화려한 특성이 나타납니다. 아래는 모두 다이아몬드 재질을 적용한 결과로, **육면체와 구에 적용된 다이아몬드 재질은 굴절률이 높은 유리와 별반 차이를 보이지 않습니다.**

● 굴절률 테스트

라이브러리의 보석 재질은 보석의 종류에 따라 고유의 굴절률이 설정되어 있습니다. 물리적으로 정확한 설정이지만 장면 구성 상황에 따라서 설정 값을 조절하여 사용합니다.

	Smokey Quartz	Topaz	Tourmaline	Sapphire	Emerald
굴절률	1.545	1.61	1.625	1.75	1.58

아래는 차례로 크리스탈, 다이아몬드, 유리, 굴절률을 높인 유리, 굴절률을 낮춘 다이아몬드 입니다. 굴절률을 높인 유리와 다이아몬드의 차이를 렌더링에서 구별해 내기란 불가능합니다. 3D 렌더링 표현 시에는 항상 적정 값을 찾는 것이 중요합니다.

	크리스탈	다이아몬드	솔리드 글라스(유리)	굴절률을 높인 유리	굴절률을 낮춘 다이아몬드
	IOR 1.8	IOR 2.418	IOR 1.5	IOR 2.5	IOR 1.15

투명도 거리 테스트

투명도 거리(Color Density)는 거리에 따라 나타나는 색상의 농도입니다. 거리가 짧을수록 어둡게 나타납니다.

| 투명도 거리 | 1mm | 5mm | 10mm | 50mm | 300mm |

아베수(Abbe Number, Dispersion)

아베수는 빛의 분산에 관한 성질을 규정한 양입니다. 독일의 광학자 Ernst Abbe가 발표한 학설로 광학 렌즈에서 아베수가 크면 색 분산이 적게 일어나고, 반대로 아베수가 작으면 색 분산이 증가합니다. 색 분산은 보석에서 보이는 무지갯빛 광채로 나타나며, 아베수와 굴절률은 보통 반비례합니다(0~1000까지 설정 가능).

| 아베수(분산) | 1 | 2 | 5 | 10 | 100 |

분산 샘플 테스트

아베수의 연산 시 빛의 입자 수(샘플)를 설정합니다. 샘플이 적을수록 거친 노이즈 효과가 나타나며, 1~1000까지 설정 가능합니다. 보통 10~50 사이로 설정하며 그보다 높은 수는 렌더링 시간만 증가시킬 뿐 결과물의 큰 차이는 없습니다. 아래는 아베수를 5로 고정하고 분산 샘플의 수를 달리한 이미지입니다.

| 분산 샘플 | 0 | 2 | 10 | 100 | 1,000 |

노이즈(Noise)

LIBRARY
Translucent

J. 투명(Sub Surface Scattering)

투명_Translucent

재질 유형이 투명으로 번역되어 있지만, 유리와 같은 맑은 투명이 아니라 매질 속으로 들어간 빛이 난반사를 일으키는 투명 재질을 의미합니다. 종이, 사람의 피부, 우유, 왁스, 실리콘 등이 대표적입니다. 이 재질은 빛을 받는 표면보다 빛이 산란되어 나오는 뒤편이나 어두운 영역에서 재질의 특성이 드러납니다. **이와 같은 빛의 산란 효과를 SSS(Sub Surface Scattering)-하위 서피스 산란이라 부릅니다.**

● Translucent 재질의 예

순광을 받는 사람의 피부에서는 투명도를 느끼기 어렵지만, 강한 빛을 역광으로 받으면 피부의 투명도를 확인할 수 있습니다. 우측 사진 손가락 사이의 붉은 빛은 피부의 얇은 부분을 빛이 투과하여 반대편에 나타난 것입니다.

● Translucent 재질 설정 항목

서피스	재질의 색상으로 하위 서피스의 색보다 어두워야 하며 블랙이 되면 재질의 효과가 나타나지 않습니다.
하위 서피스	재질 내에서 산란되는 빛의 색으로, 서피스 색상보다 밝게 설정해야 정상적으로 효과가 나타납니다.
투명도(거리)	빛이 재질을 투과하는 거리로, 1~1000mm(단위 유닛)로 설정합니다. 수치가 낮을수록 투명도가 낮게 보입니다.
텍스쳐	서피스에 컬러, 이미지 등 다양한 맵을 적용하여 서피스의 컬러와 블랜딩합니다. 블랙 설정 시 재질 효과가 나타나지 않습니다.
반사	스펙큘러 반사에 컬러, 이미지 등 다양한 맵을 적용합니다.
거칠기	표면의 거칠기(Roughness)를 설정합니다.
고급 ┬ 굴절률	빛의 굴절률(IOR)을 설정합니다.
└ 샘플	빛의 입자 수로, 낮을수록 노이즈가 증가하며 높을수록 매끄러워집니다. 투명 재질의 경우 24~32로 설정합니다.

※ 서페이스는 서피스(Surface)의 잘못된 표기입니다.

빛을 받을 때 나타나는 재질의 기본 색상입니다. 아래는 하위 서피스 컬러를 오렌지 컬러로 고정하고 서피스 컬러를 다르게 설정한 결과입니다. 서피스 컬러가 블랙인 경우 난반사 투과 효과가 나타나지 않습니다.

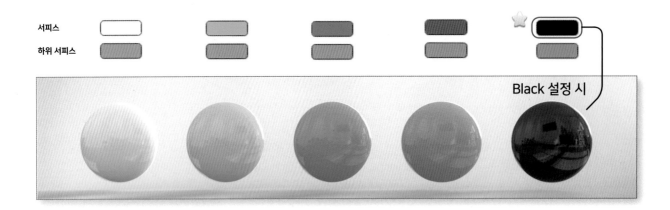

서피스

하위 서피스

Black 설정 시

● 하위 서피스 컬러 테스트

서피스 컬러를 70% 회색으로 두고, 하위 서피스 컬러를 여러 가지로 변경한 결과입니다. 하위 서피스 컬러는 밝음에서 어둠으로 넘어가는 경계에서 설정한 색상이 도드라지게 나타나며, 투명도(거리)를 물체의 거리보다 극단적으로 높게(1000단위) 설정하면 하위 서피스 컬러의 보색이 빛을 받는 전면에 나타납니다.

서피스

하위 서피스

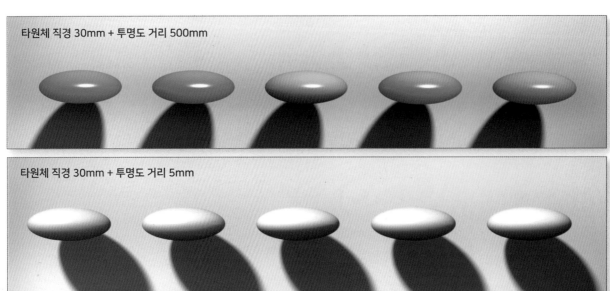

타원체 직경 30mm + 투명도 거리 500mm

타원체 직경 30mm + 투명도 거리 5mm

투명도 거리는 빛이 재질을 투과하는 거리를 설정하는 기능입니다만, 설정 값을 아무리 높여도 유리처럼 투명해지지는 않습니다. 투명도 거리 값이 높아질수록 하위 서피스의 산란이 많아져 어두운 영역이 밝아지며 하위 서피스 색상이 나타납니다. 1~1000단위까지 설정 가능합니다.

Top Section

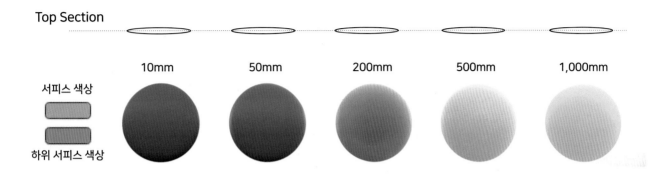

| | 10mm | 50mm | 200mm | 500mm | 1,000mm |

서피스 색상

하위 서피스 색상

투명도 거리가 높아질수록 빛이 재질을 투과하는 거리가 길어집니다. 아래는 투명도 거리에 따른 재질의 변화입니다. 위의 이미지는 역광, 아래는 순광으로 이 재질은 역광에서 재질의 특성이 확연히 드러납니다.

투명도 거리   50mm   100mm   200mm   550mm

앞서 하위 서피스 컬러 테스트에서 본 것과 같이 서피스에 무채색(회색) + 하위 서피스에 유색 컬러를 설정하면 투명도의 거리에 따라 설정 컬러의 보색이 전면으로 드러납니다. **투명 재질은 아래의 C 설정과 같이 서피스 컬러와 하위 서피스 컬러를 유사색으로 설정하되, 서피스 컬러를 하위 서피스 컬러보다 밝게 설정할 때 가장 자연스러운 결과를 보여 줍니다.**

| 투명도 거리 | 100mm | 200mm | 400mm | 700mm | 1,000mm |

| 투명도 거리 | 100mm | 200mm | 400mm | 700mm | 1,000mm |

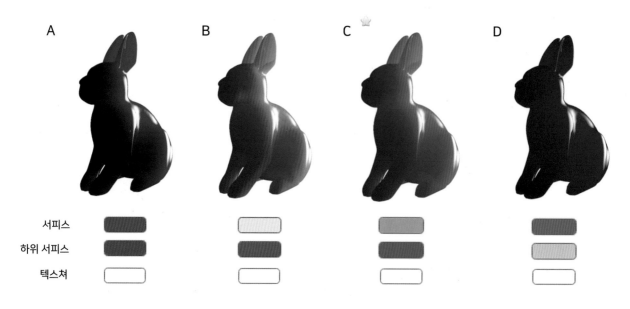

| A | B | C | D |

| 서피스 | 하위 서피스 | 텍스쳐 |

투명 재질의 서피스와 하위 서피스는 각각 빛을 받을 때의 색상, 투과된 빛의 색상 설정만 가능할 뿐 별도의 텍스쳐를 적용할 수 없습니다. 그러나 텍스쳐 항목에 별도의 텍스쳐를 적용하여 이 문제를 해결할 수 있습니다. 텍스쳐와 서피스 컬러, 하위 서피스 설정 사이의 관계에 대한 이해가 필요합니다.

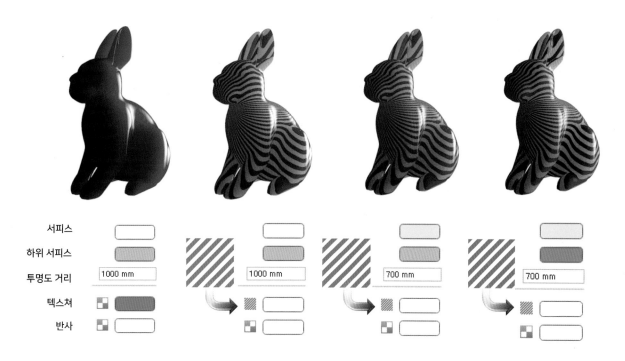

하이라이트는 빛의 색과 주변 상황에 의존하지만 재질의 반사 설정을 통해 별도로 제어할 수 있습니다. 즉, 반사 컬러의 설정을 통해 빛과 주변 환경에 관계없는 별도의 하이라이트를 만들 수 있습니다. 잘못 사용하면 배경과의 이질감이 두드러질 수 있습니다.

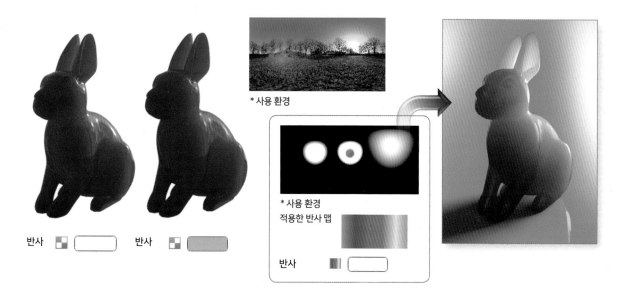

앞서 살펴본 다른 재질들의 거칠기 설정과 같이, 재질 표면의 하이라이트를 거칠기 설정에 따라 분산시켜 부드럽게 보이게 합니다.

서피스	
하위 서피스	
투명도 거리	900 mm

| 거칠기 | 0 | 0.2 | 0.4 | 0.6 | 1 |

재질의 굴절률이 높아질수록 왜곡이 심해지고, 동시에 외부 반사도가 높아집니다. 즉, 굴절률이 높아질수록 재질 고유의 특성을 잃게 됩니다.

투명의 경우 **특정 굴절률에서 하위 서피스의 보색이 전면으로 드러나며, 굴절률이 더 높아지면 주변 환경을 완전히 반사하는 금속처럼 나타납니다.** 재질 설정 시에는 언제나 적정 값을 찾는 것이 중요합니다.

서피스	
하위 서피스	
투명도 거리	900 mm

| 굴절률 | 1.1 | 2 | 3 | 4 | 5 |

라이브러리의 Translucent 재질

라이브러리의 Translucent에는 왁스와 사람의 피부 질감의 재질이 준비되어 있습니다. 아래는 20mm 구체에 라이브러리의 Translucent 재질을 적용한 후 투명도 거리를 높인(500mm) 결과입니다.

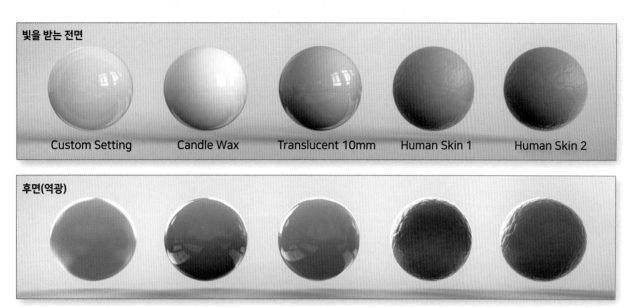

투명 재질 사용 시 유의 사항

투명도 거리는 1~1000mm(단위 유닛)까지 설정이 가능하며 초기 설정된 유닛 단위에 따라 자동으로 단위가 설정됩니다. 실제 치수로 적용하는 항목의 경우, 작업 도중 씬 단위를 바꾸면 매핑과 투명도 거리의 표현에 문제가 발생할 수 있습니다. 씬 단위 설정 변경 시에는 팝업 창에서 '씬 크기 유지' 옵션을 선택합니다(씬 확장 선택 시에는 재질에 설정된 투명도, 라이트의 강도 등을 재설정해야 합니다).

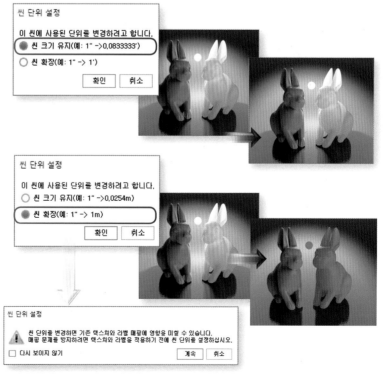

LIBRARY
Translucent(Advanced)

K. 투명(고급)

투명(고급)_Translucent(Advanced)

투명(고급) 재질은 서피스와 하위 서피스, 투명도에 각종 텍스쳐의 추가 적용이 가능해 다양한 표현이 가능합니다. 그 외의 설정은 투명 (Translucent)과 동일합니다.

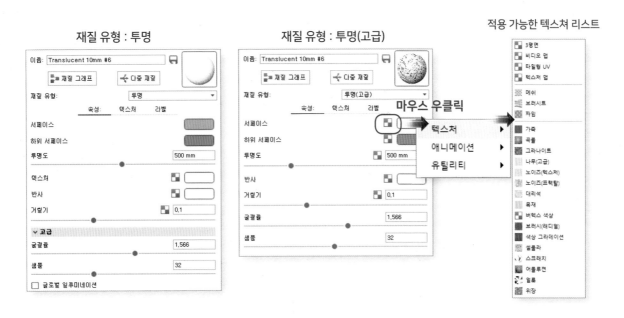

투명(고급) 재질을 적용한 막대 사탕입니다. 투명 재질은 매질의 내부로 들어온 빛의 산란 효과를 구현하기 때문에 개체에 드리워진 어둠의 영역이 밝아집니다. 아래는 서피스에 컬러 맵과 범프 맵, 반사 맵을 적용하여 여러 가지 사탕을 표현한 사례입니다. 사탕, 비누, 사람의 피부, 우유, 플라스틱 등 일상의 수많은 재질이 빛을 투과 및 산란하는 속성을 가지기 때문에 재질 유형 투명은 활용도가 높습니다.

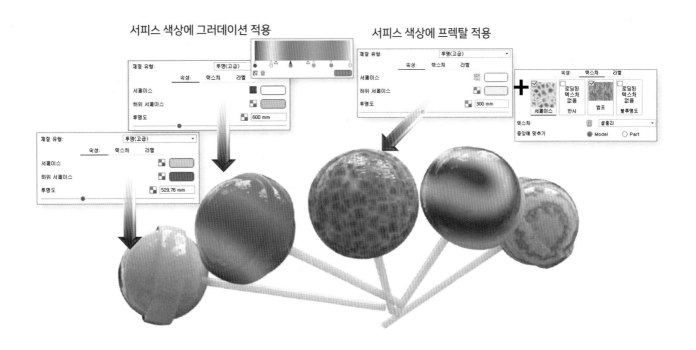

LIBRARY
Paint

L. 페인트 재질

페인트_Paint

페인트는 산업 모든 분야에서 광범위하게 사용되는 마감재로 표면의 광택도, 입자의 크기, 특이한 질감 등 설정에 따라 수많은 느낌을 표현할 수 있습니다. 페인트 카테고리에 Metalic, Rough, Shiny, Textured의 4가지 종류가 준비되어 있으며, 페인트와 금속성(메탈릭) 페인트 재질 유형을 기초로 합니다.

Metalic ┬ Candy Coat
          │ Classic
Rough   │ Standard
          └ Traditional
Shiny

Textured

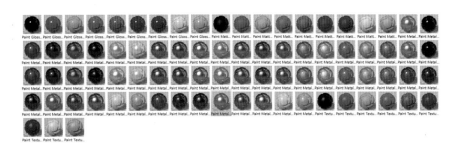

광택 페인트_Shiny Paint

Paint > Shiny 재질은 색상, 거칠기, 굴절률의 간단한 설정으로 이루어져있습니다.

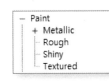

* 프로젝트 탭 > 재질 유형

Paint > Shiny&Rough

광택 플라스틱 재질입니다. 거칠기 수치를 0으로 설정하면 스펙큘러 반사(정반사)가 선명하게 나타납니다.

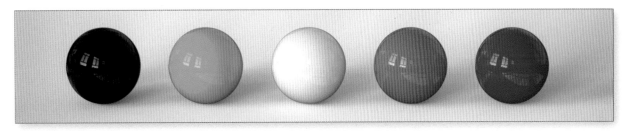

거칠기 수치를 0.2로 설정한 결과입니다. 스펙큘러 반사가 흐려지며 디퓨즈(확산)반사만 나타납니다.

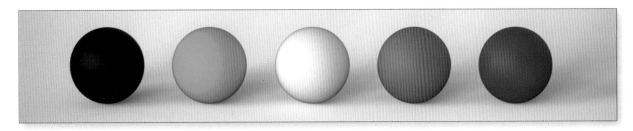

금속성 페인트_Metalic Paint(고급)

금속 입자감이 있는 페인트 재질입니다. 베이스 색상으로 전체 톤을 설정하고 금속 색상으로 밝은 영역과 반사에 나타나는 금속의 색상을 결정합니다. 금속의 범위로 얼마나 금속 느낌을 강하게 할지 조절하고 금속의 거칠기로 금속의 입자감을 제어합니다. 간단하지만 매우 효과적인 재질입니다.

● 베이스 색상 테스트

금속 색상을 화이트로 설정하고 베이스 색상을 변화시킨 이미지입니다.

● 금속 색상 테스트 1

베이스 색상을 짙은 회색으로 설정하고 여러 가지 금속 색상을 적용한 결과입니다. 밝은 영역과 반사에 금속 색상이 블랜딩되며 나타납니다.

● 금속 색상 테스트 2

베이스 색상과 금속 색상의 컬러 차이를 통해 독특한 느낌을 구현할 수 있습니다. 톤앤톤(Tone&Tone)과 컬러 조합을 통해 다채로운 느낌을 표현할 수 있습니다.

금속 범위 수치를 증가시킨 결과입니다. 0~1까지 설정할 수 있습니다.

| 금속 범위 | 0 | 0.2 | 0.5 | 0.8 | 1 |

금속 거칠기를 증가시킨 결과입니다. 0~1까지 설정할 수 있습니다.

| 금속 거칠기 | 0 | 0.2 | 0.4 | 0.6 | 1 |

금속 거칠기는 옵션으로 금속 조각 크기, 가시성, 샘플 항목을 포함하고 있습니다. 아래는 금속 조각 가시성을 0.8로 고정하고 금속 조각의 크기를 순차적으로 증가시킨 결과입니다. 0~100,000까지 설정할 수 있으며 너무 높은 수치 적용 시에는 사각 픽셀이 보이게 됩니다.

* 금속 조각 크기를 0으로 설정해도 기본 금속 느낌은 유지됩니다.
* 금속 조각 크기를 높이고 가시성을 낮추면 픽셀 입자가 드러납니다.

재질 유형:	금속성 페인트 ▼
속성: 텍스처 라벨	
베이스 색상	
금속 색상	
금속 범위	0.5
▼ 금속 거칠기	0.15
금속 조각 크기	0
금속 조각 가시성	0.8
샘플	16

금속 조각 가시성

가시성 1   가시성 0.5

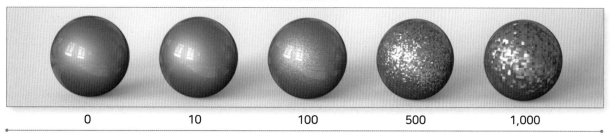

| 0 | 10 | 100 | 500 | 1,000 |

● 투명 코팅(Clear Coat) 기능

자동차의 표면 페인트 도료는 1겹이 아니라 나노미터(nm) 두께의 여러 층으로 되어 있습니다. 표면에 처음 도포되는 페인트를 베이스(하도)라 하며 보통 철판과 페인트가 잘 붙도록 하는 역할을 합니다. 그 위에 메탈 입자가 섞인 도료를 뿌리고 추가로 투명 막을 한 번 더 씌우는데, 이를 투명 코팅(Clear Coat)이라 합니다. 이렇게 여러 겹의 페인트 레이어를 만드는 이유는 메탈릭 메인트의 금속 입자감을 유지하면서 표면에 매끄러운 하이라이트와 리플렉션을 형성하기 위해서입니다. 아래의 이미지는 투명 코팅(Clear Coat) 적용에 따른 재질 차이를 보여 줍니다.

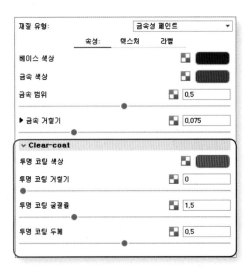

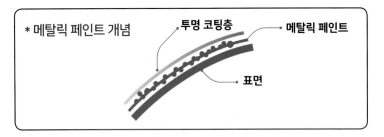

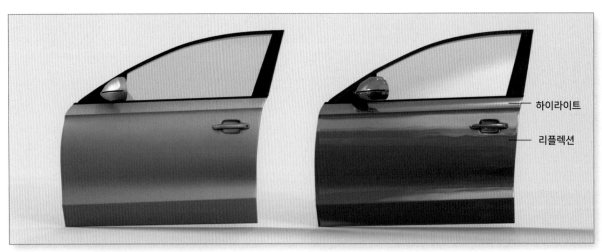

입자감이 있는 페인트 재질   메탈릭 페인트 + 투명 코팅(Clear Coat) 설정

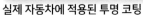

실제 자동차에 적용된 투명 코팅

● 투명 코팅 색상 테스트

베이스와 금속 색상을 모두 회색으로 설정하고 투명 코팅 색상을 변경한 이미지입니다.
투명 코팅 색상이 아래의 색상과 블랜딩됩니다.

베이스 색상
금속 색상

● 투명 코팅 굴절률 테스트

1.000~5까지 설정 가능하며 굴절률이 5가 되면 거울과 같이 빛을 반사하여 베이스 컬러의 설정이 무의미해집니다. 투명 코팅의 적정
굴절률인 1.1~2로 설정 시 하부의 메탈 컬러가 은은하게 보이며 투명 코팅 효과가 함께 나타납니다.

● 투명 코팅 두께 테스트

투명 코팅의 두께는 0~1,000,000까지 설정 가능하지만 30 이상의 설정은 시각상 큰 변화가 없습니다. 현재 설정된 투명 코팅 색상은
미색의 연두빛이지만 코팅의 두께를 증가시킬수록 색이 크게 변화하였습니다.

투명 코팅 색상

투명 코팅 두께 변화

우측 이미지는 색상 값을 가지는 투명 코팅
의 두께를 증가시킨 경우 명도, 채도, 컬러
의 변화 방향을 나타낸 것입니다.
두께가 높아질수록 명도가 낮아지며 색상
톤이 변합니다.

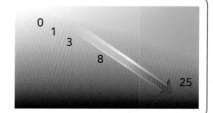

투명 코팅 두께 0   1   3   8   25

LIBRARY
Plastic

M. 플라스틱 재질

플라스틱_Plastic

⭐ 라이브러리의 다양한 플라스틱

플라스틱은 제품 디자인에 많이 사용되는 재질인만큼, 키샷의 재질 라이브러리에도 다양한 유형으로 정리되어 있습니다. 옵티컬과 러버, 콤포지트를 제외한 플라스틱 유형은 러프, 샤이니, 텍스쳐드의 세부 카테고리를 가지고 있습니다. 플라스틱의 재질 특성에 따라 다양한 재질 유형이 적용되어 있습니다.

● 재질 라이브러리의 플라스틱

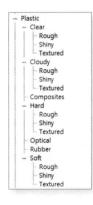

· Clear	투명 플라스틱	────────	재질 유형 : 플라스틱(고급)
· Cloudy	반투명 플라스틱	────────	재질 유형 : 플라스틱(불투명)
			* Plastic(Transparent)
· Composites	탄소 섬유 매핑이 적용된 플라스틱(복합 매핑)		
· Hard	단단한 플라스틱		재질 유형 : 플라스틱
· Rubber	고무		
· Optical	광학 플라스틱(투명)	────────	재질 유형 : 유전체 * Dielectric
· Soft	반투명 플라스틱	────────	재질 유형 : 투명 * Translucent

● 플라스틱별 재질 유형

Plastic > Clear

Plastic > Soft

* Translucent

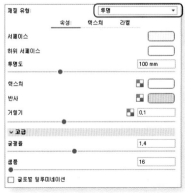

Plastic > Cloudy

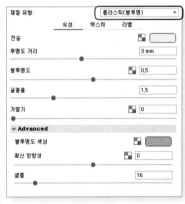

Hard/Rubber/Composites

Plastic > Optical

* Dielectric

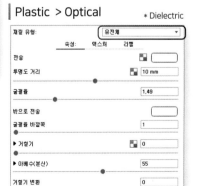

하드 플라스틱/고무/구성체 3가지는 **재질 유형 : 플라스틱**으로, 비교적 간단한 설정으로 이루어져 있습니다.

확산 Diffuse	난반사의 색, 표면 재질의 색입니다.	
반사 Specular	정반사 정도를 설정합니다. 화이트는 반사율이 100% 이고 어두워질수록 반사도가 약해집니다.	
거칠기 Roughness	표면의 거칠기를 설정합니다(0~1).	
굴절률 Refractive Index	재질의 굴절률을 설정합니다.	

반사 테스트

반사(Specular Reflection)의 강도는 명도로 조절합니다. 반사에 컬러를 설정하면 반사에 색상이 반영됩니다.

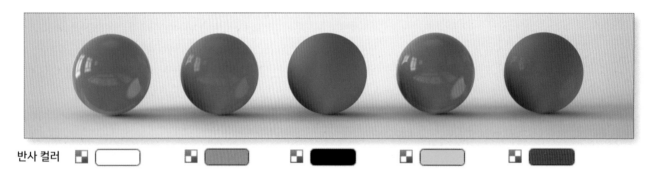

반사 컬러

반사 VS 거칠기 테스트

거칠기 없이 정반사가 0(블랙)인 상태와 반사가 100%에 거칠기가 0인 상태는 구분이 불가능합니다.

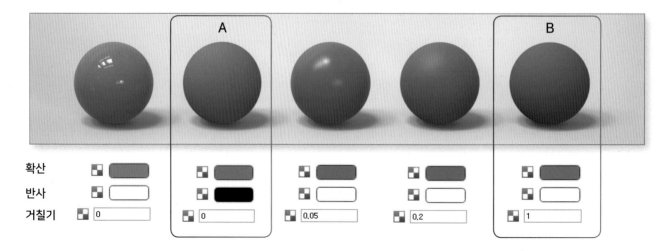

		A			B
확산					
반사					
거칠기	0	0	0,05	0,2	1

플라스틱(고급)-Plastic(Advanced)

재질 유형 : 플라스틱 고급은 기본 플라스틱 재질에 확산 투과와 반사 전송 설정이 추가된 것으로, 라이브러리의 플라스틱 > 클리어 계열이 이에 해당합니다. 설정을 통해 각종 투명체와 비현실적인 재질을 만들 수 있습니다.

확산 Diffuse	난반사의 색 = 표면의 색입니다.	
반사 Specular	정반사 정도를 설정합니다. 화이트는 반사율이 100%이고 어두워질수록 반사도가 약해집니다.	
거칠기 Roughness	표면의 미세 거칠기를 설정합니다.	
확산 투과 Diffuse Transmission	재질을 투과하는 난반사 빛의 색으로 Translucent (투명)재질과 유사한 효과가 나타납니다.	
반사 전송 Specular Transmission	재질을 관통하는 빛의 색으로 투명체의 색입니다.	
굴절률 Refractive Index	재질의 굴절률을 설정합니다.	

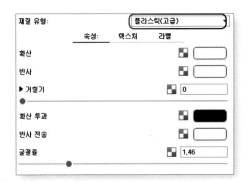

확산&반사

A는 확산(Diffuse Reflection)의 개념입니다. 표면에 닿은 가시광선 중 흡수되지 않고 난반사되는 빛의 파장을 우리는 물체의 색으로 인식합니다. 확산만 일어나는 재질은 빛에 의한 밝음과 어둠만 표현되며 전체적으로 무광으로 보입니다.

B는 확산(Diffuse Reflection)과 반사(Specular Reflection)가 함께 적용된 경우로, 확산에 의해 붉은 전체색이, 반사에 의해 하이라이트 및 주변 환경이 표면에 나타납니다.

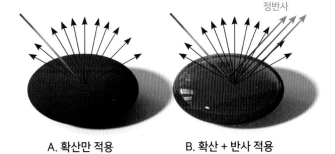

A. 확산만 적용   B. 확산 + 반사 적용

확산 투과&반사 전송

만약 받은 빛의 일부가 물체의 매질 속으로 투과하면 재질은 투명성을 띄게 됩니다. 확산 투과와 반사 전송은 표면이 아닌, 투과되는 빛에 대한 설정 항목입니다. **확산 투과**는 물체를 투과하는 빛이 난반사되는 것으로, **투명(Translucent) 재질의 하위 서피스 컬러(Sub Surface Color)** 설정과 유사한 결과를 보여 줍니다. **반사 전송**은 재질을 투과하는 빛이 산란되지 않고 그대로 투과합니다. **확산 투과**는 빛이 내부에서 산란하며 개체의 어두운 영역을 밝히는 데 대부분의 에너지를 소모하지만, 반사 전송은 빛이 산란 없이 재질을 투과하기에 에너지를 더 많이 보존하며 그림자가 시작하는 면까지 도달하여 그림자의 밝기와 색에 영향을 미칩니다.

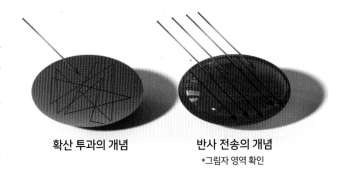

확산 투과의 개념   반사 전송의 개념
*그림자 영역 확인

확산 투과&반사 전송 테스트를 위한 라이팅 모드 설정

확산 투과, 반사 전송은 빛의 난반사 효과이므로 이를 확인하기 위해서
는 프로젝트 탭 > 라이팅 프리셋을 제품 모드 또는 보석류 모드로 설정
하고 글로벌 일루미네이션 옵션을 활성화합니다.

● **확산 투과 테스트 1**

확산 투과는 표면을 관통하여 개체의 내부를 투과하는 빛 중 난반사를 일으키는 빛을 설정하는 항목입니다. 빛이 재질의 내부에서 난
반사를 일으키므로 자체 발광의 속성과 비슷하게 나타나지만 내부에서 난반사되는 빛이 외부로 빠져나오지 않기 때문에 그림자에는
영향을 주지않아 결과적으로 비사실적인 재질로 보입니다.

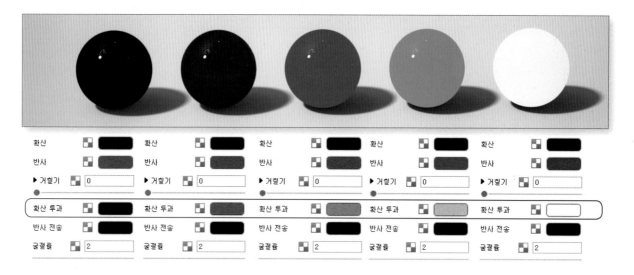

● **확산 투과 테스트 2**

개체의 색을 지정하고 확산 투과를 다르게 설정한 테스트 이미지입니다. 확산 투과 설정 항목은 명도와 색상으로 설정하며, 명도가 확
산 투과되는 빛의 강도를 색이 확산 투과되는 빛의 색을 의미합니다.

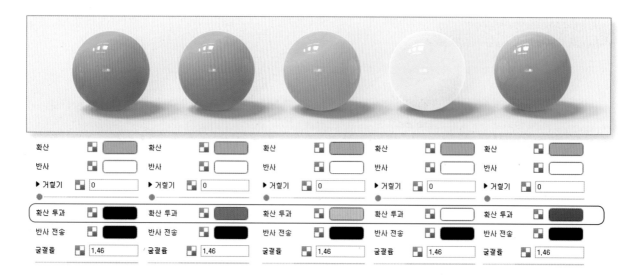

반사 전송이 밝아질수록 투명도가 증가합니다. 아래는 확산&확산 투과 없이(블랙으로 설정) 반사 전송만 설정하여 맑은 상태의 구체를 제작 + 높은 굴절률 설정 + 라이팅 옵션(글로벌일루미네이션 활성화)이 만나 커스틱스 효과가 나타났습니다.

반사 전송이 화이트에 가까워질수록 투명성이 높아져 커스틱스 효과 또한 강해집니다.

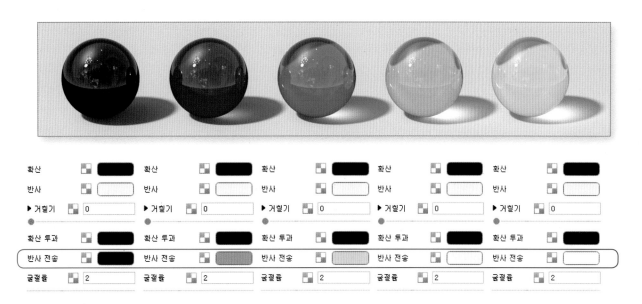

확산	■	확산	■	확산	■	확산	■	확산	■
반사	□	반사	□	반사	□	반사	□	반사	□
▶ 거칠기	0	▶ 거칠기	0	▶ 거칠기	0	▶ 거칠기	0	▶ 거칠기	0
확산 투과	■	확산 투과	■	확산 투과	■	확산 투과	■	확산 투과	■
반사 전송	■	반사 전송	■	반사 전송	■	반사 전송	□	반사 전송	□
굴절률	2	굴절률	2	굴절률	2	굴절률	2	굴절률	2

반사 전송(매질을 투과하는 정투과 빛)의 색을 설정하면 투명체의 색으로 나타납니다. 투명체의 색을 정확히 구현하기 위해서는 확산 컬러를 무채색 또는 블랙으로 설정하고 반사 전송의 색으로 투명 컬러를 조절합니다.

* 사용된 환경 이미지(HDR)

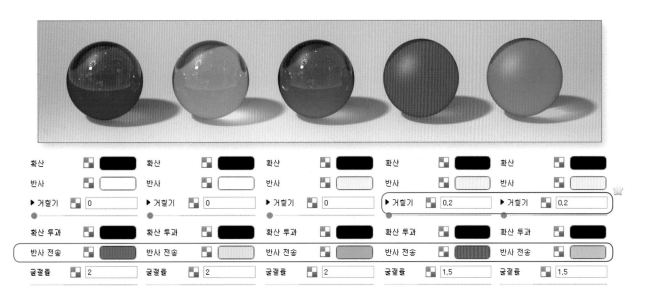

확산	■	확산	■	확산	■	확산	■	확산	■
반사	□	반사	□	반사	□	반사	□	반사	□
▶ 거칠기	0	▶ 거칠기	0	▶ 거칠기	0	▶ 거칠기	0,2	▶ 거칠기	0,2
확산 투과	■	확산 투과	■	확산 투과	■	확산 투과	■	확산 투과	■
반사 전송	■	반사 전송	□	반사 전송	■	반사 전송	■	반사 전송	■
굴절률	2	굴절률	2	굴절률	2	굴절률	1,5	굴절률	1,5

플라스틱(불투명)_Plastic(Transparent)

재질 유형 : 플라스틱 불투명은 투명(Translucent)과 비슷하게 빛의 분산 설정이 가능한 투명 속성을 가진 재질로 **물리-광학적으로 정확한 폴리 카보네이트, ABS**와 같은 재질을 만들 수 있습니다. 라이브러리의 Plastic(Cloudy) 재질이 이 재질 유형을 사용합니다.

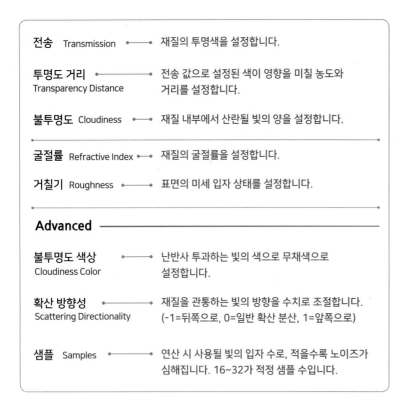

전송   Transmission •——→ 재질의 투명색을 설정합니다.

투명도 거리 •———
Transparency Distance •———→ 전송 값으로 설정된 색이 영향을 미칠 농도와 거리를 설정합니다.

불투명도   Cloudiness •——→ 재질 내부에서 산란될 빛의 양을 설정합니다.

굴절률   Refractive Index •——→ 재질의 굴절률을 설정합니다.

거칠기   Roughness •——→ 표면의 미세 입자 상태를 설정합니다.

Advanced

불투명도 색상
Cloudiness Color •——→ 난반사 투과하는 빛의 색으로 무채색으로 설정합니다.

확산 방향성
Scattering Directionality •——→ 재질을 관통하는 빛의 방향을 수치로 조절합니다. (-1=뒤쪽으로, 0=일반 확산 분산, 1=앞쪽으로)

샘플   Samples •——→ 연산 시 사용될 빛의 입자 수로, 적을수록 노이즈가 심해집니다. 16~32가 적정 샘플 수입니다.

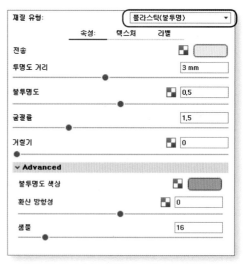

● 전송/투명도 거리 테스트

전송 컬러는 개체의 색, 투명도 거리는 거리에 따른 색의 농도를 설정합니다(설정 값 : 불투명도 0.5, 굴절률 1.05, 거칠기 0).

전송 컬러 ▢■■■■   불투명도 색상 ▢■■■■

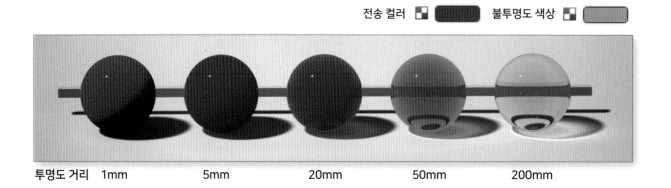

| 투명도 거리 | 1mm | 5mm | 20mm | 50mm | 200mm |

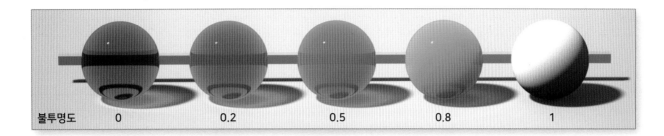

불투명도 수치에 따른 재질의 변화 양상입니다. 불투명도는 재질의 투명성을 설정하는 항목으로 0~1까지 설정하며 0은 투명, 1은 완전 불투명 상태가 됩니다. 1일 경우 불투명이므로 전송 컬러가 영향을 미치지 못하며, 설정 창 아래의 Advanced 항목에 있는 불투명도 색상값이 드러나게 됩니다. 그러나 불투명도를 1로 설정하는 경우, 렌더링 옵션을 설정해도 깨끗한 결과를 얻기가 어렵습니다. 불투명 플라스틱은 재질 유형 : 플라스틱 또는 페인트를 이용하는 편이 좋습니다.

재질 유형 : 플라스틱   재질 유형 : 플라스틱(불투명)
불투명도 : 1 적용

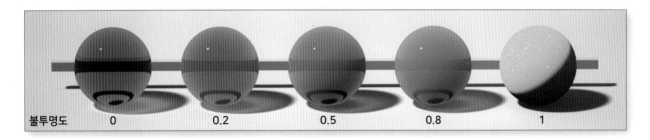

전송에 컬러 및 불투명도 색상에 각기 다른 컬러를 설정하고 불투명도 수치를 0~1로 단계별로 설정한 이미지입니다. 불투명도가 0일 때는 완전한 투명이므로 불투명도의 컬러가 재질에 영향을 미치지 않습니다. 그러나 불투명도가 증가함에 따라 불투명도 색상으로 설정한 컬러가 어두운 영역에서 조금씩 드러나며 표면 전송 컬러에도 영향을 미칩니다.

불투명 컬러는 기본적으로 무채색으로 설정합니다. 유채색으로 설정 시 노이즈, 보색 잔상 등의 예상치 못한 효과가 나타납니다.

확산 방향성은 재질 내부로 들어온 빛(불투명도 색상)의 방향을 설정하는 항목입니다. -1~1 사이의 수치를 사용하며 -1은 역방향, 0은 일반(정규), 1은 정방향으로 산란을 더합니다. 설정에 따라 조금씩 어두워지거나 밝아집니다. -1 또는 1 설정 시 검게 나타납니다.

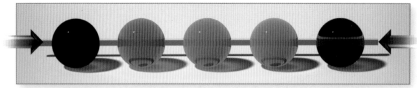

● 라이브러리 > 관련 재질

라이브러리의 플라스틱 > Cloudy가 이 재질 유형을 바탕으로 설정되어 있습니다.

Plastic/Cloudy/Rough

Plastic/Cloudy/Shiny

Plastic/Cloudy/Textured

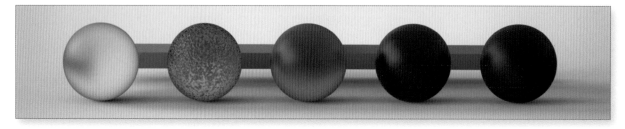

플라스틱 > 소프트 : 재질 유형-투명(Translucent)

라이브러리 플라스틱 > 소프트 재질은 투명(Translucent) 재질 유형을 바탕으로 설정되어 있습니다. 투명 재질은 개체 내부로 들어온 빛이 지정된 거리만큼 투과하며 산란하는 속성을 구현하며 표면과 내부(하위) 서피스의 컬러를 달리 설정하여 독특한 재질감을 만들 수 있습니다. **투명 재질 유형에 대한 자세한 내용은 앞의 재질 유형 : 투명을 참고하세요.**

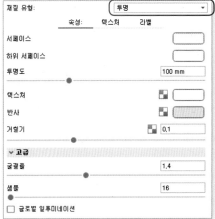

* Translucent

재질 유형:			투명 ▼
	속성	텍스처	라벨
서피스			
하위 서피스			
투명도			100 mm
텍스처			
반사			
거칠기			0,1
˅ 고급			
굴절율			1,4
샘플			16
☐ 글로벌 일루미네이션			

Plastic Hard VS Plastic Soft

왼쪽 3개의 구는 플라스틱 > 하드, 오른쪽 3개는 플라스틱 > 소프트 재질입니다. 빛을 차단하는 하드 플라스틱과 달리 소프트 플라스틱(재질 유형 : 투명)은 빛을 산란 투과시킵니다.

재질의 차이를 비교해 보세요.

라이브러리 > 관련 재질

Plastic/Soft/Rough

Plastic/Soft/Shiny

Plastic/Soft/Textured

CARBON FIBER

PLAY EXTREME
RACHET FOR PROFESSIONAL

PLAY EXTREME

KeyShot
Plastic/Composites

플라스틱(구성체)_Composites

라이브러리의 플라스틱 > 컴포지트(구성체)에는 플라스틱 재질 유형에 매핑을 설정한 탄소 섬유 재질이 들어 있습니다. 실재 탄소 섬유는 강철보다 질긴 탄소 섬유를 천을 짜는 방식으로 엮어 만든 소재입니다. 3D에서는 천을 표현하는 방식과 동일한 재질 구성으로 구현합니다. Cloth 재질 구성과 달리 라벨에 고급 재질을 적용 > 불투명도 마스크를 씌워 재질의 표면 반사를 조절합니다.

● 라벨에 적용된 고급 레이 마스크의 역할

아래는 범프의 강도를 증가시킨 결과로 B는 라벨 연결을 해제했을때의 결과입니다. A와 비교하여 B의 반사는 범프 맵의 강도에 따라 영향을 받고 있습니다.

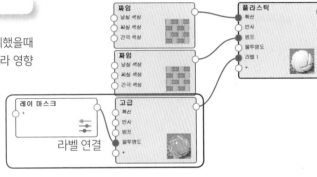

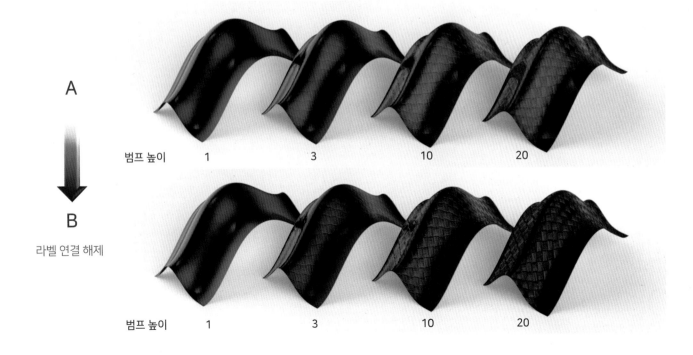

LIBRARY
Optics

Q. 광학 재질

플라스틱 > 옵티컬에는 투명 아크릴, 폴리 카보네이트, 폴리스티렌의 물리적 특성을 반영한 재질이 포함되어 있습니다. 각 재질은 유전체와 솔리드 글라스 재질 유형을 베이스로 하며, 유전체 기반 재질은 광학 분산(개체 내부 굴절상에서 고명도 부분에 생성되는 무지개 잔상 효과-Dispersive)을 위한 아베수가 설정되어 있습니다. 렌더링 결과를 보고 이들 재질의 차이를 분간해 내는 일은 불가능하므로 필요에 따라 적당히 선택하여 사용합니다.

Plastic Acrylic (Dispersive)
유전체

Plastic High Index
솔리드 글라스

Plastic High Index (Dispersive)
유전체

Plastic Polycarbonate
솔리드 글라스

Plastic Polycarbonate (Dispersive)
유전체

Plastic Polystyrene
솔리드 글라스

Plastic Polystyrene (Dispersive)
유전체

라이브러리 > 관련 재질 테스트

광학 분산 효과

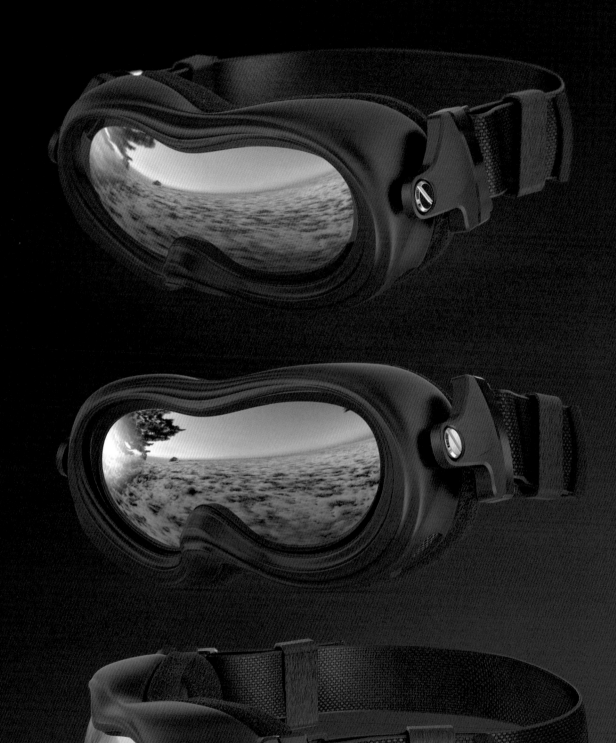

LIBRARY
Multi Layer Optics

P. 다층 광학 재질

다층 광학_Multi Layer Optics ★ KeyShot 8의 새로운 재질

다층 광학 재질은 투명 파트의 표면에 단일 또는 멀티 레이어 코팅을 하여 빛의 입사각에 따라 달라지는 표면 효과를 구현하는 것으로 선글라스&고글에서 찾을 수 있습니다. 코팅 레이어는 크라운 유리, H 2.3, L 1.35의 3가지를 선택할 수 있으며 레이어의 두께 및 굴절률을 조절하여 효과를 구현합니다. 이 재질은 전문 광학 시뮬레이션이 필요한 렌즈 제작사, 표면 코팅 업체 등을 위한 것으로 보입니다.

Anti-Reflex 500nm

Dielectric mirror

사양 편집과 사양 암호화

독특한 렌즈 효과를 구현하기 위해서는 여러 레이어의 옵션 설정을 바꿔 가며 테스트 해야 합니다. 이 정보는 광학 업체의 입장에서는 기밀입니다. 사양 편집은 데이터 스크립트 형식으로 된 정보이며, 사양 암호화(Encrypt Specification)는 다층 광학 레이어 재질을 암호화하여 이 재질의 세부 정보를 확인할 수 없도록 하는 기능입니다.

기판 분산 시뮬레이션 Simulate Substrate Dispersion

이 옵션은 광학 분산 효과에 기반한 커스틱스(빛의 산란 효과)를 구현합니다.

Enable to simulate casutics in dispersive substrates

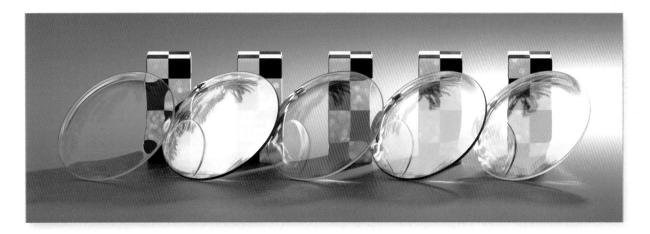

LIBRARY
Cloth and Leather, Velvet

Q. 천과 가죽, 벨벳

라이브러리의 Cloth and Leather에는 천과 가죽, 벨벳 재질이 준비되어 있습니다. 벨벳은 별도의 재질 유형이며 나머지 재질들은 플라스틱 재질 유형에 확산, 반사, 텍스쳐(범프 맵) 설정의 조합으로 이루어져 있습니다. 재질 탭 or 재질 그래프의 텍스쳐 항목을 설정하여 다양하게 조절할 수 있고 별도의 이미지 소스를 사용하여 다체로운 천과 가죽의 표현이 가능합니다.

- Cloth and Leather
  - Cloth
  + Leather
  - Nylon
  - Velvet
- Gem Stones

● Cloth&Nylon

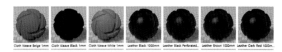

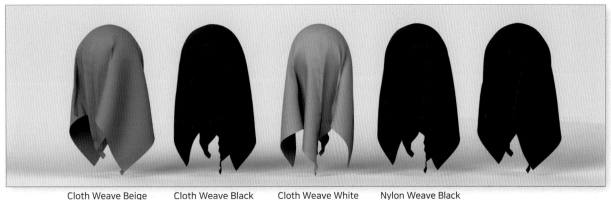

Cloth Weave Beige   Cloth Weave Black   Cloth Weave White   Nylon Weave Black

Cloth 재질의 재질 그래프입니다. 확산과 반사, 범프에 짜임 텍스쳐가 적용되어 있습니다. 각 노드를 더블클릭하면 설정 항목이 나타납니다. 아래는 매핑 유형을 박스에서 UV로 바꾸고 크기의 너비 항목을 확대한 결과입니다.

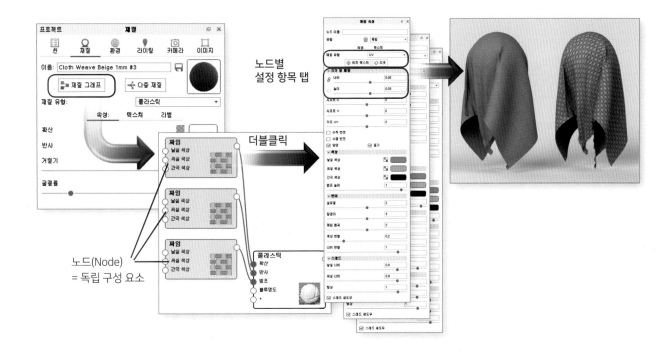

천 재질은 표면의 색을 담당하는 확산 탭과 천 조직의 짜임을 담당하는 범프와 반사 맵으로 구성됩니다. 아래는 여러 이미지를 확산 맵으로 적용한 결과입니다. 2D 디자인을 3D로 구현하는 즐거움과 놀라움은 이런 것이 아닐까요?

● 천 재질의 이해

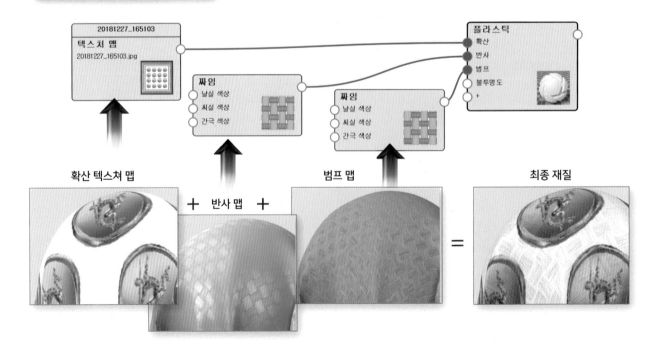

확산 텍스쳐 맵   + 반사 맵 +   범프 맵   = 최종 재질

● Leather

라이브러리의 가죽 재질입니다. 플라스틱 재질 유형을 기반으로 논리 매핑이 설정되어 있습니다. 스케일을 잘 설정하면 매우
뛰어난 퀄리티를 보여 줍니다.

| Leather Black | Leather Black Perforated | Leather Brown | Leather Dark Red | Leather White Perforated |

● 가죽 재질의 이해

타공된 가죽의 재질 그래프입니다. 확산은 가죽의 색, 범프 맵은 표면 질감, 불투명도 맵이 타공 표현을 담당하고 있습니다.
아래는 가죽의 색상과 타공의 크기에 변화를 준 가죽입니다. **앞의 천 재질과 같이, 확산 맵에 이미지를 사용할 경우 그림이 그
려진 가죽 재질도 쉽게 표현할 수 있습니다(그러나 확대해서 보지 않는 한 가죽처럼 보이지 않습니다).**

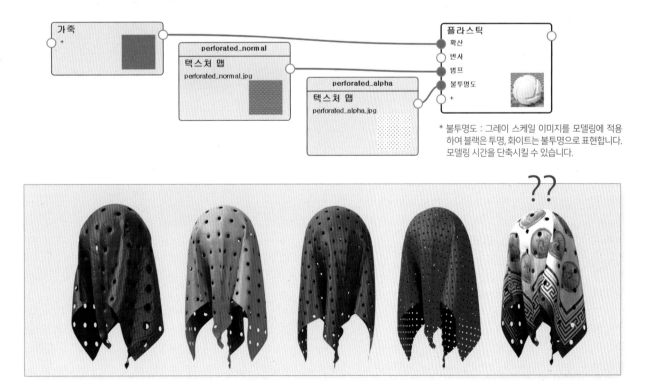

벨벳의 표면은 짧고 미세한 털들로 채워져 있습니다. 이 털들은 일정한 결을 가지고 있으며 결을 따라 빛을 산란시켜 벨벳 특유의 광택을 만듭니다. 벨벳 재질 유형은 표면 광택, 거칠기, 날카로움, 후방 산란 설정 등의 옵션을 가지고 있어서 빛에 대한 산란 특성을 섬세히 제어할 수 있습니다.

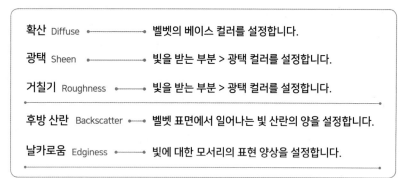

확산 Diffuse ● ● ● ● ● ● ● ● ● ● ● → 벨벳의 베이스 컬러를 설정합니다.

광택 Sheen ● ● ● ● ● ● ● ● ● ● → 빛을 받는 부분 > 광택 컬러를 설정합니다.

거칠기 Roughness ● ● ● ● ● ● ● ● → 빛을 받는 부분 > 광택 컬러를 설정합니다.

후방 산란 Backscatter ● ● ● → 벨벳 표면에서 일어나는 빛 산란의 양을 설정합니다.

날카로움 Edginess ● ● ● ● ● → 빛에 대한 모서리의 표현 양상을 설정합니다.

· 벨벳 재질을 확대한 사진입니다. 벨벳 천의 미세한 털들은 광택이 있는 먼지처럼 보입니다. 키샷의 벨벳은 이러한 느낌을 만들기위해 노이즈 텍스쳐를 사용합니다. 벨벳의 재질 그래프를 보면 광택에 노이즈 맵, 표면 요철(범프)에는 2종의 범프 맵을 섞어서 변화가 있는 표면을 구현하고 있습니다.

벨벳 확대 사진

렌더링 확대

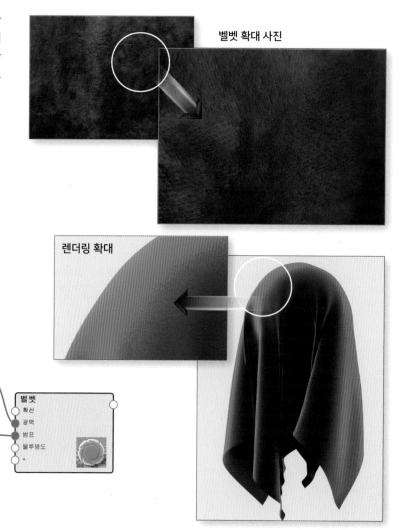

* 벨벳 재질 그래프

* 이중 범프

| 확산 | 광택 | 확산 | 광택 | 확산 | 광택 |

● 후방 산란 테스트

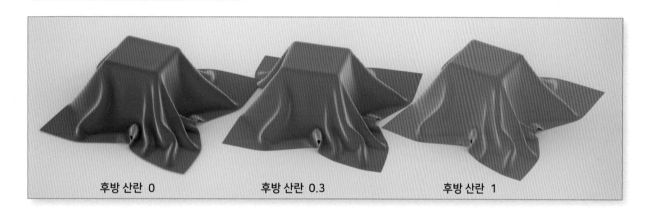

후방 산란 0 · 후방 산란 0.3 · 후방 산란 1

● 날카로움 수치 테스트

날카로움은 빛을 받는 면의 하이라이트의 확산 범위를 설정하는 항목으로 0~50까지 설정할 수 있습니다.

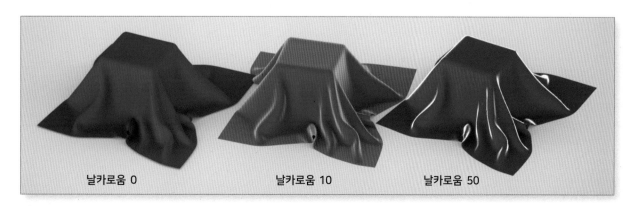

날카로움 0 · 날카로움 10 · 날카로움 50

LIBRARY
Advanced

R. 고급 재질

재질 유형: 고급은 여러 가지 설정 항목들을 동시에 지원하여 의도에 따라 재질을 자유롭게 구성할 수 있습니다. 특히 고급 재질의 '주변-Ambient' 항목은 개체에 영향을 주는 간접광의 색을 제어하는 기능으로, 이 설정을 잘 이용하면 빛으로 조절하기 힘든 개체의 어둠을 털어 낼 수 있으며, 별도의 발광체(빛) 설정 없이도 은은히 빛나는 무드등, 야광 물질과 비슷한 느낌의 표현이 가능합니다. 이 설정은 라이팅 탭의 글로벌 일루미네이션 옵션과 연관하여 사용해야 합니다.

프레넬 옵션은 보는 각도에 따라 반사도가 달라지는 프레넬 반사 효과를 활성/비활성화 합니다. 기타 항목은 재질 유형 : 유전체를 참고하세요.

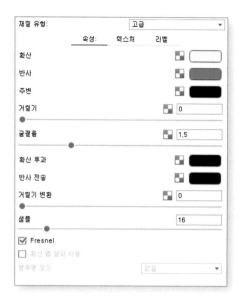

주변 Ambient	간접광이 비치는 영역의 자체 그림자 색상 또는 텍스쳐입니다. 보통 검은색으로 설정하지만 밝게 설정 시 자체 발광 효과로 사용할 수 있습니다.
확산 맵 알파 사용 Use Diffusemap Alpha	확산값으로 이미지 맵을 사용할 때 활성화되며, 적용한 이미지의 색상을 알파(불투명) 소스로 사용하는 기능입니다.

● 확산 테스트

개체의 기본 색으로 컬러 지정 또는 매핑을 사용할 수 있습니다. 아래는 고급 재질 유형에 확산 값만 설정한 결과입니다.

● 반사 테스트

반사값으로 매핑을 적용할 수 있지만 맵 소스의 명도만을 사용합니다. 컬러로 지정 시 유채색 반사를 만들 수 있습니다. 화이트에 가까운 고명도일수록 반사도는 높아집니다.

확산   이미지 맵 적용

반사   이미지 맵 적용

⚠ 단어의 다의성 때문에 '주변' 대신 '앰비언트'로 표기합니다.

앰비언트는 **간접광**을 받는 영역의 빛을 설정합니다. 이를 사용하기 위해서는 빛에 대한 여러 가지 개념에 대한 이해가 필요하지만, 여기서는 무드등 재질을 만들기 위한 실제 설정 위주로 진행하겠습니다.

1. 앰비언트 설정을 통해 특정 개체의 어둠을 쉽게 제어할 수 있다.

앰비언트가 블랙일 때는 장면의 빛 설정에 따라 재질 연산을 진행합니다. 앰비언트 컬러를 블랙보다 밝게 할수록 원래의 밝기에서 **추가로 밝아집니다.** 그래서 여러 가지 재질 사용 + HDR 환경으로 전체 빛을 설정한 장면의 경우 특정 개체의 앰비언트 컬러를 과도하게 밝게 설정하면 재질의 밝아짐 + 하이라이트가 넓게 확산되어 결과적으로 재질이 하얗게 되는(노출 과다) 결과로 이어집니다(아래 첫번째 이미지). 그러나 적절히 설정할 경우, 우측 이미지와 같이 개체에 드리워지는 어둠을 제어하는 용도로 사용할 수 있습니다.

2. 주변(Ambient) 설정을 통해 주광원(빛)의 영향권에서 벗어날 수 있다.

아래는 HDR 환경 이미지를 적용한 후 밝기를 점차 줄인 것으로, 앰비언트 컬러가 블랙인 경우는 빛 환경의 변화에 따라 점차 어두워지지만, 노란색을 적용한 경우에는 HDR 환경의 밝기가 '0(완전한 어둠)'이 되어도 개체가 보입니다. **빛과 관계없이 형태가 보인다 = 일종의 발광 효과입니다만, 그렇게 보기에는 아직 어색합니다.**

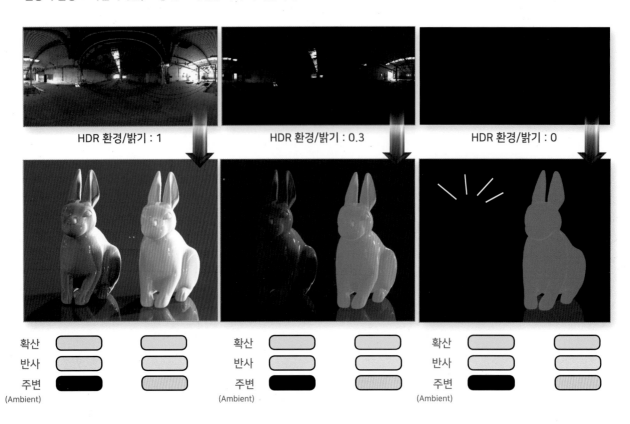

3. 라이팅 > 글로벌 일루미네이션(G.I)과 밀접하게 연관된다

앞의 테스트 2번에서 이어서 진행합니다. 환경 밝기 0에 개체에는 앰비언트 컬러를 밝게 설정한 후, 라이팅 탭의 글로벌 일루미네이션 옵션을 활성화하면 간접광을 추적 연산하는 글로벌 일루미네이션의 기능 특성에 따라 앰비언트 컬러를 설정한 재질 주변으로 간접광의 효과가 나타납니다. G.I 수치를 높일수록 간접광을 추가 연산하므로 그 효과가 조금씩 강해집니다. 그러나 G.I는 기본적으로 간접광, 즉 주광원 연산이 끝난 후 튕겨 나가는 간접광을 계산하는 것이기 때문에 주광(레이 바운스) 설정 값에 의존하게 됩니다(5번 참조).

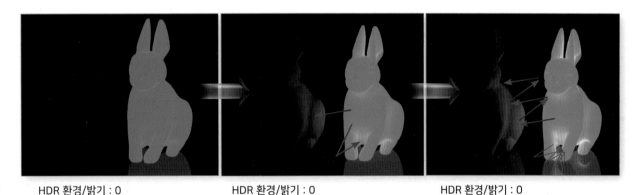

HDR 환경/밝기 : 0
글로벌 일루미네이션 : OFF(비활성)

HDR 환경/밝기 : 0
글로벌 일루미네이션 : 활성 + 바운스 1

HDR 환경/밝기 : 0
글로벌 일루미네이션 : 활성 + 바운스 5

4. 반사 전송 컬러로 앰비언트의 강도를 설정한다.

반사 전송(재질 투명성)의 색 설정 시 재질에 투명도가 생기며 더 밝아집니다. 블랙보다 밝게 설정한 앰비언트는 간접광에 추가적인 에너지를 공급하는 역할을 하여 사라져야 할 빛이 사라지지 않고 어둠 속에서도 개체를 보여 주는 발광 효과로 나타납니다. 여기에 반사 전송을 설정하면 앰비언트(간접광 설정)가 개체의 표면에 부딪힌 후 에너지를 잃고 사라지지 않고, 재질 속으로 투과되어 연산을 계속 진행하기 때문에 결과적으로 더 밝게 나타납니다. 아래는 전송 컬러의 변화에 따른 결과입니다.

※ 확산, 앰비언트 컬러, 반사 전송은 유사색 계열로 설정할 때 좋은 결과를 보여 줍니다. 설정한 색들이 각자의 역할을 하며 섞이기 때문입니다.

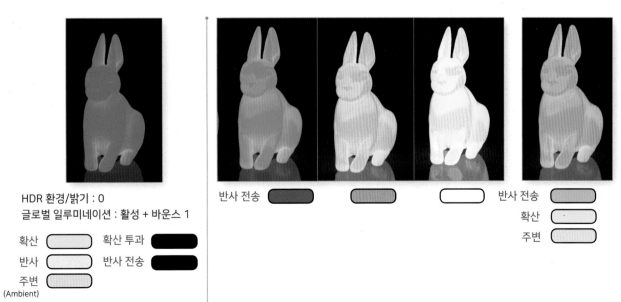

HDR 환경/밝기 : 0
글로벌 일루미네이션 : 활성 + 바운스 1

확산　　　　　　확산 투과
반사　　　　　　반사 전송
주변
(Ambient)

반사 전송

반사 전송
확산
주변

5. 반사 전송 설정 값은 레이 바운스 + G.I 바운스 설정에 의해 증폭된다.

G.I는 간접광입니다. 간접광은 기본적으로 주광의 양과 주광의 에너지에 의존합니다. 키샷에서는 주광의 양은 따로 설정하지 않고 주광의 바운스 특성으로 제어합니다. 레이 바운스는 투명체를 관통하는 힘을 설정하는 것으로 빛의 힘과는 다르지만 결과적으로는 비슷한 개념으로 작동합니다. 아래는 주광(레이 바운스) 횟수와 간접광(G.I) 바운스 설정에 따른 결과의 차이입니다.

* 주광(레이 바운스)의 설정이 낮을 때, G.I를 일정 이상 높이는 것은 결과에 큰 차이가 없습니다.
* 주광(레이 바운스)의 설정이 높고 G.I의 수치가 낮아도 크게 밝아지지 않습니다. 이는 앰비언트의 역할이 간접광 연산이기 때문입니다. 즉, 레이 바운스와 G.I 바운스의 적절한 설정이 필요합니다.

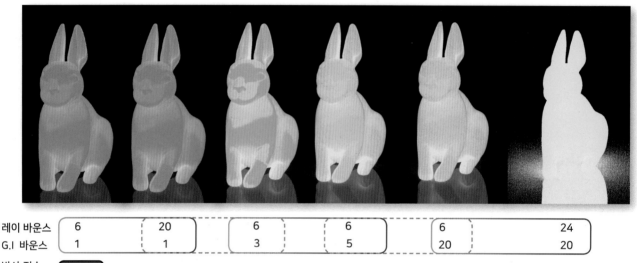

레이 바운스	6	20	6	6	6	24
G.I 바운스	1	1	3	5	20	20
▸ 반사 전송						

6. 고급 재질 : 확산, 반사 설정 + 반사 전송 + 글로벌 일루미네이션 + HDR 환경 = 은은히 빛나는 개체 연출

지금까지의 설정에 추가로 0으로 설정해 둔 HDR 환경을 0.1 단위로 높여 가며 결과를 확인합니다. HDR 환경 이미지에 의해 재질에 사실적인 반사가 추가되며 실제감 있는 이미지를 얻을 수 있습니다.

7. 무드등 표현을 위한 유전체, 투명, 앰비언트 재질 비교

아래는 내부에 발광 개체를 넣고 재질 유형 : 유전체로 표현한 경우와 발광 개체 없이 고급 재질로만 설정한 것으로, 고급 재질을 이용한 오른쪽이 무드등의 빛을 투과하는 세라믹 재질과 더 유사한 결과를 보여 주고 있습니다.

🔴 고급 재질의 다양한 응용

고급 재질은 응용하기에 따라 여러 가지 표현이 가능합니다. 자신만의 재질을 만들고, 라이브러리에 저장하여 사용한다면 렌더링 효율을 높일 수 있을 것입니다.

● 확산 맵 알파 사용 테스트

확산 맵 알파 사용은 확산 설정에 매핑이 설정된 경우에만 활성화됩니다. 불투명 모드로 알파, 색상, 색상 반전 3가지를 지원하며 맵으로 사용된 이미지가 알파 채널(투명도)을 포함한 경우, 알파 채널을 투명도로 사용할 수 있습니다. 색상은 이미지의 컬러값을 투명도로 전환하여 사용합니다.

불투명도 모드 : 색상   색상 반전

LIBRARY
Toon&Miscellaneous

S. 툰&기타 재질

툰&스케치_Toon&Sketch

라이브러리의 툰 재질을 이용하면 따뜻한 수작업의 느낌을 표현할 수 있습니다. 사실적인 3D 이미지도 좋지만 툰과 같은 비사실적 렌더링 기법도 많이 사용됩니다. Fill, Outline, Shaded, Textured, Transparent의 5가지 카테고리를 제공합니다.

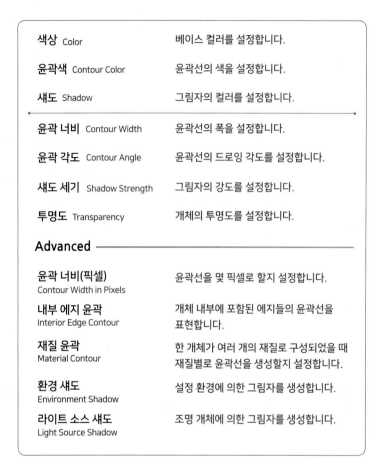

색상 Color	베이스 컬러를 설정합니다.
윤곽색 Contour Color	윤곽선의 색을 설정합니다.
섀도 Shadow	그림자의 컬러를 설정합니다.
윤곽 너비 Contour Width	윤곽선의 폭을 설정합니다.
윤곽 각도 Contour Angle	윤곽선의 드로잉 각도를 설정합니다.
섀도 세기 Shadow Strength	그림자의 강도를 설정합니다.
투명도 Transparency	개체의 투명도를 설정합니다.

Advanced

윤곽 너비(픽셀) Contour Width in Pixels	윤곽선을 몇 픽셀로 할지 설정합니다.
내부 에지 윤곽 Interior Edge Contour	개체 내부에 포함된 에지들의 윤곽선을 표현합니다.
재질 윤곽 Material Contour	한 개체가 여러 개의 재질로 구성되었을 때 재질별로 윤곽선을 생성할지 설정합니다.
환경 섀도 Environment Shadow	설정 환경에 의한 그림자를 생성합니다.
라이트 소스 섀도 Light Source Shadow	조명 개체에 의한 그림자를 생성합니다.

* 라이브러리의 툰 카테고리 및 재질들

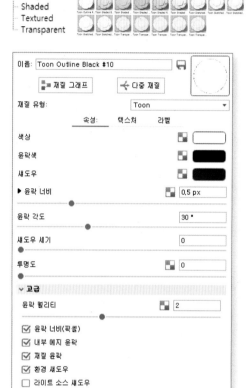

● 라이브러리의 툰 재질 적용

윤곽 너비 테스트

윤곽 너비	0pixel	0.5pixel	1pixel	2pixel	4pixel

섀도 세기 테스트

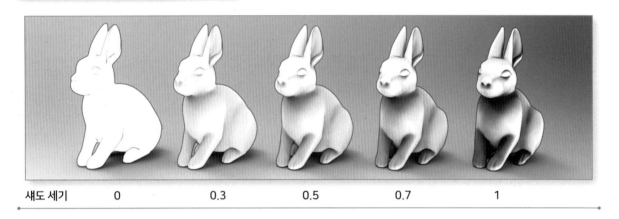

섀도 세기	0	0.3	0.5	0.7	1

재질 커스터마이징 사례

3차원 모델링 후 다시 2차원으로 보이는 툰 렌더링을 하는 이유는 이 유형의 재질이 지니는 추상적-개념적 표현 특성 때문입니다. 이 재질을 이용하면 손으로 그린 스케치처럼 연출할 수 있어, 제품의 개발 과정이나 소개 자료의 제작에 활용할 수 있습니다. 또한 구조적 개념 표현이나 사용 설명서와 같이 정확한 2D 드로잉이 필요한 경우에도 응용할 수 있습니다.

기타 재질_Miscellaneous

라이브러리의 Miscellaneous에는 특정 카테고리에 속하지 않는 유용한 재질들이 모여 있습니다. 3D 모델의 개념적 표현에 사용되는 재질 유형 X-ray와 와이어 프레임(Wireframe)이 대표적입니다.

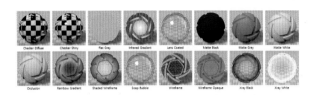

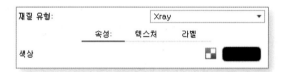

Checker Diffuse　　Infrared Gradient　　Rainbow Gradient

● 재질 유형 > X-ray

X-ray는 조명 환경에 영향을 받지 않고 설정 색을 기준으로 반투명하게 표현합니다. 색상 설정 및 텍스쳐 매핑이 가능합니다.

재질 유형:	Xray ▼
속성: 텍스쳐 라벨	
색상	

* 텍스쳐에 색상&범프 맵을 적용한 X-ray 재질

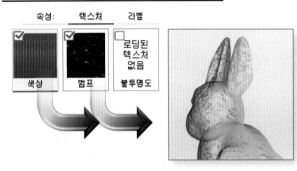

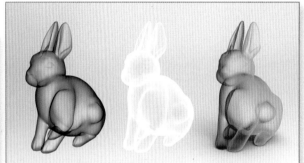

● 재질 유형 > 와이어 프레임

키샷으로 불러온 3D 개체의 폴리곤 구조를 와이어 프레임 방식으로 보여 줍니다. 와이어의 굵기를 픽셀 단위로 설정할 수 있습니다.

재질 유형:	와이어프레임 ▼
속성: 텍스쳐 라벨	
너비	0,1 px
☑ 너비(픽셀)	
와이어	
베이스	
베이스 전송	
후면 베이스	
후면 와이어	

LIBRARY
Flakes

T. 입자 재질

입자 재질_Flakes Material ⭐ KeyShot 8의 새로운 재질

키샷 8 버전에 새로 추가된 재질로 지오메트리 레벨에 적용하며, 입자로 이루어진 재질을 표현하여 디스플레이스먼트 맵 기반으로 볼 수 있습니다. 입자의 크기&밀도 설정에 따라 폴리곤의 수가 비약적으로 증가합니다. 재질 그래프 > 지오메트리에 적용된 Flakes 탭의 설정을 변경하여 입자의 모양, 크기, 밀도 등을 제어하며 방울(Bubbles), Flakes, Displace의 3가지 모드를 지원합니다.

> ⚠ 이 재질은 플라스틱(Cloudy) 재질 유형으로 설정되어 있으며, 재질 유형 특성상 렌더링 시간이 오래 걸리기 때문에 페인트 재질로 바꿔 테스트를 진행하였습니다.

Plastic Cloudy Shiny Red Flakes Sphere
재질 유형 : 플라스틱(불투명)
Plastic(Cloudy)

Soap Bubble Flakes Sphere
재질 유형 : 필름
Thin Film

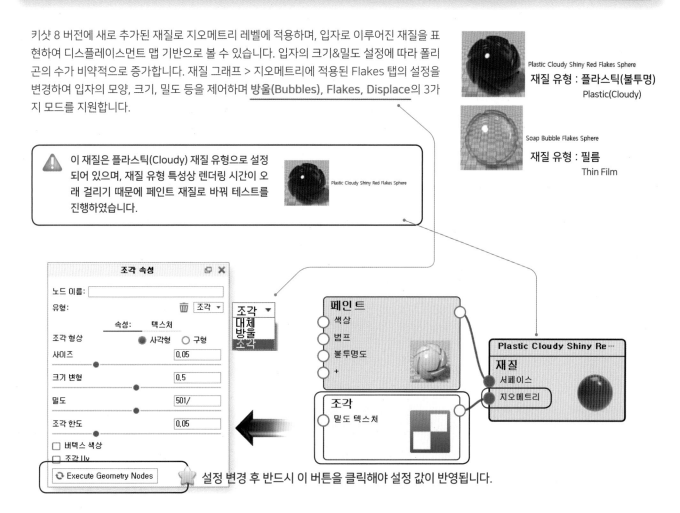

⭐ 설정 변경 후 반드시 이 버튼을 클릭해야 설정 값이 반영됩니다.

● 재질 유형 테스트 (아래는 모두 구체 모델에 적용한 것)

1. 버블은 모델링 외형을 유지한 채 내부에 방울 지오메트리를 만듭니다.
2. 조각 유형은 사각/구형의 조각 형상을 선택할 수 있으며 모델링의 외형을 감추고 입자들로 내부를 채웁니다.
3. 대체(Displacement)는 맵의 명도 값을 이용하여 3차원으로 형상을 변형합니다.

유형 > 조각 > 구형	유형 > 조각 > 사각형	유형 > 대체	유형 > 방울	Soap Bubble Material
Flakes > Sphere	Flakes > Square	Displacement	Bubbles	

● 입자 사이즈&밀도 테스트   Flake > 조각 > 구형

아래는 지름 40mm 구체에 Flake 재질을 적용하고 입자 사이즈와 밀도를 변경한 결과입니다.
1:1 사이즈의 모델링으로 진행해야 설정이 용이합니다.

입자 사이즈	0.05 mm	0.1 mm	0.3 mm	0.5 mm	2 mm
밀도	5	2	0.5	2	2

● 밀도 Density 테스트 1   Flake > 조각 > 구형

밀도는 지정 단위 내에 몇 개의 조각 개체가 들어갈지를 설정합니다. 모델의 크기, 입자 크기와 상관하여 나타납니다.
밀도가 일정할 경우 입자 사이즈가 작으면 더 많은 수의 입자가 생성됩니다.

입자 사이즈	3 mm	3 mm	3 mm	2 mm	2
밀도	0.05	0.1	0.3	0.3	1

● 밀도 Density 테스트 2   Flake > 조각 > 사각형

입자 사이즈	1 mm	0.5 mm	0.25 mm	0.1 mm	0.05 mm
밀도	5	5	5	5	5

● 크기 변형 테스트　　　Flake > 조각 > 구형

크기 변형-Size Viration 수치가 높아질수록 가장 작은 입자와 가장 큰 입자 사이의 크기 비례가 증가합니다.
치수가 아닌 비율로 지정합니다.

입자 사이즈	2mm	2mm	2mm	2mm	2mm
크기 변형	0	0.5	1	5	20

● 조각 한도 테스트

설정에 의해 생성되는 폴리곤 수가 조각 한도보다 많을 때 제한하는 기능입니다. 플레이크 재질은 입자 크기와 밀도의 설정에 따라 폴리곤 수가 수백만 개를 넘게 되고, 몇 개의 개체에 이 정도 폴리곤 수를 가지는 재질을 적용하면 일반 컴퓨터는 매우 느려지거나 멈춰 버리는 경우가 발생합니다. 이런 경우를 예방하기 위해 조각 한도 기능을 이용하여 재질이 표현할 폴리곤 수를 제한할 수 있으며 단위는 Millions(백만 개)입니다.

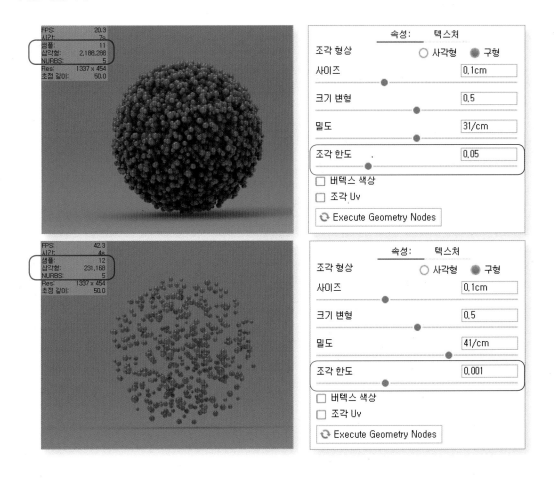

재질 유형을 액체로 변경하고 색상을 화이트로 적용하여 투명 액체 속의 기포를 쉽게 표현할 수 있습니다.

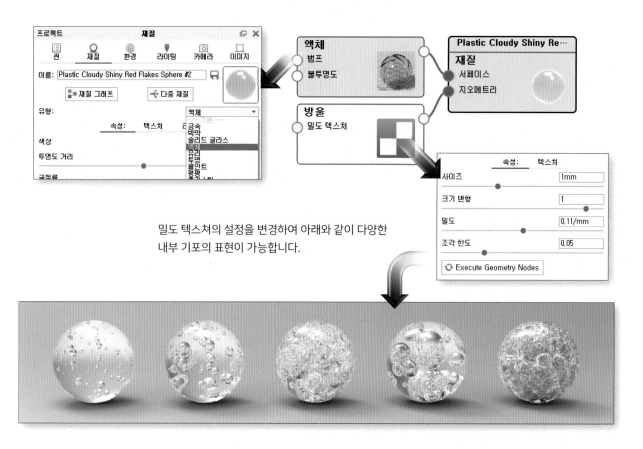

밀도 텍스쳐의 설정을 변경하여 아래와 같이 다양한
내부 기포의 표현이 가능합니다.

 Flakes 재질 사용 주의 사항 !

대체 기능에 대한 자세한 사항은 스티로폴
재질을 참고하세요.

 1. Flakes 재질은 체적을 지닌 모델링에 적용해야 합니다. 단일 서피스에서는 효과가 나타나지 않습니다.

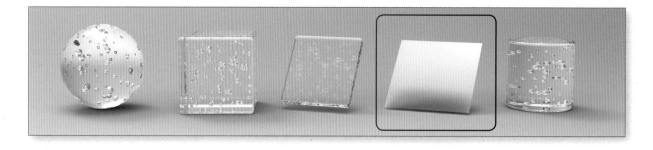

✿✿✿
2. 라이노 3D의 넙스 모델을 키샷 프로 버전의 Nurbs Model 불러오기 모드로 가져와 이 재질을 적용할 경우, 면의 결합 여부와 관계없이 재질 효과가 나타나지 않거나 재질 적용 후 모델이 사라지는 경우가 발생합니다. 넙스 모델은 폴리곤으로 변환(Tesselation)하여 불러와야 재질의 효과가 나타납니다.

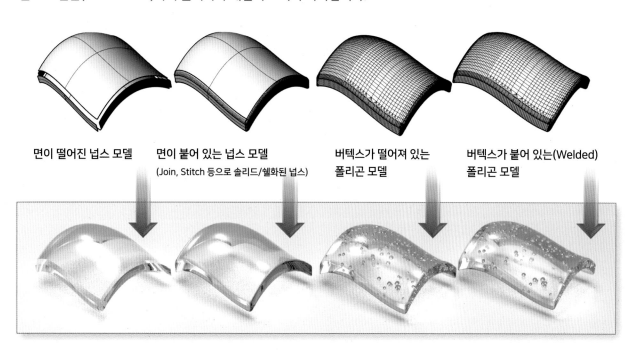

면이 떨어진 넙스 모델

면이 붙어 있는 넙스 모델
(Join, Stitch 등으로 솔리드/쉘화된 넙스)

버텍스가 떨어져 있는
폴리곤 모델

버텍스가 붙어 있는(Welded)
폴리곤 모델

Soap Bubble 테스트

Soap Bubble Flakes Sphere
재질 유형 : 필름
Thin Film

Soap Bubble 재질은 박막(Thin film) 재질 유형을 바탕으로 지오메트리에 밀도 텍스쳐 > 구체(Sphere)가 적용된 것입니다. 재질 유형을 액체 or 유리로 바꿔 투명 물방울로 표현할 수 있습니다.

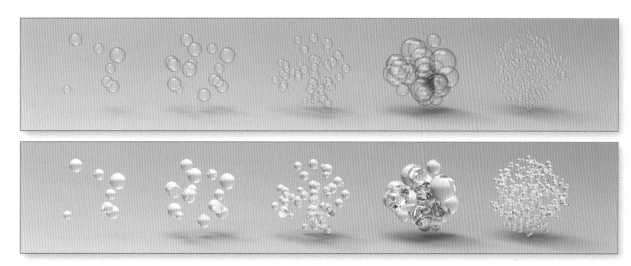

LIBRARY
Scattering Medium
Fog

U1. 확산 매체(입자) 재질-안개

확산 매체_Scattering Medium Fog ★ KeyShot 8의 새로운 재질

확산 매체는 고급 렌더러의 가능성을 열어 주는 중요한 기능으로 많은 사용자들이 이 기능을 기다려 왔습니다. 키샷 8부터 적용된 확산 매체는 먼지, 안개, 연기, 스펀지와 같이 미세 입자로 이루어진 재질을 표현합니다. 관련 라이브러리에 안개 재질과 스펀지 재질,구름 재질10종이 준비되어 있으며 **3차원 밀도 텍스쳐 및 *.vdb(Volume Database File)을 이용하여 광범위한 응용이 가능합니다. 체적(볼륨을 가진 입체)을 지닌 폴리곤 모델에만 적용 가능합니다.**

● 키샷 라이브러리의 확산 매체 재질(Scattering Medium)

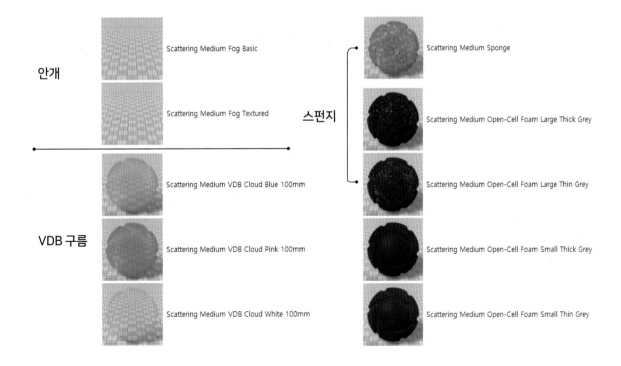

안개
- Scattering Medium Fog Basic
- Scattering Medium Fog Textured

VDB 구름
- Scattering Medium VDB Cloud Blue 100mm
- Scattering Medium VDB Cloud Pink 100mm
- Scattering Medium VDB Cloud White 100mm

스펀지
- Scattering Medium Sponge
- Scattering Medium Open-Cell Foam Large Thick Grey
- Scattering Medium Open-Cell Foam Large Thin Grey
- Scattering Medium Open-Cell Foam Small Thick Grey
- Scattering Medium Open-Cell Foam Small Thin Grey

Scattering Medium Fog (확산 매체 Scattering Medium) ★ KeyShot 8의 새로운 재질

라이브러리에는 일반 안개와 텍스쳐가 적용된 안개 2가지가 있으며, 안개의 재질 구성은 아래와 같습니다. 안개 재질은 확산 매체 재질 유형을 기본으로 전송 컬러, 투명도 거리, 밀도, 다중 산란, Advanced 옵션으로 구성됩니다. 이 재질은 발광체(조명)에 사실성을 더하거나 빛을 받을 때 나타나는 공기 중의 먼지의 표현에 사용할 수 있습니다. 입자 하나하나를 렌더링 연산에 포함해야 하므로 렌더링 시간이 길어집니다.

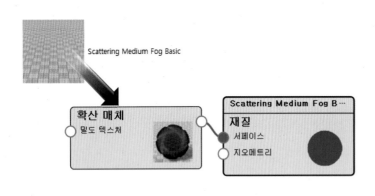

투명도 거리 테스트

투명도 거리의 증가에 따른 변화 양상입니다. 입자가 지닌 투명도를 설정합니다.

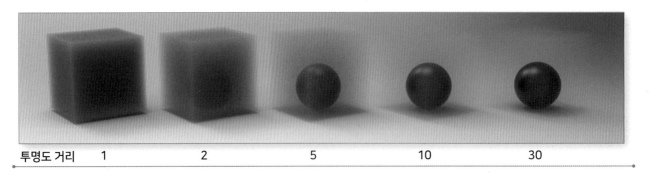

| 투명도 거리 | 1 | 2 | 5 | 10 | 30 |

밀도 테스트

밀도 차이에 따른 변화 양상입니다. 재질이 적용된 3D 내의 입자 밀도를 설정합니다.

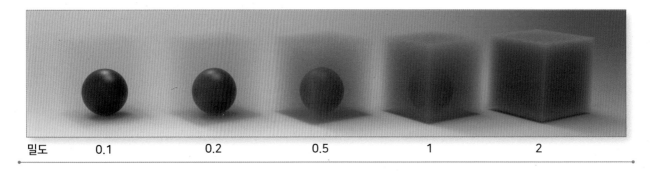

| 밀도 | 0.1 | 0.2 | 0.5 | 1 | 2 |

대기는 먼지와 수중기로 구성된 수많은 입자로 채워져 있습니다. 발광체 주변으로 생기는 글로우(Glow) 효과나 무대의 조명이 만들어 내는 빛의 기둥은 대기 중의 입자들이 빛을 받아 눈에 보이는 것으로 흔히 볼 수 있는 일상적 현상이지만, 이를 실제 원리에 입각하여 3차원으로 구현하기란 쉽지 않습니다. 그래서 대부분의 3D 렌더러는 최종 렌더링 이미지 중 밝은 영역 주변으로 은은한 번짐 효과를 생성하는 볼륨 이펙트 기능을 이용하거나 반투명 매핑을 이용하여 빛의 퍼짐 효과를 구현해 왔습니다. 이 방식은 렌더링 시간 대비 좋은 효과를 보여 주지만 명도에 기반하여 적용되는 효과이기 때문에 이미지가 전체적으로 흐려지는 단점이 있었습니다. 키샷 8의 확산 매체 재질은 입자를 '실제로' 구현하기 때문에 빛 개체와 함께 활용하면 실제 원리와 동일한 글로우 효과, 빛의 기둥을 만들 수 있습니다.

image by **www.keyshot.com**

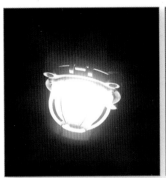

발광체 주변으로 발생하는 글로우

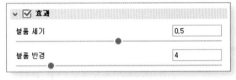

키샷의 볼륨 효과 적용
(전구 필라멘트 주변으로 빛나는 효과)

안개와 스포트라이트를 이용하여 표현한 빛 이미지입니다. 안개의 투명도, 밀도 설정 + 라이팅 설치로 실제와 유사한 빛의 확산 효과를 만들 수 있습니다. 단, HDRI 환경 라이팅만으로는 이러한 효과를 얻을 수 없으며 **반드시 실제 빛을 방출하는 라이트를 사용해야 합니다**(라이트에 대한 자세한 내용은 Lighting 편을 참고하세요).

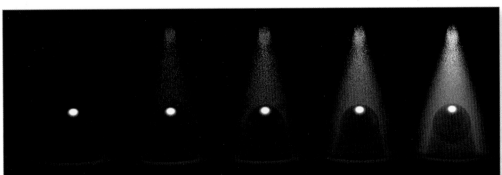

반사도 테스트

재질 설정 하단의 Advanced 옵션에 있는 반사도(Albedo)는 입자에 의해 산란되는 빛의 색입니다. 쉽게 입자의 반사 값으로 이해할 수 있습니다. 색이 밝을수록 반사도가 높아지며 컬러로 설정 시 설정 값과 보색을 띄는 경우가 발생합니다. 아래는 설정에 따른 결과로 밀도가 낮아도 입자의 반사도가 높으면 빛이 산란되어 입자가 도드라져 보입니다.

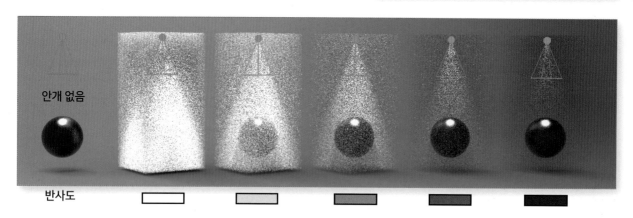

확산 방향성(Scattering Directionality)

입자가 받은 빛을 산란하는 방식을 제어합니다. 0은 균일한 산란이며, 음수로 설정 시 빛을 뒤쪽, 양수로 설정 시 빛을 앞쪽으로 산란시킵니다. 예를 들면 반사도 50%의 입자가 10만큼의 빛을 받을 때, 확산 방향성 0은 반사도에 맞춰 산란하는 것이며 양수는 50%에 추가로 더 산란, 음수는 50%보다 적게 산란합니다. 개념의 난해함에 비해 활용도는 낮습니다.
확산 방향성 설정 테스트 결과는 다음 재질인 VDB Cloud를 참조하세요.

샘플 수 테스트

샘플 수가 높을수록 최종 이미지가 부드럽게 나타납니다. 밀도가 높아도 샘플 수가 적으면 노이즈가 나타납니다. 재질의 샘플 설정은 최종 렌더링 시의 샘플 설정을 함께 고려해야 합니다. 안개 재질의 샘플 수가 200이라도 최종 렌더링 설정의 샘플 수가 20이라면 최종 렌더링에는 노이즈가 발생할 확률이 높습니다. 샘플 20 수준에서 최종 렌더링 연산을 종료하기 때문입니다.

또한 최종 렌더링 샘플 수가 높아도 재질의 샘플 수가 낮다면 노이즈가 발생합니다.

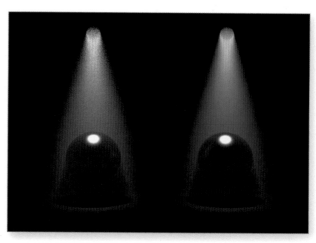

샘플 수 20   샘플 수 200

Fog Textured 재질은 안개 재질에 노이즈 맵을 적용하여 안개의 밀도를 변화시킨 것입니다. 노이즈 맵 설정에 따라 얼룩 영역의 크기, 밀도 차이를 설정할 수 있습니다. 이 재질은 특정 뷰를 기준으로 3차원 입자들에 2D 평면의 노이즈 텍스쳐를 적용하는 것이기 때문에 3차원 밀도 차이를 구현하지는 못합니다. 아래와 같이 빛에 의해 나타나는 연기, 먼지 등의 표현에 사용할 수 있습니다.

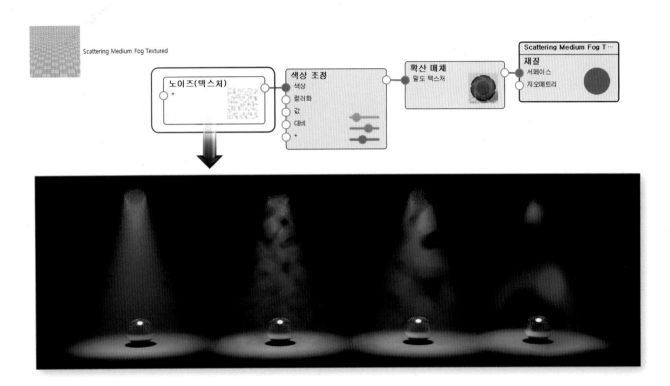

다중 산란 테스트(Multiple Scattering)

입자 재질의 다중 산란 설정은 입자에 닿고 튕겨 나간 빛을 추가로 추적하는 기능입니다. 글로벌 일루미네이션과는 별도로 작동합니다.

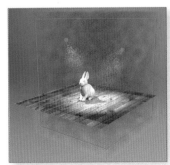

장면 구성

Multiple Scattering OFF

Multiple Scattering ON

LIBRARY
Scattering Medium
VDB Cloud

02. 확산 매체(입자) 재질-구름(VDB Cloud)

구름_Scattering Medium VDB Cloud(확산 매체 Scattering Medium) ★ KeyShot 8의 새로운 재질

VDB(Volume Data Base) 파일은 드림웍스(Dreamworks) 사 애니메이션에 사용될 구름, 연기, 물결, 비와 같은 3차원 파티클 입자 표현을 위해 C++를 기초로 개발한 3D 데이터 포맷으로, OpenVDB 그룹이 개발하였습니다.

키샷 확산 매체의 구름 재질은 기본적으로 뭉게구름 VDB 파일이 적용되어 있습니다. www.openvdb.org/Download에서 무료 샘플을 받을 수 있습니다.

Scattering Medium VDB Cloud Blue 100mm

Scattering Medium VDB Cloud White 100mm

Scattering Medium VDB Cloud Pink 100mm

www.openvdb.org 사이트

다운로드 가능한 vdb 파일 샘플

라이브러리의 Cloud VDB 재질 설정 항목

확산 매체의 설정 항목은 직관적으로 이루어져 있습니다. 수증기, 구름이 공기 중에 떠다니는 입자들의 집합이라는 사실만 알고 있다면 설정 항목의 의미는 쉽게 유추가 가능합니다. 지금부터 VDB 파일의 사용법과 외부에서 다운로드한 VDB 파일을 키샷에서 적용하는 방법, 그리고 설정에 따른 항목 변화 양상을 알아보겠습니다.

전송 Transmission —— 입자의 색을 설정합니다.

투명도 거리 Transparency Distance —— 입자의 투명도를 설정합니다. 값이 높을수록 투명합니다.

밀도 Density —— 입자의 밀도를 설정합니다.

다중 산란 Multi Scattering —— 확산 매체 내로 들어온 빛의 산란 특성을 설정합니다.

반사도 Albedo —— 입자의 반사율을 설정합니다.

확산 방향성 Scattering Directionality —— 입자에 닿은 빛의 산란 방식을 설정합니다.

샘플 Samples —— 입자 표현을 위한 샘플 수로 낮을수록 거칠게 나타납니다.

스케일 Scale —— 적용한 Vdb 파일을 파트 크기에 맞게 설정합니다.

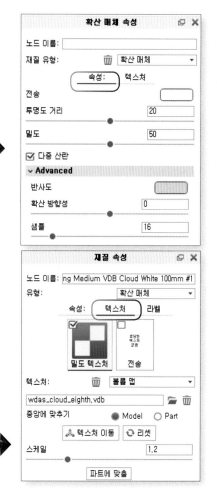

❶ 키샷 실행 > 편집 > 지오메트리 추가 > 큐브를 생성합니다(구체, 원기둥 등 체적을 가진 개체는 모두 가능합니다).

❷ VDB Cloud white 100mm 재질을 드래그&드롭으로 큐브에 적용합니다.

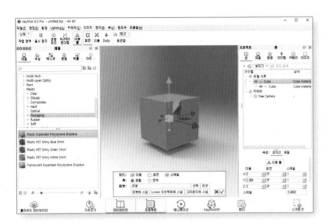
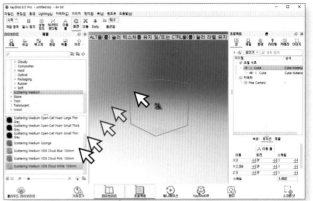

❸ 큐브의 크기에 따라 구름이 작거나 크게 나타납니다. 나타난 구름을 더블클릭하여 재질 설정 창을 활성화합니다.

❹ 재질 설정 창의 텍스쳐 탭을 클릭하고 하단의 '파트에 맞춤'을 선택합니다.

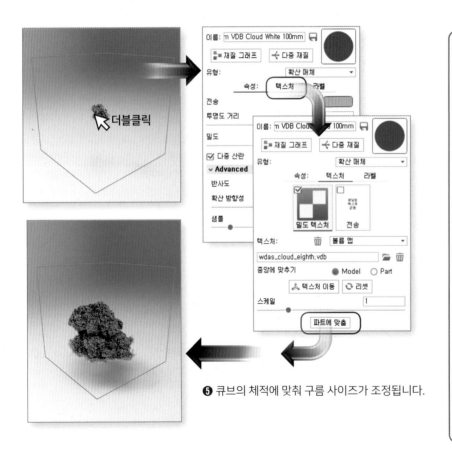

❺ 큐브의 체적에 맞춰 구름 사이즈가 조정됩니다.

스케일을 한계 이상으로 설정하여 구름이 개체의 크기보다 커지면 개체 외부의 형상이 잘린 듯 나타납니다. 상자에 담긴 구름과 같은 표현으로 응용할 수 있습니다.

외부 VDB 파일 사용법

❶ www.openvdb.org로 접속하여 상단 다운로드 탭을 클릭,
구름 토끼(bunny_cloud.vdb) 파일을 다운로드 합니다.

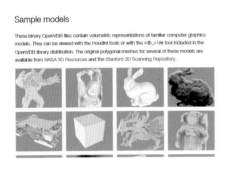

Sample models

These binary OpenVDB files contain volumetric representations of familiar computer graphics
models. They can be viewed with the Houdini tools or with the vdb_view tool included in the
OpenVDB library distribution. The original polygonal meshes for several of these models are
available from NASA 3D Resources and the Stanford 3D Scanning Repository.

bunny_cloud.vdb

❷ 키샷 실행 > 편집 > 지오메트리 추가 > 큐브를 생성하고 VDB
Cloud 재질을 적용합니다.

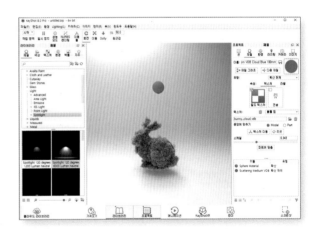

❸ 재질 설정 > 텍스쳐 탭으로 이동 > 텍스쳐 란에 다운받은
bunny_cloud.vdb 파일을 적용합니다(적용이 안 되는 경우,
vdb 파일을 바탕화면으로 이동하여 적용합니다. 프로그램의
버그로 보입니다).

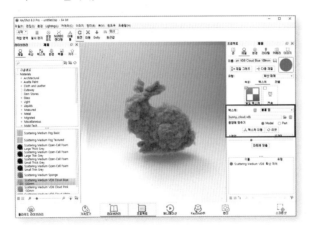

❹ 별도의 조명 개체가 없어 먼지 뭉치처럼 보입니다. 재질 설정
의 다중 산란을 활성화하고, 추가로 구체를 생성한 후 생성한
구체에 스포트라이트를 적용합니다.

❺ 스포트라이트의 강도를 조절하고 배경을 파란색으로 적용
한 이미지입니다. 환경 HDRI를 어둡게 하고 구름 내부에
포인트 라이트를 두면 빛나는 구름을 연출할 수 있습니다.

● 전송 컬러 테스트

전송 컬러를 설정하여 구름의 전체 컬러를 제어할 수 있습니다.

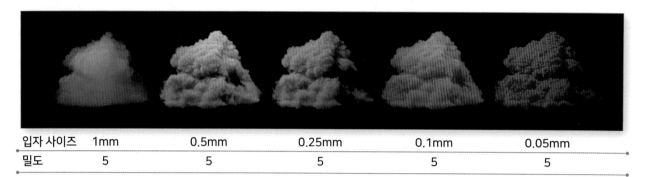

입자 사이즈	1mm	0.5mm	0.25mm	0.1mm	0.05mm
밀도	5	5	5	5	5

● 투명도 거리 테스트

투명도 거리 값을 높일수록 입자가 투명해집니다. 수치가 너무 높을 시에는 시각적으로 큰 의미 없이 렌더링 시간만 증가합니다.

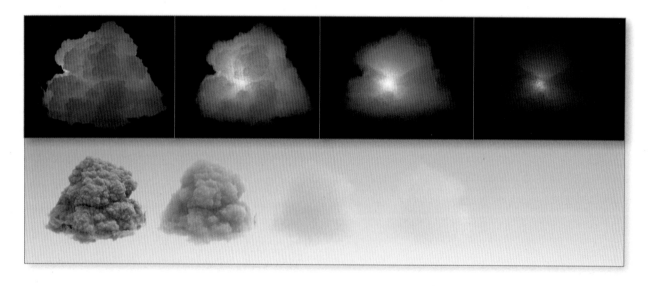

● 밀도 테스트

밀도 값 변화에 따른 양상입니다. 밀도 값이 높아지면 디테일이 선명해집니다.

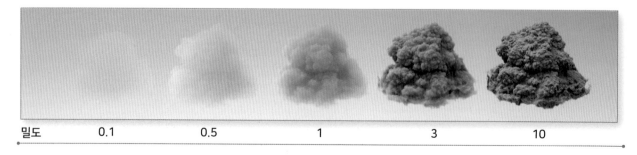

밀도	0.1	0.5	1	3	10

다중 산란 설정은 입자에 닿고 팅겨 나간 빛을 추가로 추적하는 기능입니다. 흰색 구름이나 연기의 경우, 이 옵션을 활성화해야 빛이 내부에서 지속적으로 산란해서 하얀 느낌을 얻을 수 있습니다. 라이팅 탭의 글로벌 일루미네이션과는 별도로 작동합니다.

● **반사도 테스트** ＊Advanced

반사도 설정에 따른 변화입니다. 반사도는 명도로 설정하는 것이 좋으나 상황에 따라 전송 컬러와 조합하여 유색의 구름을 설정할 수도 있습니다(고채도 유색 설정 시 보색과 노이즈가 나타날 수 있습니다).

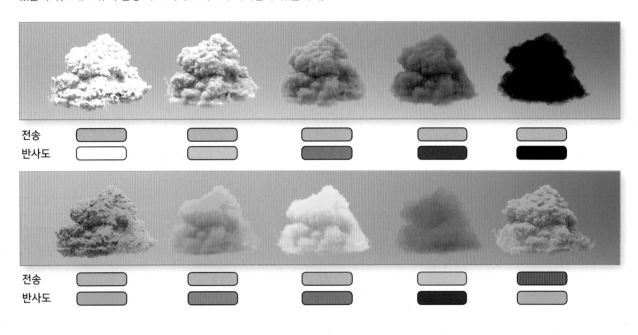

● **확산 방향성** ＊Advanced

확산 방향성 설정에 따른 변화입니다. 음수, 양수 모두 어두워지는 결과가 나타났습니다. 확산 방향성은 입자가 빛을 어떻게 산란할 것인가에 대한 설정이지만, 간단히 반사도로 제어하는 편이 더 용이해 보입니다.

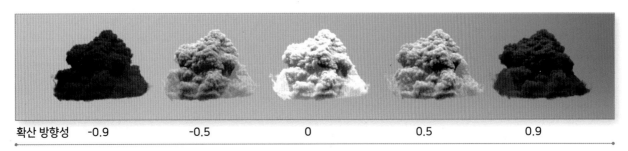

확산 방향성　　　-0.9　　　　　　-0.5　　　　　　　0　　　　　　　0.5　　　　　　　0.9

LIBRARY
Scattering Medium
Sponge

U3. 확산 매체(입자) 재질-스펀지(Sponge)

스펀지는 미세한 공기 방울을 발생시켜 성형하는 재질로, 단열재나 완충제로 많이 사용합니다. 키샷의 스펀지 재질은 확산 매체에 얼룩 논리 매핑을 적용하여 다양한 크기의 공기 방울을 표현합니다.

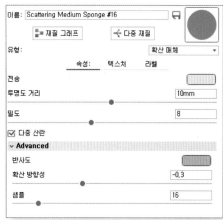

투명도 거리 테스트(밀도 8 고정)

투명도 거리가 길어질수록 입자가 점차 투명하게 보입니다.

| 투명도 거리 | 0.1mm | 1 mm | 10mm | 50mm | 100mm |

밀도 테스트(투명도 10mm 고정)

밀도가 높을수록 입자의 수가 증가하여 결과적으로 불투명하게 나타납니다.

| 밀도 | 1 | 2 | 5 | 10 | 50 |

얼룩 맵 스케일 설정 테스트

밀도 텍스쳐로 설정된 얼룩의 스케일 및 밀도, 기타 설정을 달리하여 다양한 표면을 연출할 수 있습니다.

전송 컬러 변경 테스트

전송 컬러를 설정하여 스펀지의 색을 정할 수 있습니다. 흰색 스펀지의 표현을 위해서는 별도의 조명 개체가 필요합니다.

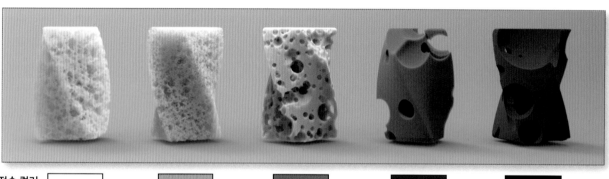

전송 컬러

흰색 스펀지의 표현

HDRI만으로 구성된 조명 환경만으로는 전송 컬러를 화이트로 설정하여도 흰색 스펀지로 보이지 않습니다. 별도의 라이트 개체를 설치하여 직접적인 빛을 받아야 흰색으로 표현됩니다.

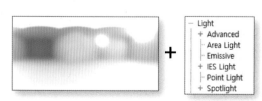

+

- Light
  + Advanced
  - Area Light
  - Emissive
  + IES Light
  - Point Light
  + Spotlight

전송 컬러   전송 컬러   + 별도 조명 개체

검은색 스펀지 재질 4가지가 미리 설정되어 있습니다. 그대로 사용해도
좋을만큼 품질이 우수합니다. 스펀지로 적용 시, 개체를 바닥에서 살짝
띄워 사용합니다. 테스트 결과, 바닥과 완벽히 붙어 있으면(이동 > 그라
운드 스냅) 그림자 부분에 오류가 나타납니다(아래 이미지 참조).

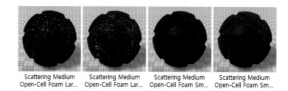

Scattering Medium Open-Cell Foam Lar... Scattering Medium Open-Cell Foam Lar... Scattering Medium Open-Cell Foam Sm... Scattering Medium Open-Cell Foam Sm...

60mm

* 그림자에 발생한 오류

이 재질은 서피스에 확산 매체를 사용, 확산 매체의 소스로 셀룰러를 사용합니다.
셀룰러는 서피스와 라벨의 공용 소스로 동기화되어 적용됩니다.

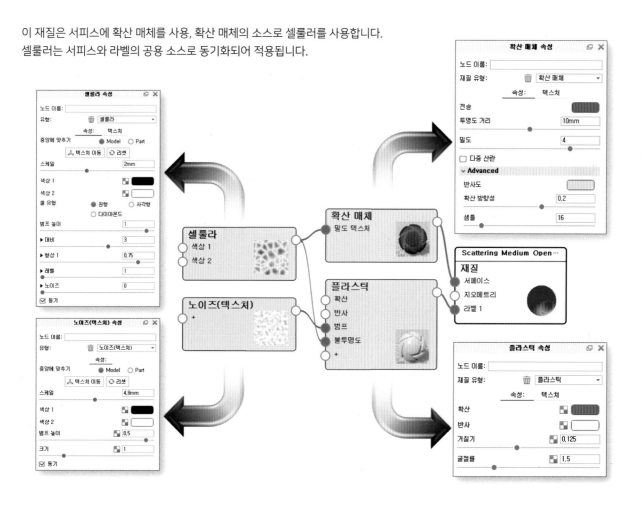

투명도 거리	10mm	50mm	100mm	500mm	1000mm
밀도	4	4	4	4	4

밀도 테스트

투명도 거리	10mm	10mm	10mm	10mm	10mm
밀도	0.1	0.5	1	5	10

재질 그래프 > 셀룰러 스케일 조정

셀룰러의 스케일 설정 조정 결과입니다.

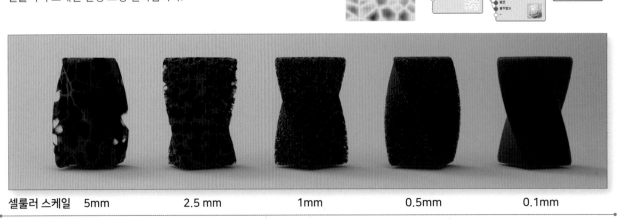

셀룰러 스케일	5mm	2.5 mm	1mm	0.5mm	0.1mm

● 재질 그래프 > 셀룰러 형상/대비 조정

● 재질 그래프 > 확산 매체/전송 컬러 테스트

확산 매체의 컬러는 내부의 색상에 반영됩니다.

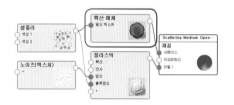

● 재질 그래프 > 라벨 > 플라스틱 확산 컬러 테스트

라벨 > 플라스틱의 확산 컬러는 외부 컬러에 반영됩니다.

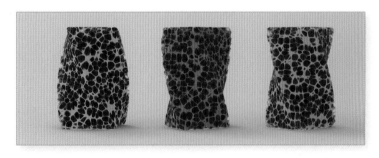
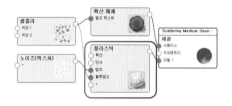

● 전송 컬러&라벨 컬러 동시 적용

확산 매체와 라벨 > 플라스틱의 색상을 모두 변경해야 컬러 스펀지로 보입니다.

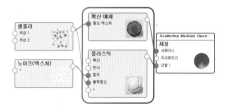

LIBRARY
Styrofoam

V1. 스티로폼

스펀지, 스티로폼은 기포들이 모여 만들어 내는 독특한 질감을 가지고 있습니다. 키샷 이전 버전에서는 이러한 질감을 만들기 위해 스티로폼 사진을 확산 맵으로 적용하고 범프맵을 추가하여 얼추 비슷하게 표현하였지만, 키샷 8부터 지원하는 대체(Displacement Map) 기능을 이용하여 좀 더 사실적인 재질의 표현이 가능해졌습니다.

* 이 기능은 모델링 기능과 동일한 입체 범프 개념에 가까워, 대체라는 단어와 어울리지 않습니다. 실무에서는 '대체'보다 '디스플레이스먼트(Displacement)'를 많이 사용합니다.

키샷 라이브러리 > 플라스틱 패키징 탭은 음료수 용기로 많이 사용되는 PET 재질과 폴리스티렌 재질(스티로폼)로 구성되어 있습니다. 패키징 탭에는 5개의 재질이 있으며 구성은 아래와 같습니다. 1번과 5번은 폴리스티렌으로 일상에서 자주 볼 수 있는 발포 스펀지와 발포 스티로폼이며, 각 재질 유형에 범프 맵과 디스플레이스먼트 맵이 적용된 구성입니다.

● 플라스틱 > 패키지 재질

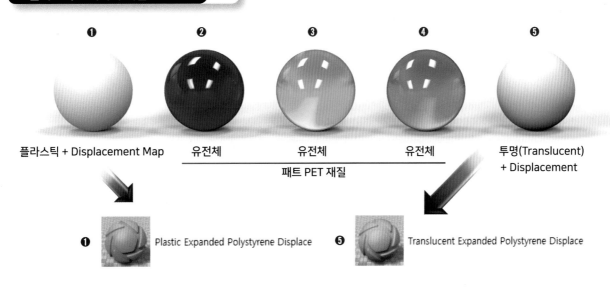

❶ 플라스틱 + Displacement Map

❷ 유전체

❸ 유전체

❹ 유전체

패트 PET 재질

❺ 투명(Translucent) + Displacement

❶ Plastic Expanded Polystyrene Displace

❺ Translucent Expanded Polystyrene Displace

두 재질은 매핑 구성은 동일하며 재질 유형만 투명(Translucent)과 플라스틱(빛 차폐)으로 다릅니다. 우측은 1, 5번 재질의 구성입니다. 지오메트리에 적용되어 있는 대체가 Displacement Map입니다. **대체(Displacement)에 적용된 셀룰러 매핑의 설정에 의해 스티로폼 기포 알갱이의 크기&모양이 결정됩니다.**

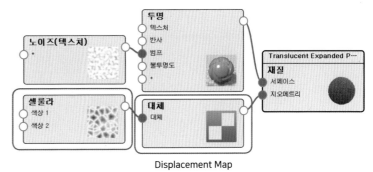

Displacement Map

다른 설정은 재질 기본 상태로 두고, 셀룰러 맵의 스케일을 순차적으로 증가한 결과입니다. 셀룰러 맵의 스케일과 형상 옵션으로 스티로 폴 입자 크기와 모양을 설정합니다.

● 셀룰러 맵 설정 변경

입자의 형상을 결정하는 셀룰러 맵은 설정 옵션이 다양하여 설정 방식에 따라 여러 가지 표현이 가능합니다.

· 셀룰러 맵 설정 변화 ❶

· 셀룰러 맵 설정 변화 ❷

아래는 셀룰러 크기가 동일한 상태에서 대체의 높이 항목을 순차적으로 증가시킨 결과입니다.

오프셋 설정은 대체 기능에 의해 변형되는 기준을 설정하는 기능으로, 0보다 클수록 기준면을 내부 방향으로 줄인 후 대체를 적용하기에 크기가 줄어듭니다. 0보다 작으면 외부로 작동합니다.

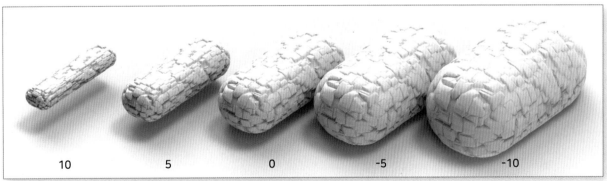

대체(Displacement) 기능이 설정된 상태로 재질 유형을 투명, 금속, 플라스틱, 필름 등으로 변경이 가능합니다.
이 재질에서는 대체 기능이 스티로폼에 사용되었지만, 사실 이 기능의 활용 방법은 매우 다양합니다.

1. 대체 기능 사용 시 기본적으로 폴리곤의 수가 증가한다.

대체 기능은 단위 폴리곤에 적용되어 적용 소스의 밝기 값에 따라 폴리곤을 재 테셀레이션하여 실제로 모델을 변형하는 기능이므로 적용 시 기본적으로 폴리곤의 수가 증가합니다.

2. Rhino 3D 넙스 모델 > 키샷으로 가져오며 테셀레이션(폴리곤으로 변환)한 모델에 대체 기능 적용 시 폴리곤 수가 극단적으로 증가한다.

아래는 라이노 3D에서 제작한 모델로 B는 넙스 모델, A는 B 모델을 폴리곤으로 변환한 모델입니다. 이 모델을 키샷으로 불러들여 대체(Displacement) 기능이 적용된 스티로폴 재질을 입히면 폴리곤의 수가 극단적으로 늘어나고 적용 상태도 좋지 않습니다. 또한 프로그램이 다운될 확률이 높습니다.

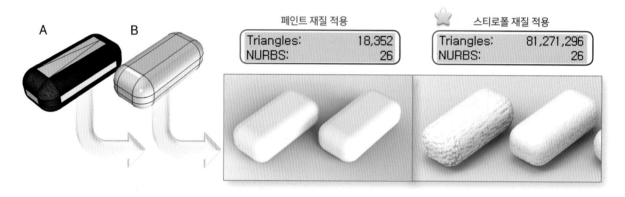

페인트 재질 적용
| Triangles: | 18,352 |
| NURBS: | 26 |

★ 스티로폴 재질 적용
| Triangles: | 81,271,296 |
| NURBS: | 26 |

아래는 **3D MAX에서 제작한 모델로** 폴리곤의 수의 합은 약 4만 개 입니다. 기본 모델의 폴리곤의 수가 위보다 더 많음에도 불구하고 스티로폴 재질을 적용하였을 때의 폴리곤 수가 **위 사례의 10% 수준입니다.** 이는 키샷에서 대체 기능 적용을 위해 넙스 모델을 폴리곤 구조로 변환(테셀레이션)하는 과정에서 발생하는 문제로 보입니다. 이 기능이 안정화될 때까지 대체 기능은 키샷 자체적으로 제공하는 기본 지오메트리를 사용하거나 3D Max, Maya와 같은 폴리곤 중심의 프로그램을 이용하는 방법을 추천합니다.

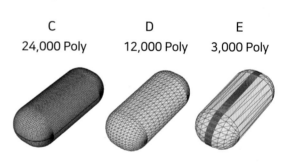

| C | D | E |
| 24,000 Poly | 12,000 Poly | 3,000 Poly |

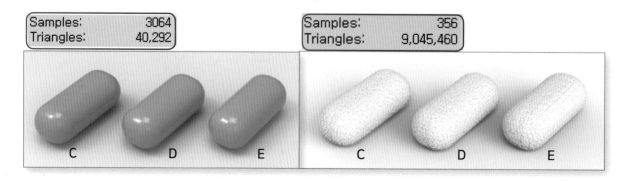

| Samples: | 3064 |
| Triangles: | 40,292 |

C　　D　　E

| Samples: | 356 |
| Triangles: | 9,045,460 |

C　　D　　E

3. 폴리곤이 독립적으로 떨어져 있을 경우(Vertex Merge가 되지 않은 경우), 대체 적용 시 틈이 벌어진다.

단일 폴리곤은 삼각형 또는 사각형으로 구성되며 꼭지점에 Vertex(버텍스)를 가지고 있습니다. 폴리곤은 다른 폴리곤들과 연결되면서 3차원 형상을 만듭니다. 이때 끝단이 정말로 붙어 있을 수도 있고(우측 A), 붙어 있는 것처럼 보이지만 실제로는 떨어져 있을 수도(우측 B) 있습니다. 이 개념은 대체 기능 적용 시 큰 차이를 가져옵니다. 폴리곤 모델링에 익숙한 경우라면 기본적인 사항이지만 넙스 모델링 + 키샷의 조합에 익숙한 경우에는 생소한 개념일 수 있습니다.

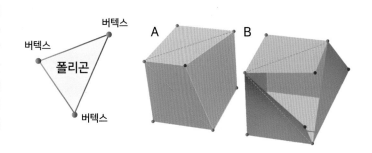

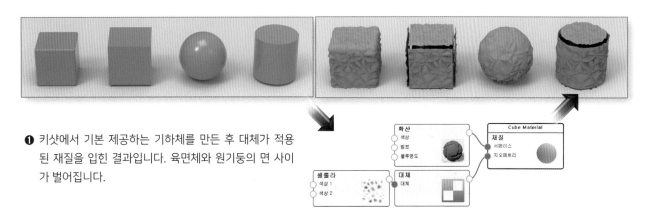

❶ 키샷에서 기본 제공하는 기하체를 만든 후 대체가 적용된 재질을 입힌 결과입니다. 육면체와 원기둥의 면 사이가 벌어집니다.

❷ 모델을 선택, 내보내기 기능을 이용하여 *.obj로 저장한 후 3D MAX에서 열어보면(키샷에서는 확인이 불가능하므로) 면이 떨어져 틈이 생겼던 육면체와 원기둥은 버텍스가 붙어 있지 않은 것을 확인할 수 있습니다. 정리하면, 키샷에서 제공하는 3D 개체 중 일부는 버텍스가 떨어져 있으므로 대체 기능을 적용할 때에는 라운드 육면체, 구, 도넛형, 평면 개체를 이용해야 합니다.

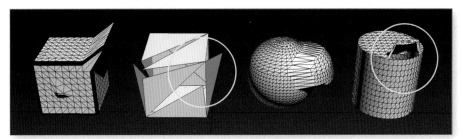

대체 기능은 다양한 용도로 사용될 수 있습니다. 대체 기능의 기본적인 사용 방법을 알아보겠습니다.

❶ 키샷 실행 > 기본 3D 개체 중 평면을 생성합니다.

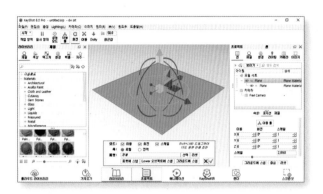

❷ 재질을 페인트로 설정, 재질 그래프를 실행합니다.

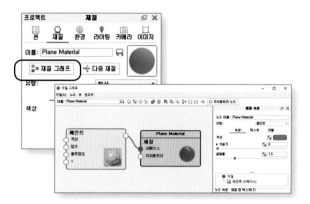

❸ 재질 그래프 > 노드 > 지오메트리 > 대체를 클릭합니다.

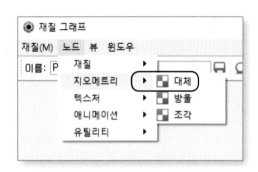

❹ 대체 노드가 생성되었습니다. 대체는 지오메트리에 적용되어야 하므로, 대체 앞의 흰 원을 클릭 > 지오메트리로 연결합니다.

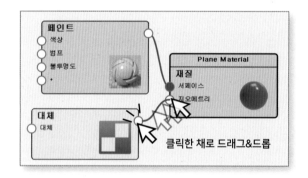

❺ 대체 노드는 그 자체로 사용할 수 없습니다. 대체 속성의 텍스쳐를 클릭하여 이미지를 선택합니다
　(블랙&화이트 이미지가 필요하므로, 키샷 텍스쳐 Opacity Map 중 2번째 화이트 배경에 검은색 원으로 된 이미지를 더블클릭합니다).

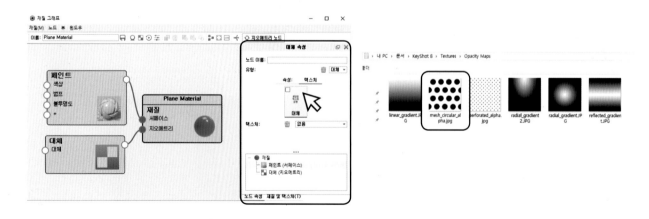

❻ 재질 제작이 완료되었지만, 실시간 뷰포트에 변화가 보이지 않습니다.

대체 기능 노드를 더블클릭 > 대체 속성 중 Excute Geometry Nodes 아이콘을 클릭해야 적용이 완료됩니다.

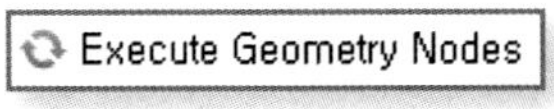

* 대체에 사용된 맵이나 대체의 설정 값이 변경된 경우에도 꼭 이 버튼을 눌러야 적용이 되니 유의하세요.

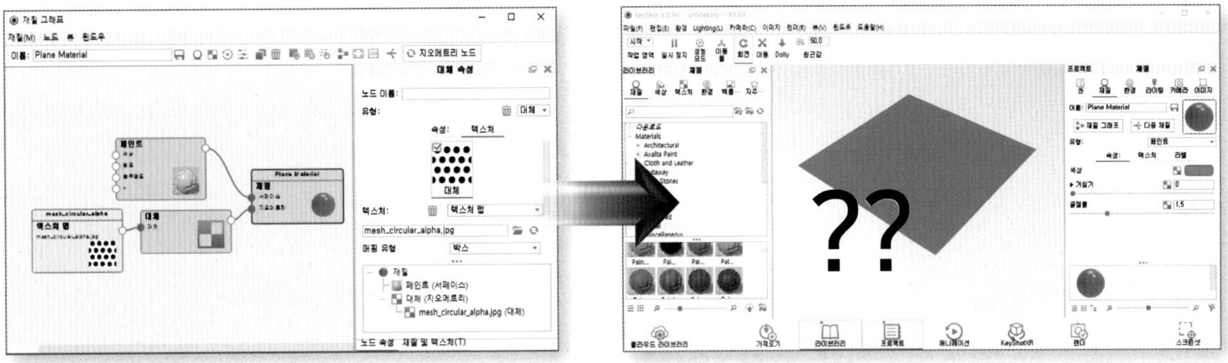

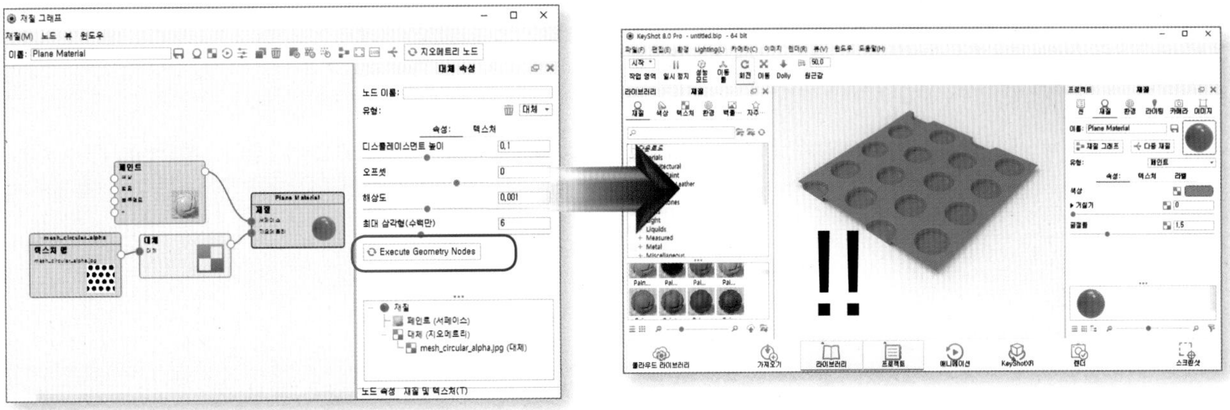

❼ 대체 맵은 범프 맵과 사용법이 유사합니다. 맵 소스로 사용될 이미지의 픽셀 해상도가 모델에 영향을 주며 이미지의 명도 단계에 따라 돌출합니다. 가능하면 픽셀 해상도를 높여서 제작하여야 좋은 퀄리티를 얻을 수 있습니다(범프 맵의 사용법은 본 장의 앞부분을 참고하세요).

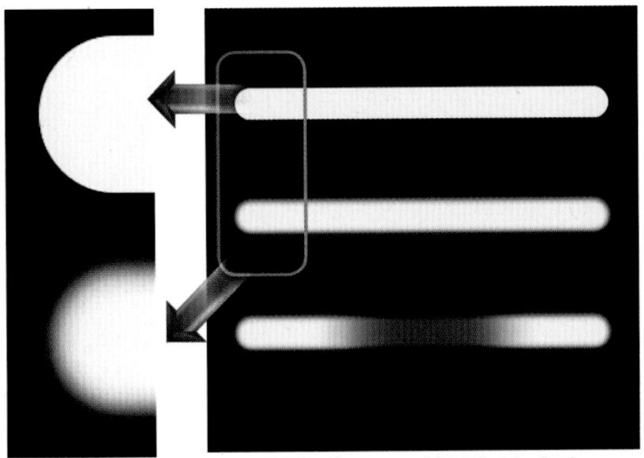

대체 맵으로 사용된 이미지

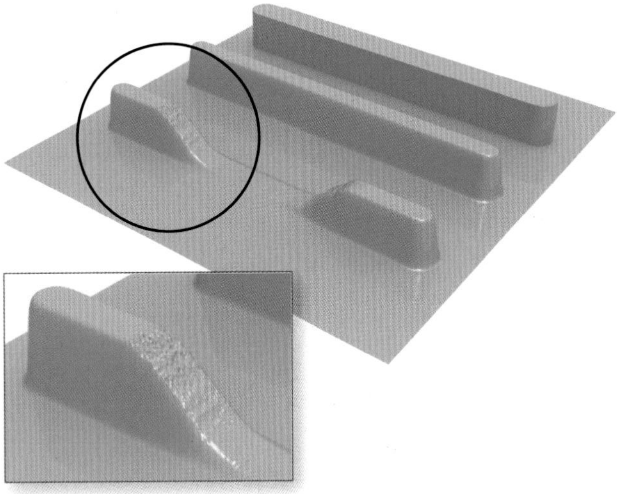

LIBRARY
PET

V2. 페트

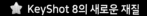
PET 재질은 음료병 등에 많이 사용하는 재질로 플라스틱 수지의 일종입니다. 키샷의 페트 재질은 유전체 재질 유형을 바탕으로 설정되어 있습니다. 이 재질을 정확하게 표현하기 위해서는 **얇은 두께**를 가진 모델링 이 필요합니다. 세부 항목은 **재질 유형 : 유전체(Dielectric)** 를 참고하세요.

 ❶ Plastic PET Shiny Blue 3mm   ❷ Plastic PET Shiny Green 3mm   ❸ Plastic PET Shiny White 3mm

페트병의 두께 측정

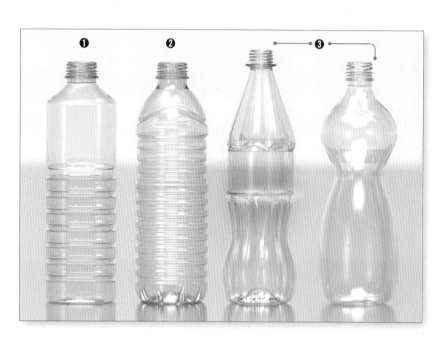

* 블로우 성형 Blow Molding

페트병은 프리폼에 열을 가해 말랑하게 만든 후 강한 공기압을 불어 넣어 성형하는 블로우 기법으로 제작됩니다.
아래는 프리폼과 완성된 페트병, 음료수병의 금형, 블로우 성형의 모습니다.

성형된 페트병 ●

성형 전의 프리폼
(Freeform) ●

재질 유형 > '측정됨'은 *.axf(Appearance Exchange Format), *.Xml 포맷으로 저장된 재질의 측정 데이터를 적용할 수 있도록 한 재질 유형입니다. Mold Tech와 X-rite 재질이 이에 해당하며 관련 제작사에서 배포하는 소스를 받아 라이브러리에 넣어 사용하거나 키샷 클라우드에서 다운로드할 수 있습니다(모델링을 1:1 스케일로 진행 후 적용해야 정확한 표현이 가능합니다).

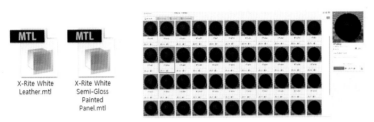

미리 정의된 재질 파일

키샷 클라우드(KeyShot Cloud)의 관련 재질 >
Measured Material

X-rite 재질

X-rite는 컬러 매니지먼트 솔루션을 제공하는 회사명입니다.
이 회사에서 제공하는 재질/컬러 정보를 키샷 재질로 만들수 있습니다.

X-Rite : Color Management Solutions and Products
https://www.xrite.com/

Mold Tech

https://www.mold-tech.com/

몰드 테크는 플라스틱 표면의 가공 패턴 개발 전문 회사로, 개발한 각종 범프 패턴을 3D 개체의 표면에 정확히 구현하고 평가할 수 있도록 관련 재질 정보를 1:1 스케일로 만들어 제공합니다. 각종 제품의 표면, 자전거 손잡이의 그립 등 심미 + 기능과 연관되어 사용되며 가죽, 노이즈, 돌 등 수천 가지의 가공 패턴이 있습니다.

키샷 클라우드 라이브러리의 Material 탭에서 관련 재질을 다운로드할 수 있습니다.

재질 적용 결과

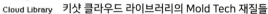 **Cloud Library** 키샷 클라우드 라이브러리의 Mold Tech 재질들

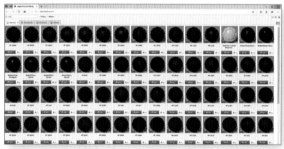

LIBRARY
Wood

W. 나무 재질

나무-Wood

키샷 재질 라이브러리의 우드 탭은 논리 매핑을 이용하는 Procedural과 텍스쳐 맵(이미지)을 이용하는 Traditional로 나뉩니다. 문서 > KeyShot > Textures > Wood 탭에 설치 시 제공되는 이미지 소스가 있으며, 웹에서 Wood Texture 키워드로 검색하여 다양한 유-무료의 이미지를 얻을 수 있습니다.

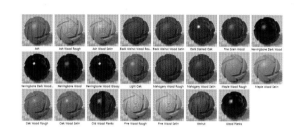

```
─ Wood
    ├ Procedural
    └ Traditional
```

● Procedural

이 재질은 플라스틱에 나무 논리 매핑을 사용 > 표면과 거칠기, 범프 3곳에 동시에 적용되도록 설정되어 있습니다. 나이테와 결의 크기, 변이, 베인(Vein) 등 나무의 생육 과정을 반영한 다양한 설정 옵션을 제공합니다. 하나의 재질로 단면과 외부면 모두 표현되어 편리합니다.

재질 그래프

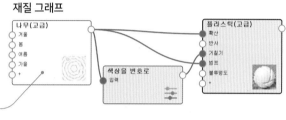

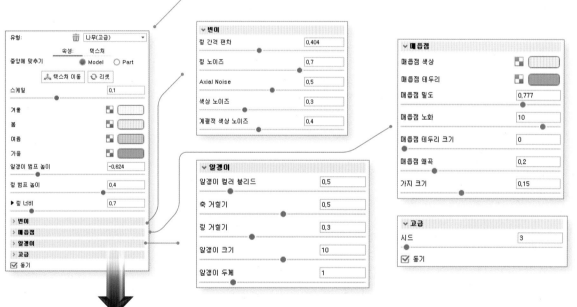

· 설정을 변경한 결과

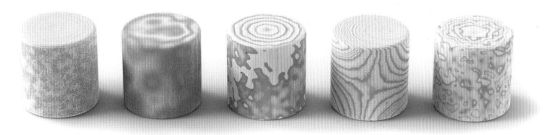

트래디셔널에 속한 나무 재질은 이미지 맵을 이용합니다. 그러나 이미지를 바로 적용하여 덮는 방식이 아니라 이미지 맵을 조정하여 컬러와 톤을 조절할 수 있도록 유틸리티 노드가 설정되어 있습니다.

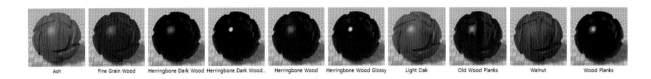

| Ash | Fine Grain Wood | Herringbone Dark Wood | Herringbone Dark Wood... | Herringbone Wood | Herringbone Wood Glossy | Light Oak | Old Wood Planks | Walnut | Wood Planks |

논리 매핑 나무 VS 이미지 매핑 나무

논리 매핑으로 구성된 나무는 설정에 따라 나이테와 외부 표면을 지정할 수 있지만, 이미지 매핑의 경우 단면(나이테) 맵과 외부 맵의 별도 매핑 작업이 필요합니다.

논리 매핑　　　　　단면 이미지 맵 필요

Fine Grain Wood

Fine Grain Wood

파인 그레인 우드는 회색 텍스쳐 맵을 확산과 범프, 거칠기에 적용한 것으로, 확산 속성의 컬러 블랜딩에서 색을 설정하여 여러 가지 색의 나무 표현이 가능합니다.

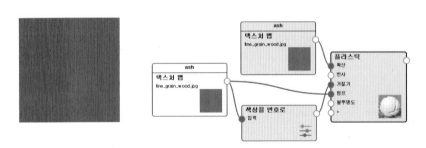

· 컬러 블랜딩 테스트

Herringbone Wood

Herringbone Dark Wood

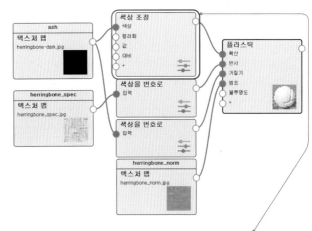

짜맞춤 바닥재 재질로 이미지 맵을 사용하지만 확산, 반사, 거칠기에 유틸리티 노드를 적용해 설정 제어가 가능합니다. 범프 맵에 일반 화이트 블랙의 이미지가 아닌, 입체적인 범프를 표현할 수 있는 노멀 맵이 적용되어 결과물의 품질이 우수합니다.

색상 조정 노드의 색조로 컬러와 톤을 조절합니다.

▎색조 테스트

▎값(Value) 테스트

값은 색상의 밝기를 결정합니다. 높을수록 밝아집니다.

▎맵 크기 테스트

이 재질에 적용된 짜맞춤 이미지는 패턴화되어(Seamless) 있어 반복적으로 적용되어도 반복선 없이 자연스럽게 연결됩니다.

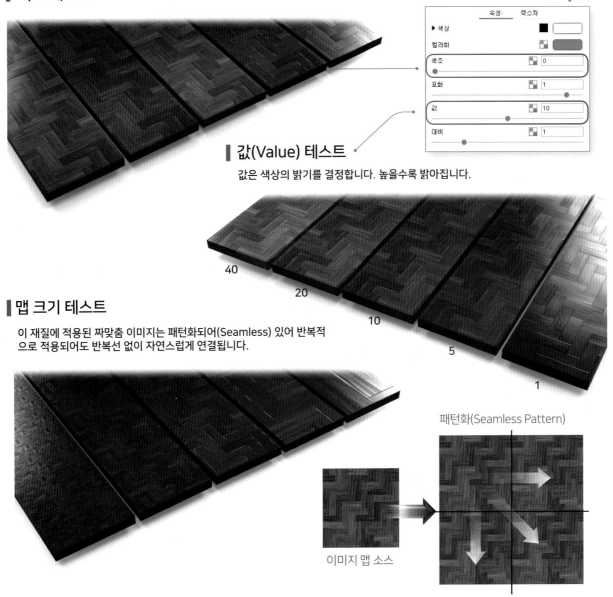

패턴화(Seamless Pattern)

이미지 맵 소스

나무의 표현-확산, 범프, 반사(색상, 거칠기, 반사의 이해)

재질의 표현 시 확산, 범프, 반사 정도만 설정해 주어도 사실감 있는 표현이 가능합니다.

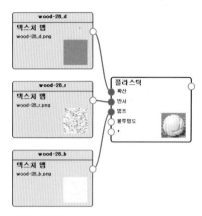

재질 그래프

❶ 플라스틱 재질에 나무 바닥 이미지를 확산 맵으로 적용한 결과입니다. 유리창의 반사가 너무 깨끗하여 바닥이 표면 요철 없는 유광 상태로 보입니다.

❷ 재질 거칠기 값을 0.2로 설정하였습니다. 미세한 거칠기에 의해 반사가 흐려집니다.

❸ 거칠기 값을 0으로 두고 범프 맵을 적용한 결과입니다. 범프 맵에 의해 나무 바닥의 결들이 살아나 조금 더 입체적으로 보입니다.

❹ 색상 + 범프 + 반사 맵을 적용한 결과로 부분마다 반사의 정도가 다르게 나타납니다. 반사 맵 역시 이미지 소스의 명도를 기준으로 작동합니다.

❺ 반사 맵을 화이트 블랙의 체커로 변경하여 적용한 결과입니다.

나무의 표현-대체 맵(Displacement) 이용

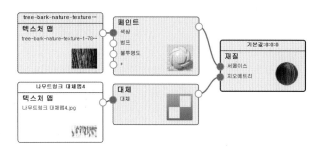

고급 렌더러들이 대체(Displacement)에 열광하는 이유는 이 기능이 보여 주는 압도적인 퀄리티 대비 편의성 때문입니다. 텍스쳐가 강한 나무 트렁크를 모델링으로 진행하기란 무척 고달픈 일이지만, 대체 맵으로 처리하면 수정도 쉽고 시간 효율도 높아집니다. 대체 맵의 사용법은 스티로폴 재질을 참고하세요.

❶ 원기둥을 생성합니다.

❷ 대체 맵으로 사용할 이미지 소스를 포토샵 등을 이용하여 준비합니다. 원기둥을 폈을 때를 고려하여 비례를 맞춥니다.

❸ 대체 맵은 지오메트리에 적용하며 적용 후에는 항상 Excute Geometry Nodes 아이콘을 클릭해야 반영됩니다. 필자는 준비한 소스에 굴곡이 부족해(A) 굴곡이 될 부분을 추가로 수정하여(B) 적용하였습니다. 이미지만 수정하면 되니 무척 편리합니다.

A B

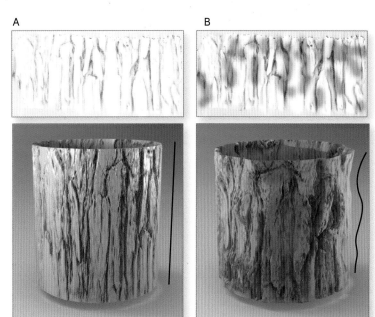

❹ 확산 맵에 나무 표면 이미지를 적용합니다. 개체가 원기둥이므로 원기둥 매핑 유형으로 설정합니다(매핑 유형 설정은 5장을 참고하세요).

| 매핑 유형 | 원통형 |
| 중앙에 맞추기 | ● 모델　○ 파트 |
| ⛏ 텍스처 이동　⟳ 리셋 |

확산 맵 소스

Harry's Shaver
https://www.harrys.com/en/us

완성 이미지

LIBRARY
Stone

X. 돌 재질

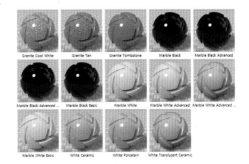

스톤 카테고리는 Granite(화강암), Marble(대리석), Solid(세라믹&포세린)의 하위 카테고리로 구성됩니다. 화강암과 대리석은 노이즈와 대리석 논리 매핑으로 구성되며 설정 제어를 위해 유틸리티 노드가 적용되어 있습니다. 돌 재질은 사진을 이용한 매핑이 대체적으로 논리 매핑보다 좋은 결과를 보여 줍니다.

Granite-화강암

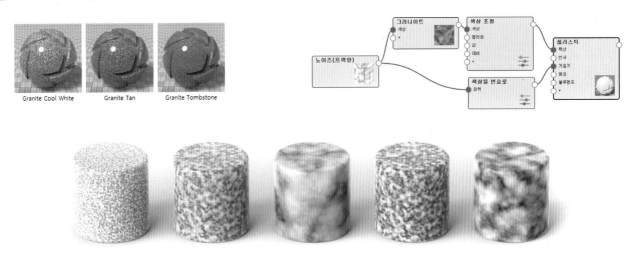

Solid(세라믹&포세린)

세라믹(자기, 도기) 재질은 플라스틱 유형에 노이즈, 반투명 재질에 텍스쳐 맵이 적용되어 있습니다. 포세린(Porcelain)은 1200도의 고온으로 소성하여 물의 흡수율이 0.5%이하로 낮은 자기 타일로, 천연석과 비슷한 느낌을 주어 고급 바닥재로 사용하는 재질입니다. 재질 구성은 세라믹과 동일합니다.

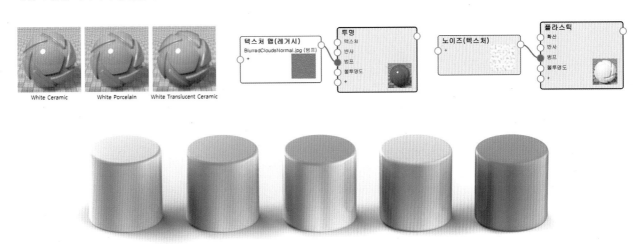

Marble

Marble Black

대리석은 플라스틱 재질에 대리석 논리 매핑이 확산 항목으로 적용되어 있습니다. 대리석 설정으로 표면의 패턴을 제어합니다.

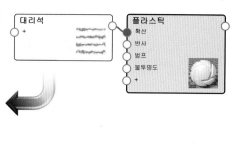

Black Marble(Advanced)

Marble Black Advanced

위 재질은 대리석 표면을 1개의 논리 패턴으로 제작하지만, 이 재질은 색상 컴포지트 노드를 이용하여 2중 패턴을 구현합니다. 색상 컴포지트 노드의 소스에 연결된 대리석이 표면의 패턴이며 백그라운드에 연결된 대리석 맵이 은은히 나타나는 패턴입니다. 2개의 레이어로 인해 조금 더 복잡하고 자연스러운 대리석 질감을 만들 수 있습니다.

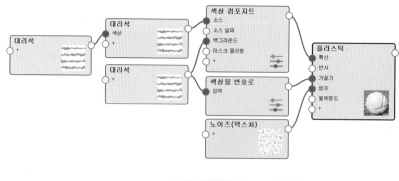

White Marble(White, Basic)

블랙 마블과 동일한 재질 구성이며, 색상 변경으로 다양한 구성이 가능합니다.

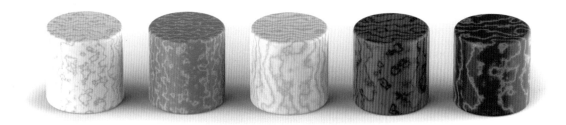

White Marble(Advanced, Translucent)

Black-Advanced와 동일한
재질 구성입니다.

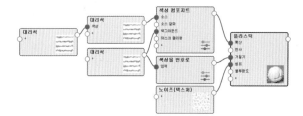

논리 맵 VS 이미지 맵

재질의 표현 시, 논리 매핑보다 해당 재질의 실제 사진을 이용하는 편이 더 자연스럽고 실제감 있게 나타납니다. 아래는 대리석과 화강암 재질의 비교입니다. 각 재질의 오른쪽이 사진을 이용한 것으로 퀄리티의 차이가 확연합니다. 논리 매핑은 자연체의 다양성을 아직 따라가지 못합니다.

LIBRARY
ASSET Download

Y. 재질 다운로드

ASSET > Poliigon Materials

키샷 홈페이지의 Resource > Dowonload > Asset에서 별도의 키샷 재질을 무료로 받아 사용할 수 있습니다. 라이브러리에 Poliigon 과 Axalta 카테고리가 생성됩니다. Poliigon 재질들은 우수한 퀄리티의 고해상도 비트맵 이미지 맵을 사용하여 수준 높은 결과물을 보여 줍니다. 더 많은 재질은 https://www.poliigon.com에서 유·무료로 받을 수 있습니다. Axalta 카테고리에는 코팅, 도료 전문 회사 인 AXALTA 사의 컬러들이 제공됩니다.

❶ 재질 설치 후,

❷ 라이브러리 재질 탭에 Poliigon, Axalta 탭 생성

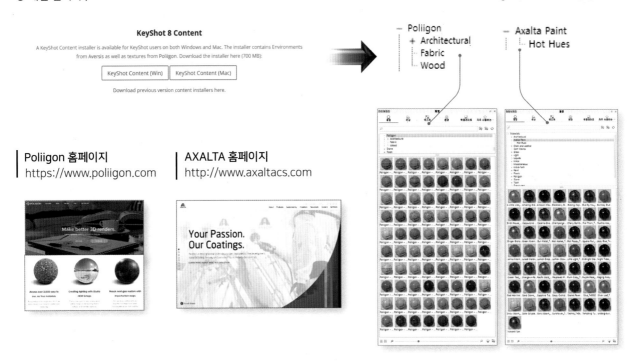

Poliigon 홈페이지
https://www.poliigon.com

AXALTA 홈페이지
http://www.axaltacs.com

Poliigon > Fabric

Liene, Wool, Woven 재질 6종을 제공합니다.

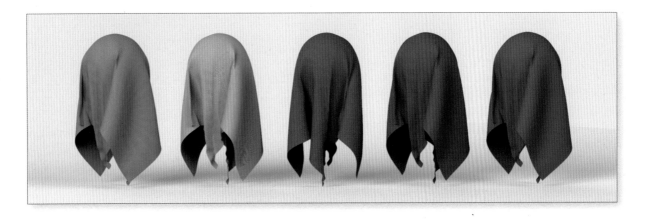

건축물의 내·외장재 타일과 여러 가지 석재 재질로 구성됩니다.

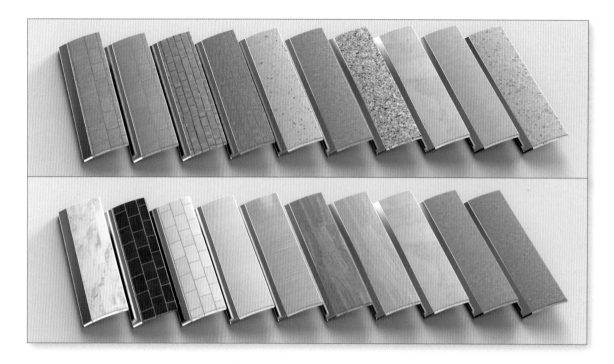

각종 나무, 나무 바닥 재질로 구성됩니다.

Axalta Paint

AXALTA 사의 도료 컬러를 제공합니다.

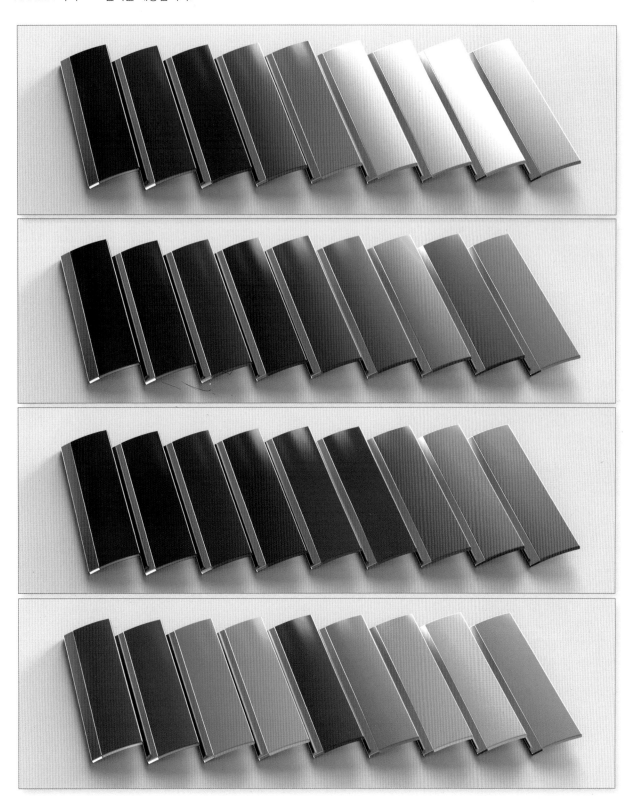

LIBRARY
Cutaway

Z. 내부 모형

제품이나 복잡한 기계류의 구조는 전문가가 아닌 이상 도면으로 이해하기 어렵습니다. 그래서 일반 사용자의 이해를 높이기 위해 몇 가지 방식이 사용되는데 그중 하나가 내부 모형(Cutaway)입니다. 이 방식은 외관의 일부를 잘라 내 전체 외형 정보의 일부를 손실하지만, 외부를 물리적으로 투명으로 처리하는 것(메인 이미지)보다 비용 면에서 유리하기 때문에 실물을 이용한 구조 이해 모형에 많이 사용됩니다.

제품 구조를 설명하는 어셈블리 모델 / 자동차 내부 구조를 보여 주는 Cutaway 모델

내부 구조의 표현 방식

1. 외형을 투명체로 처리

3D 렌더링 방식으로는 어렵지 않으나 굴절에 의한 왜곡이 발생하고, 실제로 구현하기 위해서는 많은 비용이 소요됩니다.

2. X-ray

모든 구조가 겹쳐 보이기 때문에 복잡한 구조의 경우 이해가 더 어렵습니다.

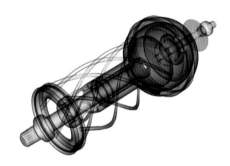

3. 어셈블리 모델

각 파트를 일정 법칙에 따라 배열하는 방식입니다.

4. Cutaway 모델

외형의 일부를 제거하여 내부 구조를 드러냅니다.

컷어웨이는 제품의 일부, 특히 외형의 일부를 가려 내부를 보여 줄 때 유용합니다. 키샷 8에 새로이 탑재된 기능이며, 가릴 대상과 보여 줄 대상을 설정할 수 있어서 타 렌더러의 비슷한 기능들과 비교했을 때 더 우수합니다.

이 기능을 100% 활용하기 위해서는 제품의 경우 틈새 없이 두께를 만들어야 하며, 폴리곤 모델의 경우에도 버텍스가 떨어진 부분이 없어야 합니다. 틈이 있는 경우에도 적용은 되지만 부분적으로 에러가 발생합니다.

❶ 기본 모델링입니다. B는 A의 붉게 보이는 면을 채우지 않았습니다. 개체별로 레이어를 정리하여 저장합니다.

❷ 키샷으로 불러와 기본 재질을 설정합니다.

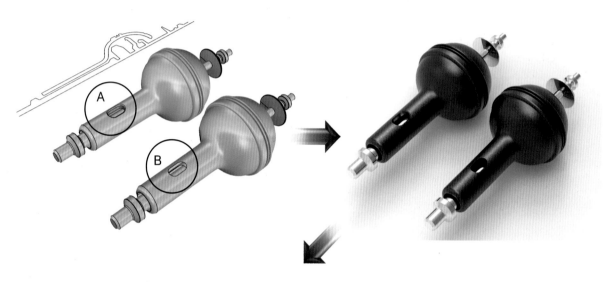

❸ 육면체를 생성하고 대상과 겹치도록 위치와 크기를 조절합니다. 육면체에 Cutaway 재질을 적용합니다.

❹ 재질이 적용되며 육면체가 사라집니다. 육면체와 겹치는 부분이 잘려 나간 듯 표현됩니다.

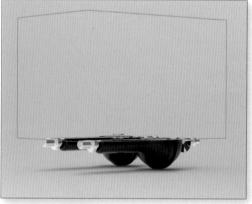

Cutaway 재질

Cutaway Basic Red Caps   Cutaway Cross-Hatching Lines Caps   Cutaway Hatching Double Lines Caps   Cutaway Hatching Lines Caps   Cutaway Inherit Caps   Cutaway No Caps   Cutaway Paint Gloss Red Caps

❺ 뷰를 돌려 확인해 보면 모델링 시 면을 생성하지 않았던 부분이 정상적이지 않게 표현되었습니다. 가능한 한 틈이 없게 모델링을 진행하여야 합니다.

현재는 Cutaway 재질이 적용된 육면체에 의해 모델 전체가 잘려 나간 상태입니다. 만약 C 파트는 본 상태로 보여 주고 싶을 때는 어떻게 할까요?

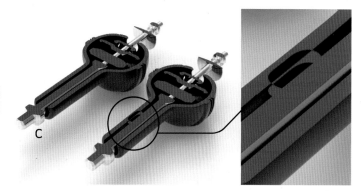

❻ 씬 트리에서 Cutaway가 적용된 육면체를 선택 > 더블 클릭하여 재질 설정으로 이동합니다. 재질 설정 창 하단에 '제외된 노드' 옆 '+' 아이콘을 클릭하면 제외된 노드추가 창이 나타납니다. 여기에서 Cutaway의 영향에서 제외할 개체를 선택 > 확인을 누릅니다.

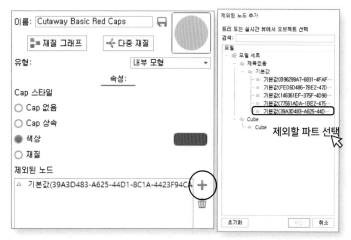

❼ 적용 결과입니다. Cutaway는 육면체, 구형, 원기둥 등 3D 개체라면 모두 적용이 가능하며, 적용한 형상과 겹치는 방식에 따라 다양한 표현이 가능합니다.

구체적용

6

Chapter 06

Lighting&Shadow
빛과 그림자

빛과 그림자는 장면의 성격을 좌우하는 중요한 요소입니다.
본 장에서는 빛에 대한 기본적인 개념을 알아보고
키샷의 환경 라이팅과 개체 라이팅의 종류별 개념 및 활용 방법을 학습합니다.

KeyShot > Lighting&Shadow Technique

라이팅과 그림자를 이용하여 3D로 표현된 자신의 디자인&장면을 다채롭게 연출할 수 있습니다.

3D 렌더링과 라이팅

1. 쉬움 = 성장의 걸림돌

재질과 매핑 과정까지 완료된 3D 모델링은 라이팅(Lighting)과 환경(Environment) 연출 과정을 통해 하나의 장면으로 완성됩니다. 키샷은 라이브러리의 각종 HDRI 소스를 이용하여 클릭 한 번으로 너무나 쉽게 설정할 수 있고 또 그 결과가 상업용 최종 퀄리티는 아니더라도 높은 수준을 보여 줍니다.

모든 열정을 디자인과 모델링에 쏟아붓는 산업 디자인, 엔지니어에게 렌더링 과정이 쉬워져 부담이 줄어드는 사실은 분명 축복입니다. 그러나 그 '쉬움'이 오히려 고급 렌더러로 성장하는 과정에 걸림돌로 작용하는 부분도 존재합니다. 지금부터 고급 사용자가 되기 위한 키샷의 라이팅 테크닉과 환경의 사용&응용법, 그리고 이와 관련된 기본 개념들에 대해 알아보겠습니다.

2. 라이브러리의 환경&라이트

키샷은 개체를 포함하는 가상의 구체에 조명과 반사 환경의 정보를 담고 있는 HDR 이미지를 적용하여 별도의 조명 개체 없이 분위기 연출이 가능하며, 개체에 빛나는 부분이나 개체를 비추는 별도의 조명이 필요할 경우 라이트가 될 3D 개체를 만든 후 재질 > 라이트탭의 소스들을 적용하여 발광체를 구현합니다. 키샷 8 버전으로 업그레이드되면서 스포트라이팅과 Flakes가 추가되어 이제 전문적인 라이팅 설정도 가능해졌습니다.

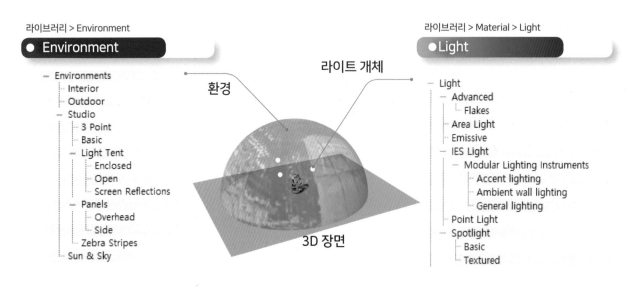

라이브러리 > Environment

Environment

- Environments
  - Interior
  - Outdoor
  - Studio
    - 3 Point
    - Basic
    - Light Tent
      - Enclosed
      - Open
      - Screen Reflections
    - Panels
      - Overhead
      - Side
    - Zebra Stripes
- Sun & Sky

환경

라이트 개체

3D 장면

라이브러리 > Material > Light

Light

- Light
  - Advanced
    - Flakes
  - Area Light
  - Emissive
  - IES Light
    - Modular Lighting Instruments
      - Accent lighting
      - Ambient wall lighting
      - General lighting
  - Point Light
  - Spotlight
    - Basic
    - Textured

라이브러리의 환경 탭은 크게 Interior/Outdoor/Studio/Sun&Sky의 4개 카테고리로 구성됩니다. 각 카테고리에는 실내, 외부, 촬영 스튜디오, 태양과 하늘의 소스들이 기본으로 들어 있습니다. 각 환경은 장면에 드래그&드롭으로 적용합니다. 기본으로 제공되는 이 소스들을 약간만 응용해도 대부분의 상황에 대응이 가능합니다.

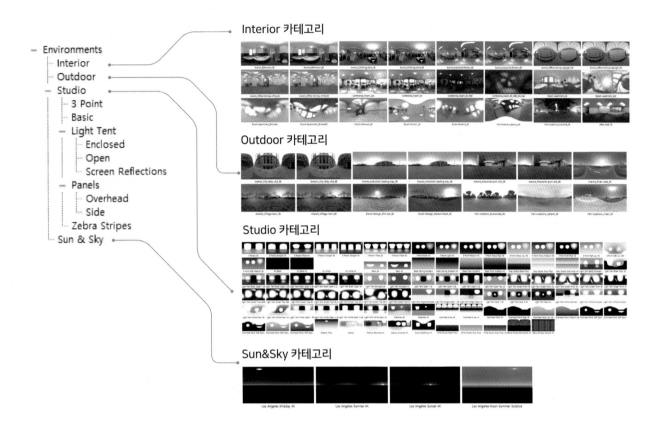

- Environments
  - Interior
  - Outdoor
  - Studio
    - 3 Point
    - Basic
    - Light Tent
      - Enclosed
      - Open
      - Screen Reflections
    - Panels
      - Overhead
      - Side
    - Zebra Stripes
  - Sun & Sky

Interior 카테고리

Outdoor 카테고리

Studio 카테고리

Sun&Sky 카테고리

HDRI(High Dynamic Range Image)는 다중 노출 정보와 빛 정보를 가진 이미지입니다. HDR 렌더링이란 HDR 이미지를 가상의 구체에 입혀 반사 환경 + 라이팅 소스로 사용하는 것으로, G.I 효과의 Glow, Fresnel, Caustic 등의 광학 효과를 일정 부분 자동으로 구현합니다. 여기까지는 책의 초반에 설명한 내용입니다. 그렇다면 도대체 HDRI의 정체는 무엇일까요?

(· HDRI 렌더링 개념 모델)

키샷의 환경은 HDRI(High Dynamic Range Image) 형식의 파일을 주로 사용합니다. 그러나 반드시 HDRI 이미지만 사용 가능한 것은 아니며 대부분의 이미지 파일 포맷을 환경 라이팅 소스로 사용할 수 있습니다. 단지, HDR 이미지가 가지는 특성 때문에 주로 사용하는 것입니다. 이해를 위해 개념을 중심으로 알아보겠습니다(본 설명은 HDR 렌더링의 이해를 위한 것으로 기술적 정확성과는 차이가 있을 수 있습니다).

1. 눈의 동공과 카메라의 조리개 = 빛의 양 조절

사람의 눈은 적정 광량에 따라 크기가 변하는 동공을 가지고 있어서 밝은 곳에서는 동공이 좁아지고 어두운 곳에서는 동공을 크게 열어 많은 빛을 받아들입니다. 또한 초점을 맞추는 대상이 어두우면 동공을 넓히고 밝은 것을 볼 때에는 동공을 줄여 전체적인 밝기를 조절합니다. 카메라의 렌즈 조리개 역시 동일한 구조로 작동합니다. 빛의 양이 많으면 조리개를 좁혀야 하고, 부족하면 조리개를 개방하여 조금이라도 더 많은 빛을 받아들여야 이미지를 촬영할 수 있습니다.

 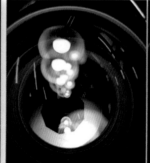 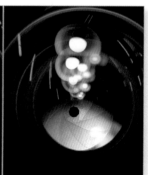

어두운 곳 : 조리개 개방   밝은 곳 : 조리개 축소

2. 보통의 이미지는 초점 대상의 상태를 기준으로 한다.

이미지를 촬영하는 경우, 빛은 초점을 맞추는 곳의 상황을 기준으로 합니다. 그러다 보니 이미지에 밝음에서 어둠으로의 계조가 넓은 경우 반드시 일정한 데이터 손실이 발생합니다. 좌측은 책상의 질감이 보이는 대신 개체의 어둠이 뭉개져 버렸고, 전체적으로 어두운 느낌입니다. 오른쪽은 어둠의 디테일은 보이지만 책상의 질감이 사라져 버렸습니다. 눈은 동공을 조절하여 밝음과 어둠의 섬세한 디테일을 순간적으로 파악하지만, 이미지를 디테일의 손실 없이 촬영하는 일은 만만치 않은 기술력이 필요한 것입니다.

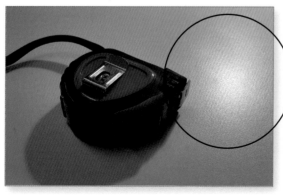 

3. 일반 이미지 포맷은 수정의 한계가 명확히 존재한다.

JPG와 같은 압축 방식의 이미지를 구성하는 픽셀들은 8비트의 색상 정보만을 가지고 있습니다. 앞장의 왼쪽 이미지를 포토샵에서 노출(Exposure)로 변경해 보면 아래와 같이 이미지의 손상(픽셀 열화)이 빨리 나타나며, 또 애초에 정보가 없는 어두운 부분의 디테일은 살려낼 수 없습니다.

4. HDR은 다중 노출 데이터를 포함한다.

위와 같은 문제를 해결하는 방법 중 하나는 같은 자리에서 노출 값을 달리해 여러 장의 사진을 촬영한 후 어둠의 디테일이 살아 있는 사진과 밝음의 디테일이 살아 있는 사진을 합성하는 것입니다. 이 과정은 무척 번거로운 작업이며, 그래서 등장한 기술이 촬영 센서에서 받아들인 데이터를 하나도 버리지 않고 날것 그대로 기록하는 방식으로, 고급 디지털 카메라에서 지원하는 RAW 포맷입니다. 이 데이터는 전용 프로그램을 이용하여 노출 값을 후보정 과정에서 선택할 수 있어 하나의 RAW 파일에서 다른 노출 값의 이미지 수백 장을 얻을 수 있습니다. 또한 데이터가 12~14비트로(16384 단계 명암), 8비트(256 단계 명암)에 비해 무척 섬세합니다. 이 섬세함은 일반 모니터에서는 구분이 가지 않지만, 이미지의 픽셀이 수정 상황에서 견딜 수 있는 힘으로 작용합니다.

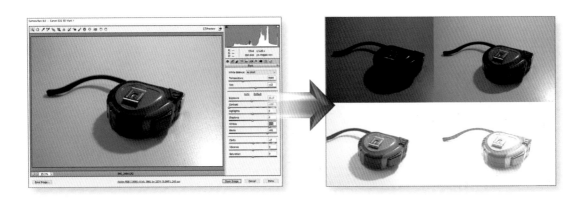

중요한 점은 '그래서 이것을 왜 사용하는가?'입니다. 이에 대한 내용은 위키피디아에 잘 정리되어 있습니다. ' · · · HDR 이미징의 경우 형태가 동일하고 밝기가 다른 세개의 이미지를 합성하여 관용도가 원본보다 개선된 RGB 32비트의 HDR 이미지를 중간 결과물로 출력한 다음 톤 매핑을 통해서 RGB 8비트 및 16비트로 최적화시킨 이미지를 최종 결과물로 저장하는 과정을 지칭한다. · · · HDR 환경 맵은 해당 장면에 합성할 3차원 오브젝트를 렌더링할 때 광원으로 사용하여 조명들을 직접 구해서 비추는 방식에 비해 훨씬 자연스럽게 합성된 이미지를 얻을 수 있다.' 즉, HDR 이미지를 환경 맵으로 사용하면 밝기와 대비를 조절해도 이미지의 손상이 발생하지 않고, 다중 노출 정보를 가지고 있기에 밝은 부분이든 어두운 부분이든 디테일이 더 우수하게 나타납니다.

1. 밝은 물건은 좀 더 밝게 표현될 수 있다.
2. 어두운 물건은 확실히 어둡게 표현이 가능하다.
3. 위 양쪽의 경우 모두 명암에 의한 세밀함을 살릴 수 있다.
   (NVIDIA) HDR의 장점 중

아래는 기술 문서에서 소개된 HDR 이미지 사용에 따른 추가적 장점입니다.

> HDR은 실제 인간이 느끼는 밝기의 차를 그대로 구현할 수 있다. 바깥에서 들어오는 빛의 경우 밝기를 강하게 하여 뿌옇게 만들고 내부의 빛을 받지 못하는 구조물은 명암을 좀 더 주어 실제적인 광원을 강조할 수 있다.
>
> HDR은 유리나 물과 같은 투명한 물체의 반사와 굴절 작용을 처리하기에도 용이하고, 밝기 제어의 경우 HDR을 사용하지 않은 경우 모든 빛의 범위 값은 0.0(어둠)~1.0(밝음) 사이의 값만 가지지만 HDR 사용시 가상적으로 1을 넘는 밝기값이 허용된다.
>
> 그 외에도 인간의 눈이 밝기에 따라 적응하는 점을 표현할 수 있고, 모니터 색 한계값을 반영하여 그에 따라 인간의 시각이 밝기를 인지하는 것과 비슷한 효과를 낼 수 있으며, 눈부심(Bloom) 효과를 적재적소에 활용하여 실사와 같은 광원을 표현할 수도 있다.
>
> ＊위키피디아 : HDRI

5. HDRI VS JPG 비교 적용

지금부터 키샷 환경으로 HDR 이미지와 JPG로 변환한 이미지를 각기 설정하여 그 차이를 알아보겠습니다. A는 HDR 이미지로 20MB의 용량이고, B는 포토샵에서 열어 JPG로 변환한 이미지이며, 용량이 1.1MB로 크게 줄어들었습니다. 키샷의 환경으로 적용한 두 이미지는 아래와 같습니다. JPG 쪽은 안개가 낀 듯 보입니다. 밝기와 대비를 조절해 보겠습니다.

HDR/24bit/20MB   JPG/8bit/1.1MB

HDR 편집기

환경의 밝기와 대비를 조절한 B타입의 테스트 결과가 조금 의외입니다. 밝기와 대비를 조절하니 예상보다 결과가 좋습니다. 조절의 편의성은 HDR에 비해 낮고 계조 차이도 미세하게 눈에 띄지만 20배에 달하는 파일 용량 차이를 고려하면 퀄리티의 차이는 크지 않습니다. 여기에 추가로 바닥과 카메라 심도를 적용한 결과는 오른쪽과 같습니다.

결론

1. 키샷의 환경 맵
= 일반 이미지 파일 사용 가능

jpg, jpeg, tif, tiff, bmp, png, gif, dds, hdr, hdz, exr, tga, ppm, ktx, psd

* 사용 가능 형식

키샷 환경 탭 > HDR 편집기에서 적용 가능한 환경 이미지 파일 형식은 위와 같습니다. 테스트에서 본 것과 같이 HDR이 아닌 JPG 형식의 이미지를 사용할 때, 조절 편의성과 결과의 미세한 차이는 있습니다만 상황에 따라 사용을 고려할 수 있을 수준입니다.

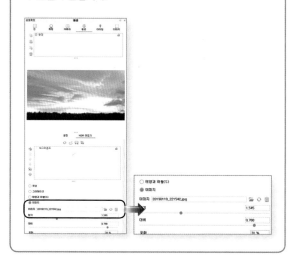

2. 구체 형식 이미지 제작의 어려움

V-ray 렌더러의 경우, 환경 맵의 형식을 구체 뿐만 아니라 추가적으로 반구, 육면체, 원기둥의 몇 가지의 형식을 제공합니다. HDR 소스를 제작하는 회사들 역시 이에 맞춰 소스를 제공합니다. 그러나 키샷은 구체의 환경 맵만 지원합니다. 구체의 환경 맵은 360도에 걸쳐 왜곡 없는 반사를 얻을 수 있으며, 주 개체에서 환경까지의 거리가 같아 퀄리티가 가장 우수합니다. 그러나 특정 환경을 직접 만들어 사용해야 할 경우, 평면 파노라마 이미지를 구체로 변환하기가 상당히 까다롭습니다.

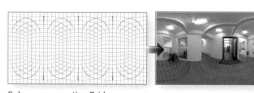

Sphere-perspective Grid

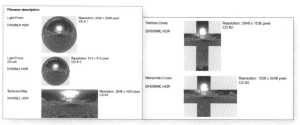

www.doschdesign.com

키샷 환경 Interior, Outdoor 카테고리는 어느 한 지점, 특정 시간(특정 빛 상황)에 촬영한 HDR 이미지입니다. Studio는 실내 촬영 스튜디오를 재현한 것으로 자유로운 편집이 가능합니다. 그리고 **Sun&Sky는 자연광을 제어할 수 있는 독특한 환경이며 여러 가지 기본 개념을 파악하기 좋은 사례이므로 먼저 살펴보도록 하겠습니다.**

Los Angeles Midday 4K

Los Angeles Sunrise 4K

Los Angeles Sunset 4K

Los Angeles-Noon Summer Solstice

- Environments
  - Interior
  - Outdoor
  - Studio
    - 3 Point
    - Basic
    - Light Tent
      - Enclosed
      - Open
      - Screen Reflections
    - Panels
      - Overhead
      - Side
    - Zebra Stripes
  - Sun & Sky

환경 > Sun&Sky 카테고리

자연광 HDRI 환경에 대한 이해

보통 자연광이라 하면 지구의 대기권 내로 진입한 태양 광선을 의미합니다. 태양은 지구와 가장 가까운 항성(빛을 내는 별)으로, 주로 수소 헬륨으로 구성되어 있으며 지구의 1,300,000배 크기입니다. 태양은 구체이므로 빛을 전방위로 방출하며 지구는 그중 극히 일부의 빛을 받습니다. 태양과 지구의 크기 차이가 너무 커, 지구로 입사되는 태양 빛의 각도는 평행으로 간주합니다(그림 A).

지구는 약간 기울어진 채(자전축) 태양의 주위를 돌며 1년 주기의 공전, 24시간 주기의 자전을 합니다. 이에 따라 낮과 밤, 계절이 나타납니다(그림 B).

태양광은 진공 상태의 우주로 방출되어 각종 입자로 가득찬 지구의 대기권과 만나 일부는 다시 우주로 반사되고 일부는 대기권 내로 들어와 에너지가 다할 때까지 반사, 굴절을 반복합니다(그림 C).

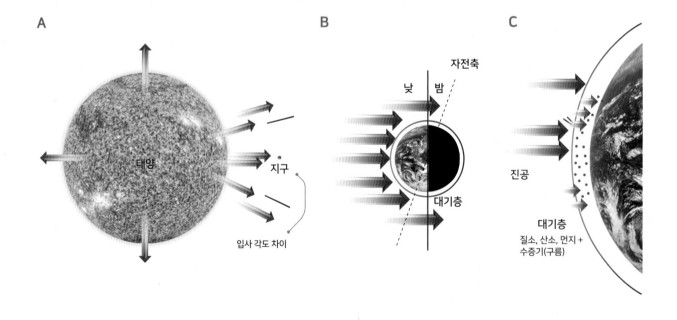

A

태양

지구

입사 각도 차이

B

자전축

낮 밤

대기층

C

진공

대기층
질소, 산소, 먼지 +
수증기(구름)

가시광선의 영역

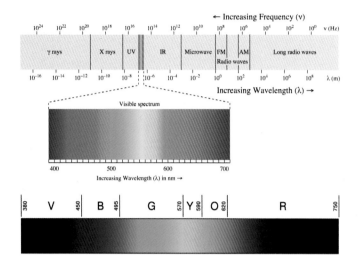

태양광 중에서 사람이 볼 수 있는 영역(가시 광선)은 약 380~750nm 구간이며, 파장의 길이에 따라 빨주노초파남보의 색으로 보입니다. 이를 컬러 스펙트럼(Spectrum)이라 하며 푸를수록 파장이 짧습니다. 컬러는 인간의 심리, 감정과 연관되기에 재질과 함께 디자인계의 중요한 연구 대상입니다.

X ray로 촬영한 손　　　육안으로 본 손

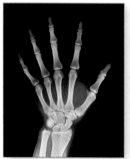 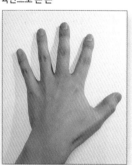

빛이 이동하는 거리와 빛의 색

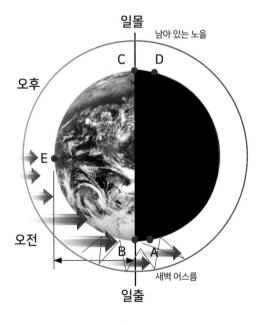

지구는 둥글기 때문에 태양으로부터 오는 빛들이 지표면에 도달하는 거리가 달라집니다. 공기층을 뚫고 오는 거리가 길면 길수록 빛은 공기 중의 입자에 더 많이 부딪혀 파장이 짧은 순서로 흩어집니다. 즉, B와 C 지점은 E 지점보다 빛이 더 긴 거리를 와야하므로 붉은빛만 남게됩니다. 이것이 바로 새벽 일출과 저녁의 노을이 붉고 그림자가 길어지는 이유입니다. A와 D는 빛이 지표면에 도달하지는 않지만 공기 중에 산란된 빛이 보이는 부분으로 '어스름'의 시간대입니다.

또한 구름의 두께가 두꺼울 때, 대부분의 빛은 구름 안에서 산란하고 일부 적은 양만 지표면까지 도달하여 어둡고 잿빛의 톤으로 나타납니다. 이 개념은 3D 렌더링의 사실성을 높이는 중요한 차이로 이어집니다.

*이미지 : www.pexels.com/CC0 license, Various artist

대부분의 3D 렌더러는 지구의 특정 위치(위도, 경도)와 시간을 지정하여 태양의 상황을 설정할 수 있는 기능을 제공합니다. 키샷도 라이브러리의 Sun&Sky 환경을 적용하거나, 프로젝트 탭 > 환경 유형을 '태양과 하늘'로 직접 설정할 수 있습니다. 이 옵션은 도시(또는 위도 경도 좌표), 월, 일, 세부 시간의 설정이 가능합니다. 예를 들면 제작한 3D 모델이 2020년 12월 25일 오후 1시의 구름 없이 맑은 하늘의 특정 도시에서 어떻게 보일지를 시뮬레이션할 수 있습니다. 또한 구름의 양을 '탁도'로 설정할 수 있습니다. 아래는 '태양과 하늘'의 설정 변화에 따른 결과입니다.

* 태양과 하늘에도 핀 조명을 추가할 수 있습니다.

시간 설정에 따른 결과

태양의 위치에 따라 빛의 색은 자동으로 변경됩니다. 새벽과 일몰 경에는 오렌지빛으로, 정오경에는 흰색을 띱니다.

탁도는 구름의 양으로, 높을수록 난반사가 일어나 그림자가 흐려집니다.

탁도 1
시간 10:30/밝기 0.5/대비 -0.78

탁도 10
시간 10:30/밝기 0.5/대비 -0.78

탁도 50
시간 10:30/밝기 0.5/대비 -0.78

● 블러 > 그림자 변화

블러는 그림자의 선명도를 결정합니다. 블러 수치가 높을수록 그림자가 부드럽게 나타납니다.

탁도 1/블러 0
시간 10:30/밝기 0.5/대비 0

탁도 1/블러 1
시간 10:30/밝기 0.5/대비 0

탁도 1/블러 10
시간 10:30/밝기 0.5/대비 0

렌더링 대상을 환경으로부터 완전히 독립시키는 일은 새로운 빛 환경을 창조하는 일과 같습니다. 광택이 있는 제품 사진, 분위기와 감정을 살리는 인물 사진, 광고용 이미지의 소스로 사용하기 위해 주변에 흰색 천을 치고 먼지를 털고 반사를 조절하는 일들은 시작부터 끝까지 전문 교육 과정을 거친 촬영사의 의도와 노력에 의해 이루어지며 보통 전문 촬영 스튜디오에서 진행됩니다.

Photograph by. **Anton Gofman**   Photograph by. **Alexander Dummer**

촬영을 위해서는 카메라와 렌즈, 각종 조명, 삼각대, 반사판, 전원 장치, 필터, 백그라운드 스크린 등 많은 장비가 필요합니다. 보통 이런 장비들은 상황에 맞게 구성할 수 있도록 여러 개가 필요합니다. 그리고 전문가라는 수식어가 붙은 장비들은 대개 꽤 비싼 가격표를 붙이고 있지요. 디자이너는 어려운 시안 제작 과정과, 그보다 더 고달픈 양산 과정을 헤치고 자신의 디자인을 제품으로 실현시킨 후에야 비로소 촬영 스튜디오를 방문하게 됩니다.

그리고 그곳에서 한 장의 촬영을 위해 많은 시간과 공을 들여 조명을 세팅하고 테스트 촬영을 거치는 동안 왜 키샷처럼 쉽게 이미지를 만들어 낼 수 없는지 답답해하며, '고퀄리티 3D 렌더링이 촬영보다 더 나은 방법이 아닌가'라는 생각이 듭니다. 특히 촬영한 사진에서 먼지들을 하나씩 지워 내는 과정을 보면 진정으로 키샷이 대단한 소프트웨어라는 결론에 도달하지 않을 수 없습니다. 그리고 고퀄리티 3D 렌더링도 막상 시도해 보면 극 사실적인 수준에 이르기는 무척 어려운 일임을 깨닫게 됩니다.

Profoto®
The Light Shaping Company™

1968년 설립된 촬영 장비 전문 회사

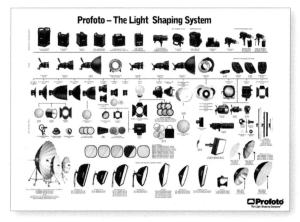

Canon
https://global.canon/en/index.html

영상 및 광학 기기 전문 회사

주광원이 대상을 비추는 방향에 따라 순광, 사광, 측광, 반역광, 역광으로 분류하며 각각 독특한 느낌을 가집니다. 순광은 대상을 앞에서 비추는 것으로 화사한 느낌을 주지만 평면적으로 보입니다. 사광은 밝은 느낌을 유지하면서 대상의 입체감을 살려 줍니다. 측광은 밝음과 어둠을 5:5로 설정, 전면에 어둠의 경계가 나타나 강한 인상을 보여 주며, 반역광과 역광은 주광원이 대상을 뒤에서 비추는 방식으로 밝음보다 어둠이 많아지지만 외곽의 라인을 돋보이게 하거나 중후한 또는 암울한 분위기를 얻을 수 있습니다.

> * 본격적인 스튜디오 환경을 알아보기에 앞서 주요 개념부터 진행합니다.

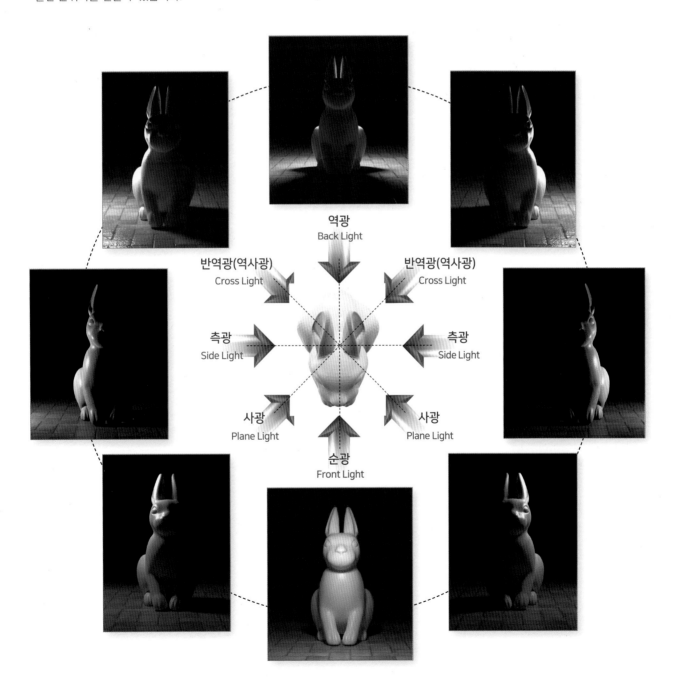

10. 광원과 개체의 관계 2

주광원이 대상의 아래에서 비추는지, 위에서 비추는지에 따라 느낌은 크게 달라집니다. 사람은 빛이 위에서 아래로 내려쬐는 방식에 익숙해 밑에서 위로 비추는(업라이팅) 경우 이질감, 위압감을 느끼게 됩니다. 업라이팅은 건물의 야간 조명이나 영화 속 악당의 등장 장면 등에 사용됩니다.

11. 빛의 색과 장면의 분위기

색은 감정이나 심리와 큰 관계를 가지고 있습니다. 특히 빛의 색은 공간의 분위기를 형성하고 나아가 공간에 포함된 사람의 감정, 심리에 큰 영향을 줄 수 있다는 측면에서 제품의 물리적 컬러보다 더 우선합니다. 영화, 3D 게임과 같은 영상 매체에 익숙한 세대에게는 당연한 수준의 내용일 수도 있습니다. 아래의 이미지들을 보고 느껴지는 감정, 분위기를 언어로 표현할 수 있고, 역으로 언어를 읽고 이미지를 상상할 수 있다면 충분합니다.

RGB 가산 혼합은 레드, 그린, 블루의 3원색을 이용하여 색을 표현하는 방식입니다. 각 빛은 에너지를 가지므로 중첩되면 더 밝아지며, 섞는 비율에 따라 빨주노초파남보의 컬러 스펙트럼을 만들 수 있습니다. RGB 컬러가 1:1:1 비율로 중첩되면 흰색으로 나타납니다. 빛의 이러한 특성은 무대 조명에서 많이 사용됩니다.

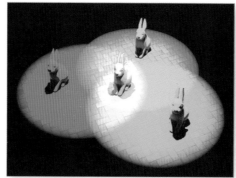

빛의 색을 활용한 렌더링

빛은 개체의 단조로움에 변화를 주는 방식으로 사용될 수 있습니다. 색상이 선명한 빛은 개체의 전체적인 분위기를 바꿔 버리지만 미색의 빛을 사용하면 개체의 본 느낌은 유지하면서 풍성한 느낌을 연출합니다. 주광원은 화이트로 두고(주광원에 색을 사용하면 개체의 전체 느낌이 달라집니다) 키 라이트와 필 라이트에 미색을 주되, 서로 준보색이 되도록 설정하는 방법이 일반적입니다.

주광원 컬러  주광원 컬러

주광원 컬러  주광원 컬러

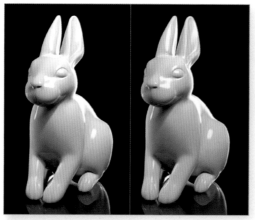
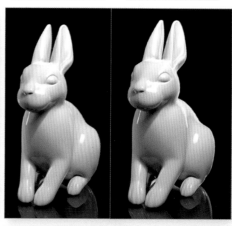

Photo by. **Kack Winbow**   Photo by. **Luis Quintero**   Photo by. **Luis Quintero**   Photo by. **Luis Quintero**   Photo by. **Yare Hdz**

환경 > 스튜디오에는 실제 촬영 스튜디오에서 사용하는 조명 기법들의 정수가 모여 있습니다. 제품의 형상과 반사의 느낌별로 밝은 환경부터 어두운 환경까지 친절하게 준비되어 있습니다. 보통 이것 저것 적용하고 환경을 회전하다 보면 자신의 디자인에 가장 잘 어울리는 것을 찾을 수도 있습니다만, 이번 장을 통해 스튜디오 조명에 대해 조금 더 자세히 알아보겠습니다.

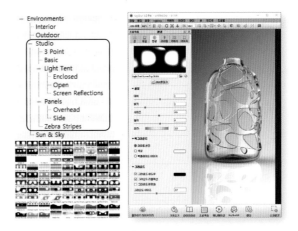

❶ 환경은 사각 이미지로 보이지만 실제로는 구체에 입혀집니다.

사각의 이미지를 구체에 입히려면 가로 중앙 부분에서 위아래 외곽으로 갈수록 점으로 수렴되어야 합니다. 즉, 가로 중앙은 왜곡이 적고 위, 아래로 갈수록 왜곡이 커집니다.

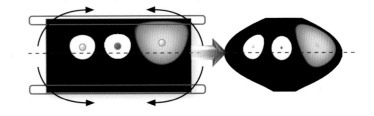

❷ 일부 스튜디오의 환경은 그러데이션 배경 위의 조명 핀으로 구성되어 있기 때문에 HDR 편집기를 이용하여 각 요소들을 각각 수정할 수 있습니다(3 Point Dark 4K, 3 Point Light 4K).

❸ 핀 크기&감쇠를 조절하여 핀의 영향 범위를 조절할 수 있습니다.

핀의 크기는 조명의 크기입니다. 거대한 조명은 개체를 전체적으로 비추게 됩니다. 핀의 크기를 작게 할수록 빛의 세기는 더 강해져야 동일한 효과가 나타납니다.

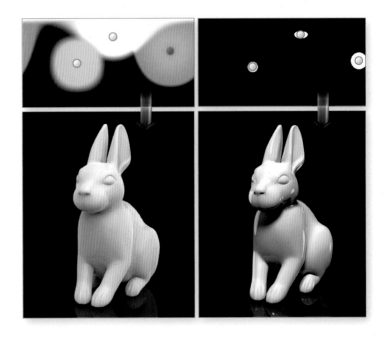

A. Basic

올블랙, 올화이트, 그러데이션, 1개의 조명 + 반사판 구성 등 20여 가지의 기본 스튜디오를 선택할 수 있습니다.

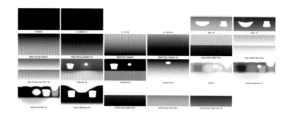

B. 3 Point _3점 조명

3점 조명 방식은 덩어리의 양감(입체감)을 살리는 가장 무난한 방식입니다. 키 라이트(Key Light), 백 라이트(Back Light), 필 라이트(Fill Light)라 부르며 빛의 강도를 달리 하여 입체감을 강조하는 방향으로 설정합니다.

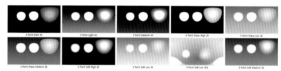

- **주광(Key Light)**

  물체 앞쪽에서 직접 비추며 가장 강하게 설정합니다. 주광의 세기나 색깔, 각도 등은 물체 조명의 전반적인 모습을 결정합니다.

- **보조광(Fill Light)**

  측면에서 주광이 도달하지 못하는 그늘 부분을 비추어 명암의 대조를 줄이거나 없애는 효과를 줍니다. 보조광은 주로 주광보다는 약하게 확산되는 부드러운 조명을 사용합니다. 보조광을 쓰지 않으면 그림자때문에 적나라한 대비가 나타납니다.

- **후광(Back Light)**

  후광(Back Light)은 물체를 뒤에서 비추되 가장자리에 걸치게 사용하여 실루엣을 강조하거나 물체를 배경과 분리하는 방식으로 사용합니다.

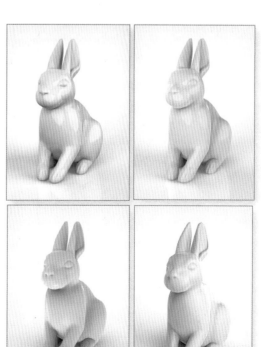

C. Light Tent

라이트 텐트는 빛을 확산 투과하는 흰색 천으로, 개체 주변의 환경을 쉽게 제어할 수 있어서 제품 촬영 시 많이 사용됩니다. 최근에는 온라인 마켓 활성화에 힘입어 쉽게 접할 수 있는 대상이 되었습니다. 키샷의 Light Tent는 이 개념을 그대로 구현한 것입니다.

Light Tent (Tycipy/china)

· Enclosed

Enclosed는 모든 면이 막힌 폐쇄형 환경으로, 라이트 텐트 앞면에 살짝 흠집을 내고 카메라 렌즈를 밀어 넣어 촬영하는 기법입니다. 아래 사각의 환경을 구체에 입혔다고 생각하면 이해가 쉽습니다.

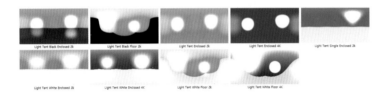

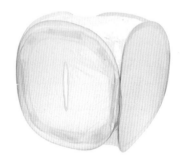

· Open

Open은 라이트 텐트의 일부 면이 열린 환경입니다.

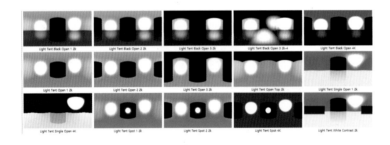

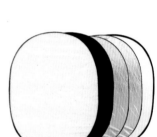

리플렉터(반사판)

· Screen Reflections

Screen Reflections는 개체의 일부에 선명한 반사(리플렉션)를 만들기 위해 별도의 라이트를 적용한 환경입니다. 실제 스튜디오에서는 스포트라이트에 달려 있는 반도어(Barn Door)를 조절하거나 라이트의 일부를 가려 잘려진 라이트를 연출 > 리플렉션을 만드는 역할로 사용합니다.

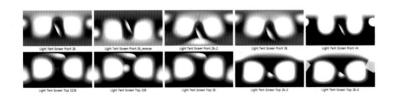

반도어(Barn Door)

D. Panels

패널은 거대한 사각 또는 원형, 반원형의 라이팅 패널을 위 아래에 배치한 환경으로 원래는 자동차와 같은 큰 제품의 촬영에 주로 사용되지만 스케일이 자유로운 3D 환경에서는 라이트 텐트와 동일한 개념으로 볼 수 있습니다.

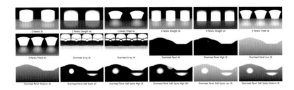

Over Head

Side

E. Zebra Stripes

지브라 스트라이프는 자동차와 같이 표면 반사도가 있는 복곡면의 반사 품질을 평가하기 위해 사용하는 조명으로, 보통 터널 라이트 룸이라고 부르며 수백 개의 선형 조명을 가로세로로 설치합니다. 자동차 광고에 곧잘 등장합니다.

Zebra Stripes Horizontal 4K   Zebra Stripes Vertical 4K

Photograph rights. **Hyundai motors**

Photograph by. **Markus Spiske**

대상을 야외에서 촬영하는 일에는 장소, 시간, 날씨 등 여러 가지 제약 조건이 따릅니다. 자연광을 이용해 촬영해 본 경험이 있다면 야외 촬영의 다양한 변수를 알고 있을 것입니다. 날씨도 그렇지만 특히나 장소는 비용과도 직결되는 문제라 장소의 힘이 장면의 분위기를 위해 꼭 필요한 경우일지라도 쉽게 결정하기 어렵습니다. 겨울 온풍기 디자인을 만년설이 덮인 산을 배경으로 하얀 눈밭에서 촬영하면 무척이나 감성적인 장면을 얻을 수 있겠지만, 그 장소까지 가는데 드는 비용 명세서 앞에서는 머뭇거리게 되기 마련입니다.

라이브러리의 Interior Environment

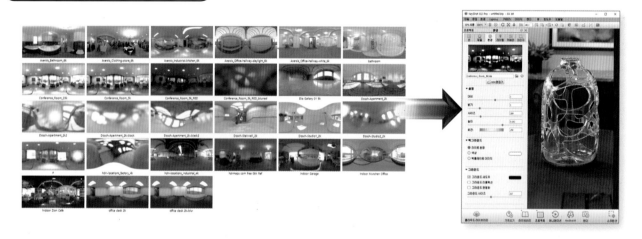

Photograph by. **Pixabay**

그래서 HDRI, 특히 계절과 분위기를 보여 주는 야외 HDRI는 무척 소중한 자산입니다. 이러한 환경 소스들은 사진 작가들이 파노라마 카메라를 들고 그 장소에 직접 가서, 기초 소스가 될 이미지를 수고스럽게 촬영한 것입니다. 또한 촬영한 소스들을 구체에 맞게끔 편집하는 과정도 쉽지 않습니다. 키샷의 환경 라이브러리에서 '어떤 것이 좋을까' 하며 적용하는 편안함 속에서 한 번쯤은 이 소스 제작을 위해 고생했을 작가들을 생각해 봐야 할 것입니다.

Photograph by. **Oziel Gomez**

Photograph by. **Pok Rie**

Sphere-perspective Grid

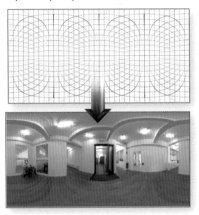

Photograph by. **Pixabay**

Photograph by. **Pixabay**

Photograph by. **David Jakab**

Photograph by. **Josh Sorenson**

라이브러리의 Outdoor Environment

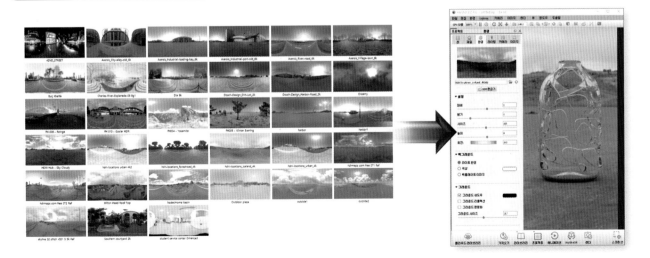

15. 라이트 개체-Light Material

키샷 재질의 라이트의 종류별 특징과 사용법에 대하여 알아봅니다.

15.1 키샷의 라이트는 왜 재질 항목에 포함되는가?

라이브러리 > Material > Light

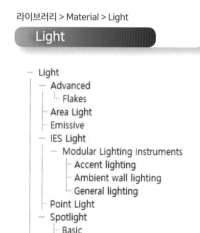

빛은 '빛을 내는 무엇(광원)'이 어떤 성질의 빛을 내뿜는가로 정의합니다. 광원이 태양일 때에는 빛의 원천이 너무나 크고 멀리 있어서 다른 별도의 기능(태양과 하늘 기능, 돔라이트, 디렉셔널 라이트)으로 대체하지만, 백열전구의 필라멘트나 LED 전구, 네온사인, 형광등과 같이 주변에서 흔히 볼 수 있는 '인공광'들은 모두 '빛을 내뿜는 개체'로 정의할 수 있습니다. 즉 재질이 가지는 어떤 속성이라는 관점에서는 라이트 역시 빛나는 '재질' 항목에 포함될 수 있는 것입니다. 키샷의 라이트 항목은 특성에 따라 크게 6가지로 구분됩니다. 키샷의 라이트는 실제 환경의 라이트들과 거의 동일한 개념으로 작동하기 때문에, 주변의 빛을 관찰하고 원리와 효과를 파악하는 것이 큰 도움이 됩니다.

- Light
  - Advanced
    - Flakes
  - Area Light
  - Emissive
  - IES Light
    - Modular Lighting Instruments
      - Accent lighting
      - Ambient wall lighting
      - General lighting
  - Point Light
  - Spotlight
    - Basic
    - Textured

15.2 직접광과 간접광 Direct/Indirect(Bounced) Light

광원에서 나온 빛이 개체를 직접 비추는 방식을 직접광, 빛을 반사판에 반사시켜 여러 방향으로 산란된 빛으로 개체를 밝히는 방식을 간접광이라 합니다. 직접광은 빛의 밝기 손실이 적고 선명한 하이라이트와 강한 대비, 그리고 짙은 그림자를 만듭니다. 간접광은 빛이 산란되는 만큼 빛의 전체 양이 약해져 직접광보다 강한 빛이 필요하지만, 부드럽고 풍성한 느낌과 산란된 그림자를 얻을 수 있습니다. 이 원리를 이용하는 것이 소프트박스, 반사판, 엄브렐러 확산 조명입니다.

키샷에서 에어리어 라이트, 포인트 라이트, 글로벌 일루미네이션을 조합하여 이 원리를 그대로 구현할 수 있습니다.

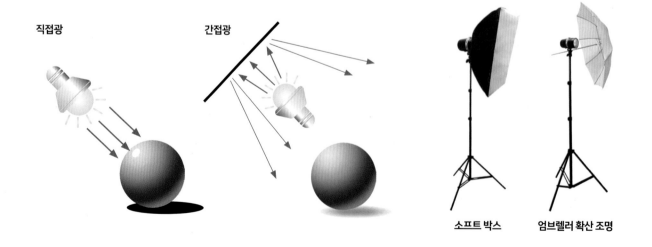

직접광   간접광

소프트 박스   엄브렐러 확산 조명

15.3 광원 확산체

앞서 알아본 간접광 역시 광원 확산체를 빛의 반사와 퍼짐의 용도로 사용하는 것입니다. 광원 확산체를 사용하는 이유는 크게 4가지 입니다. 첫째, 밝은 광원으로부터 눈을 보호합니다. 밝은 광원을 보면 시력이 저하됩니다. 둘째, 반사판을 활용하여 광원의 효율을 높입니다. 전등갓에 붙어 있는 은색의 판은 빛을 반사시켜 더 밝게 하기 위함입니다. 셋째, 빛의 방향을 제어합니다. 스탠드의 갓은 빛의 방향을 조절하는 역할을 수행합니다. 넷째, 심미적-조형적 아름다움을 부여합니다.

·직접광   ·광원 확산체

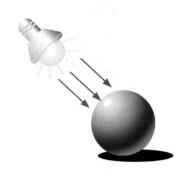 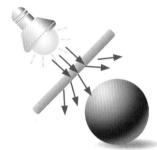

· 시력 보호와 심미성을 위한 확산체

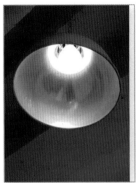

· 빛 효율을 높이는 내부 반사판   · 빛 방향 전환을 위한 갓

· 렌즈 형상의 확산체를 이용한 손전등 > 렌즈 거리에 따라 확산도가 변화

· 형광등 직접광과 간접광

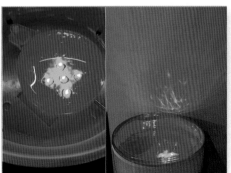

· 빛의 산란 굴절 효과를 이용한 무드등

· 네온사인을 대체하는 플렉서블 LED

15.4 인공광-다양한 빛

일상생활에서 인공광은 다양한 목적만큼이나 다양한 형태와 구조를 적용합니다. 최근에는 에너지 효율이 높은 LED 타입의 사용이 확대되는 추세입니다만, 사진 스튜디오에서는 빠른 셔터 스피드를 얻기 위해 순간적으로 태양과 비슷한 강한 밝기가 필요하여 텅스텐 스트로보와 같은 특수 조명을 사용하고, 공연 무대에서도 원거리를 비출 수 있는 레이저 타입을 사용합니다.

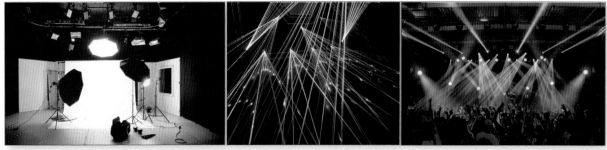

Photograph by. **Alexander Dummer**   Photo by. **Pixabay**   Photo by. **Thibault Trillet**

공간과 환경을 밝히는 빛

공간을 밝히기 위해 빛을 사용하는 방법은 무척 다양합니다. 빛은 공간을 활기차게 느껴지게 할 수도, 차분하게 만들 수도 있으며 고급스럽게, 몽환적으로도 바꿀 수 있는 마법과 같은 존재입니다. 이러한 빛의 가능성을 배우는 좋은 방법은 실제 빛이 구현된 공간을 방문하여 그곳에서 낮과 밤 동안 머무는 것입니다. 그것이 어렵다면 계절에 1번 정도는 백화점과 고급 쇼핑몰을 방문하는 것도 좋습니다. 그곳은 최신 트렌드의 제품과 컬러, 그리고 빛의 여러 가지 가능성을 배울 수 있는 대표적인 장소입니다.

제품의 시그널 라이팅

제품에 사용되는 빛은 일차적으로는 제품의 작동 상태와 변화 정보를 효율적이며 정확하게 전달해야 하고, 이차적으로는 심미적인 요소를 고려하여야 하며 마지막으로는 언제나 최적의 비용으로 구현해야 합니다. 아래는 다양한 제품에 적용된 빛 사례로 LED + 전면 확산판, Mono LCD, 컬러 LCD, LED 패널(도광판), 유기 EL 등으로 구현되었습니다. 무엇이 어떻게 구현되었는지 살펴보고 고민하는 과정은 프로 제품 디자이너로 가는 최고의 지름길입니다. 이러한 효과 또한 키샷의 라이트 재질로 구현할 수 있습니다.

15.5 빛의 밝기 단위

빛의 밝기를 측정하는 단위는 국제 규격(SI)으로 정하며, 빛의 속성을 기준으로 여러 단위를 사용합니다. 빛의 속성을 구현하는 3D 라이팅 알고리즘은 매우 정확한 결과를 보여 주기 때문에 인테리어, 옥외 조명 분야에서는 이를 이용하여 1:1 스케일로 모델링을 진행한 후, 조명에 실제 빛 단위를 지정 > 필요한 조명의 수량과 밝기 등을 정확히 계산합니다. 그러나 제품 디자인에서는 최종 이미지의 분위기에 따라 빛을 어느 정도 감으로 정하기 때문에 빛 단위들이 의미하는 바를 완벽히 이해할 필요는 없습니다. '100 Watt의 정확한 밝기'보다는 '원하는 빛 느낌의 표현'이 더 중요합니다. 키샷의 조명핀(환경)과 방사성(Emissive) 재질은 단순히 '밝기(Brightness)'로 제어하며 에어리어 라이트, 포인트 라이트는 '강도(Intensity)' 또는 Lumen, Watt, Lux 단위 중 선택하여 사용할 수 있습니다.

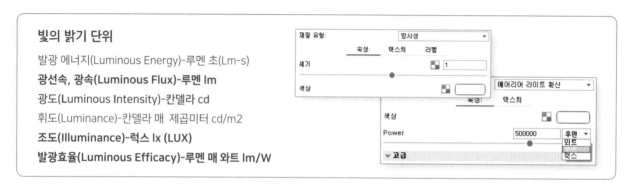

빛의 밝기 단위

발광 에너지(Luminous Energy)-루멘 초(Lm-s)

광선속, 광속(Luminous Flux)-루멘 lm

광도(Luminous Intensity)-칸델라 cd

휘도(Luminance)-칸델라 매 제곱미터 cd/m2

조도(Illuminance)-럭스 lx (LUX)

발광효율(Luminous Efficacy)-루멘 매 와트 lm/W

15.6 빛의 색과 색온도

색온도란 광원의 색을 절대 온도를 이용해 숫자로 표시한 것으로, 광원에 따라 색온도가 다릅니다. 붉은색 계통의 광원(촛불, 백열등)일수록 색온도가 낮고, 푸른색 계통의 광원(가스레인지의 불꽃)일수록 색온도가 높습니다. 온도는 절대 온도 단위인 켈빈(K=Kelvin)을 사용합니다.

15.7 색온도의 활용

빛의 색은 분위기나 심리와 크게 연관되기 때문에 디자인의 요소로 매우 중요한 위치를 차지합니다.

최근에는 조명의 색을 자유롭게 변화시킬 수 있는 램프도 판매되고 있습니다. 아래는 필립스의 HUE 램프로 RGB LED로 구성되며 전용 앱으로 색을 제어할 수 있습니다.

15.8 화이트 밸런스(WB_White Balance)

사람의 눈은 눈으로 보이는 색과 자신이 알고 있는 색(재인된 색) 사이의 보정 과정을 거쳐 이미지를 인식합니다. 그래서 하얗게 보이지 않더라도 원래 알고 있는 흰색으로 '인지'할 수 있습니다.

화이트 밸런스는 사진 촬영 시 개체의 정확한 색을 표현하는 기능으로 빛의 간접에 의해 색이 변형된 것을 백색광 기준으로 컬러 톤을 보정합니다.

Photo by. Jeshoots.com

화이트 밸런스 주의 사항 1

이 기능은 정확한 백색광을 표현하기 위해, 즉 개체의 색을 정확하게 표현하기 위해 사용되지만 역설적으로 온화한 분위기를 내기 위해 오렌지색 조명을 사용한 공간을 흰색 조명 기준으로 바꿔 버릴 수도 있습니다.

화이트 밸런스 주의 사항 2

빛의 색이 여러 가지일 경우, 기준을 설정할 수 없으므로 사용할 수 없습니다.

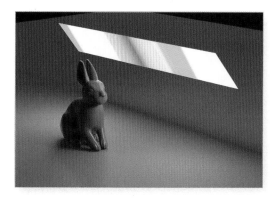

라이트별 특성 분석

LIGHTING
Emissive Light

16. 방사성 라이트

Emissive Light-방사성 라이트

이 라이트는 실제 빛을 방출하지 않습니다. **좀 더 정확히는 확산 반사(Diffuse)에는 영향을 미치지 않고 스펙큘러 반사(Specular Reflection)에만 영향을 미칩니다.** 환경의 밝기를 0.1로 낮추어 어둡게 하고 개체에 Emissive를 적용하면 특성을 확인할 수 있습니다. 모든 재질은 반사값을 가지므로 역설적으로 라이트의 역할을 일정 부분 수행한다고 볼 수 있습니다.

```
─ Light
 ─ Advanced
   └ Flakes
 ─ Area Light
 ─ Emissive
 ─ IES Light
  ─ Modular Lighting Instruments
    ├ Accent lighting
    ├ Ambient wall lighting
    └ General lighting
 ─ Point Light
 ─ Spotlight
   ├ Basic
   └ Textured
```

A. 주변을 밝히지 않으며 적용된 개체에만 적용됩니다.

B. 주변 개체의 반사에 나타나며 반사체의 표면이 거칠수록 반사가 퍼져 빛처럼 보입니다. 만약 주변 개체들의 반사도가 낮으면 빛으로써의 역할을 거의 하지 못합니다.

C. 형상에 관계없이 적용이 가능하여 여러 가지 모양의 라이트(?)를 표현할 수 있습니다.

D. 환경 HDR로 장면의 기본 밝기를 확보한 후 추가로 사용합니다.

E. 적용 개체의 3차원 굴곡을 표현하지 않아 단순해 보일 수 있습니다.

장점&활용성

1. 다른 라이트 타입보다 월등히 빠른 연산 시간을 보여 주어 천장을 가득 채운 LED 라이트들과 같이 **대량의 발광체**가 필요할 경우 사용합니다.

2. 제품의 시그널 램프나 UI에 적용하기 적합합니다.

설정 옵션

세기	라이트의 밝기 강도를 설정합니다.
색상	라이트의 색상을 설정합니다.
Advanced	
카메라에 가시화	라이트 개체의 가시성을 설정합니다.
반사에서 보이기	주변 개체의 반사에 영향을 줄지 결정합니다.
섀도에서 보이기	라이트가 적용된 개체의 그림자 생성 여부를 결정합니다.
양면	단일 면의 한쪽에만 빛날지, 양쪽으로 빛날지 결정합니다. 천장 라이팅 적용 시 설정을 해제하면 편리합니다.
색상 맵 알파 사용	색상 맵이 알파 채널을 가지고 있을 때, 이를 활성화 합니다.

카메라에 가시화

반사에서 보이기 테스트

섀도에서 보이기 테스트

색상 맵 알파 사용 테스트

양면 테스트

투명 채널을 가진 *.PNG 파일

● 주변 재질 표면 거칠기에 따른 라이트의 영향력

주변 개체-재질 거칠기 0.5/굴절률 1.5/환경 밝기 0

라이트 세기 100/색상 ▬▬

주변 개체-재질 거칠기 0.05/굴절률 1.5/환경 밝기 0

라이트 세기 100/색상 ▬▬

굴절률이 높을수록 반사도가 증가하므로, Emissive 라이트의 영향을 많이 받습니다.

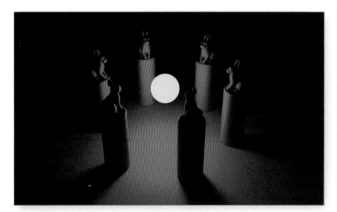

주변 개체-재질 거칠기 0.5/굴절률 5/환경 밝기 0

라이트 세기 100/색상 ▬▬▬

주변 개체-재질 거칠기 0.5/굴절률 1.5/환경 밝기 0

라이트 세기 100/색상 ▬▬▬

● **글로벌 일루미네이션 활성화에 따른 차이**

Emissive 라이트는 빛 입자를 방출하지 않으므로, 글로벌 일루미네이션을 활성화해도 간접광이 표현되지 않습니다.
에어리어 라이트와 비교해 보면 그 차이가 확연히 드러납니다. 따라서 환경 HDR과 함께 사용하여 그 단점을 보완할 수 있습니다.

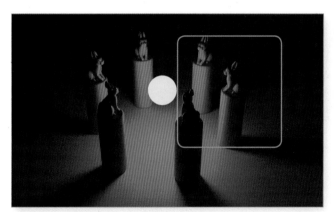

주변 개체-재질 거칠기 0.5/**굴절률 5**/GI : ON

라이트 : Emissive 세기 100/색상 ▬▬▬

주변 개체-재질 거칠기 0.5/**굴절률 5**/GI : ON (바운스50)

라이트 : Area Light 세기 50 Lumen/색상 ▬▬▬

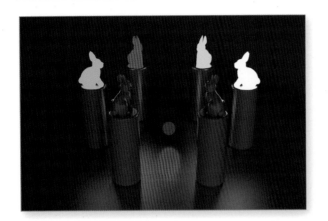

* 색상에 텍스쳐 적용 가능

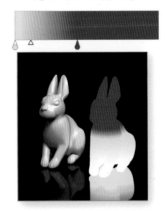

● 라이트의 세기(Intensity) 변화

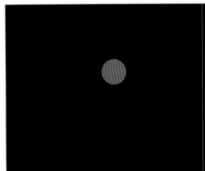

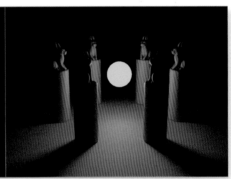

주변 개체-재질 거칠기 0.5/굴절률 5

라이트 세기 1/색상　▬

주변 개체-재질 거칠기 0.5/굴절률 5

라이트 세기 10/색상　▬

주변 개체-재질 거칠기 0.5/굴절률 5

라이트 세기 90/색상　▬

● 환경 HDRI와 함께 사용

환경 밝기 0.1

환경 밝기 1

환경 HDRI와 Emissive의 혼용

Emissive 라이트는 주변 개체의 반사에만 영향을 미치고 확산에는 영향을 주지 않습니다. 그래서 반드시 실제 빛을 방출하는 라이트 또는 환경 HDRI와 함께 사용해야 합니다. 아래의 이미지 역시 전체적인 밝기는 환경 HDRI에 의해 구현되고 Emissive는 광원처럼 보이는 역할만 담당하고 있습니다.

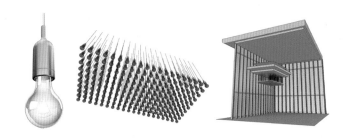

후보정의 중요성

3D 렌더링에 심취하다 보면 모든 과정을 3D 렌더링으로 구현하고 싶어지지만, 실무에서는 많은 부분을 후보정으로 처리합니다. 포토샵을 이용한 후보정은 빠르고, 세부적인 수정이 쉬우며, 하드웨어 사양이 상대적으로 낮아도 진행할 수 있어서 완성도를 높이거나 클라이언트의 수정 요구에 대응하기 편하기 때문입니다. 2D와 3D 프로세스는 상호 협력의 관계입니다.

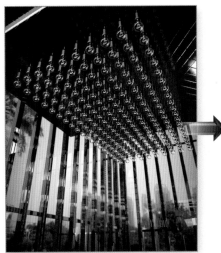

렌더링 원본 이미지

후보정이 완료된 이미지

강조할 부분과 눈에 튀지 않도록 눌러 줘야 할 부분을 수정하고 사람을 넣어 분위기를 연출하였습니다.

라이트별 특성 분석

LIGHTING
Area Light

17. 에어리어 라이트

Area Light-에어리어 라이트

에어리어 라이트 역시 Emissive와 동일하게 어떠한 형상의 개체에도 적용할 수 있습니다. 적용된 개체의 형상 전체에서 빛을 내뿜기 때문에 구체, 사각, 기다란 형광 등등 응용 범위가 넓습니다. 적용된 라이트는 실제로 빛을 방출하며, 키샷에서 지원하는 라이트 중 가장 사실적인 그림자를 만듭니다.

* 빛을 추적하여 그림자를 만들기 때문에 렌더링 시간이 Emissive보다 오래 걸립니다.

A. 어떤 형상이든 적용이 가능합니다.

B. 라이트의 크기가 커질수록 부드러운 빛과 그림자를 생성합니다.

C. 샘플 수가 낮으면 노이즈가 발생하며 높을수록 부드러운 결과를 보입니다.
   샘플 수치는 실시간 렌더링에도 영향을 주기 때문에 최종 렌더링 직전에
   설정하도록 합니다.

D. 루멘, 와트 단위로 빛의 밝기를 조절합니다.

E. 글로벌 글루미네이션과 함께 사용하면 더 우수한 결과를 얻을 수 있습니다.

● 라이트 크기에 따른 변화

실제 촬영 스튜디오에서 확산 박스를 이용해 빛을 크게 퍼트리는 이유와 동일하게, 에어리어도 같은 강도의 빛이라도 크기가 크면 빛이 부드럽게 확산합니다. 그림자 역시 빛의 크기에 따라 영향을 받습니다.

상당수의 3D 렌더러에는 빛의 도달 거리, 즉 빛 에너지가 '0'이 되는 지점 및 거리별 감쇠 비율을 정할 수 있습니다. 이 기능은 일정 빛에 한계를 설정해 CPU 연산 자원을 절약합니다. 키샷은 3D의 효율성을 위한 복잡한 기능은 제외하였기 때문에 빛의 도달 거리를 제어하는 기능은 별도로 없습니다. 즉, 실제의 빛 속성을 최대로 구현합니다(이와 같은 옵션의 부재는 대규모 프로젝트 진행 시 어려움으로 작용합니다). 에어리어 라이트는 세기 설정에 따라 상당히 먼 거리까지 영향을 미칩니다.

● 샘플 수 테스트

샘플은 라이트에서 방출되는 빛의 수를 의미합니다. 높게 설정할수록 섬세하게 나타납니다. 최종 렌더링 설정의 샘플 수와 연관하여 설정하되 10~30 정도면 무난한 결과를 얻을 수 있습니다.

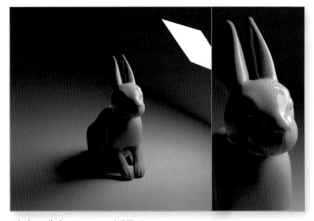

라이트 세기 : 1 lumen/샘플 수 : 1
렌더링 샘플 수 : 150

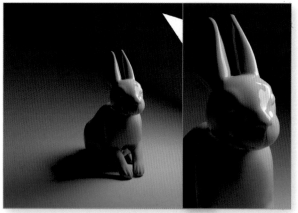

라이트 세기 : 1 lumen/샘플 수 : 50
렌더링 샘플 수 : 150

● 빛의 형상

에어리어 라이트는 어떤 개체든 적용이 가능합니다. 따라서 여러 가지 모양의 라이트를 만들 수 있으며, 적용 개체의 세부 형상이나 굴곡은 라이트에 묻혀 단색으로 표현됩니다. 이부분은 Emissive 라이트와 동일하지만 에어리어 라이트는 실제로 빛을 방출하여 물리적 특성에 따라 그림자와 반사를 생성합니다. **정리하면 에어리어 라이트는 많은 장점이 있지만 렌더링 연산 효율을 고려하여 Emissive 라이트와 섞어 사용하는 게 좋습니다.**

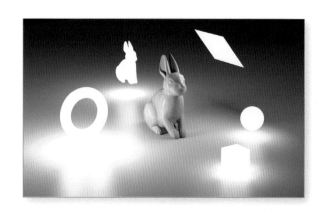

● 라이트 색상 테스트 1

라이트의 색상을 클릭하면 색온도 절대값(Kelvin)으로 라이트의 색을 지정할 수 있는 슬라이더가 나타납니다. 이 기준으로 색을 설정할 수도 있고 컬러를 자유로 지정할 수도 있습니다. 또한 색상은 매핑이 가능하여 여러 색으로 구성된 라이트, 스크린과 같은 표현도 가능합니다.

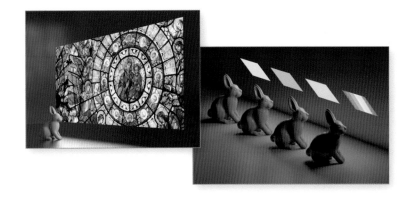

● 라이트 색상 테스트 2-매핑 적용

에어리어 라이트에 이미지를 사용하는 경우, 밝기가 충분치 않으면 빛을 받는 대상이 어둡게 보이고 라이트의 밝기를 늘리면 소스로 사용된 이미지가 점차 하얗게 타 버립니다. 이런 경우는 별도의 라이트를 설치하여 전체 조도를 맞추고, 포토샵과 같은 후보정 도구를 이용하여 밝게 타 버린 라이트 소스 부분만 새로 합성해 주는 방법을 사용할 수 있습니다.

에어리어 라이트는 Emissive 라이트와 달리 라이트에
투명도 맵을 적용할 수 없습니다. 따라서 만약 부분적으
로 뚫리거나 투명한 라이트가 필요한 경우, 모델링 과
정에서 그 부분을 제작해서 키샷으로 가져와야 합니다.

Rhino 모델링 과정

● 드리워진 그림자의 표현

에어리어 라이트는 기본적으로 소프트 섀도(부드럽게 퍼지는 그림자)를 만들며 이 그림자에 대한 별도의 옵션은 없습니다. 그래서 드
리워진 그림자를 표현하기 위해서는 에어리어 라이트의 크기를 줄여야 합니다. 문제는 크기가 줄어들면 빛의 확산각이 커져 그림자 역
시 커진다는 점입니다. 이 문제를 해결하기 위해서는 빛의 강도를 높이고 개체와의 거리를 늘려야 합니다.

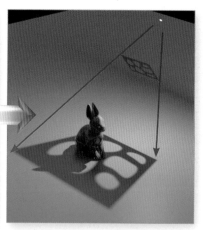

에어리어 라이트 소프트 섀도

광원과의 거리가 무한대에 가까워야 확
산각이 평행으로 나타날 수 있습니다.
따라서 현재의 키샷 라이팅으로는 태
양처럼 평행으로 내리쬐는 빛(Direc-
tional Light)의 표현은 사실상 어렵
습니다.

현재의 키샷에서 평행광을 표현하려면
환경의 Sun&Sky를 이용하는 방법 외
에는 없으며, 다음 버전에 Directional
Light가 탑재되길 기대해야 할 것 같습
니다.

평행광이 되기 위해서는 개체와 광원 사이
의 거리가 무한대에 가까워야 합니다.

인공광의 표현에 있어서 빛 재질을 어느 수준에 적용할 것인가를 고민할 필요가 있습니다. 실제 라이트는 확산체에 의해 빛나 보이지만 실상은 그 내부의 필라멘트, 네온 가스, LED와 같은 광원이 존재합니다. 판단의 기준은 여러 가지가 있겠습니다만 우선 라이트 내부의 구조가 장면에서 차지하는 비중을 고려해야 합니다. 백열등을 사용하는 조명 디자인을 표현하는 경우, 라이트의 내부 구조는 중요한 정보로 표현해야 할 가치가 있지만 공간을 밝히기 위한 천장 라이트로서 여러 개의 라이트가 사용되는 경우 각각의 라이트를 모두 디테일하게 표현하는 것은 모델링의 수고를 떠나 시스템의 부하와 렌더링 시간의 증가를 가져옵니다. 이런 경우에는 구체에 라이트를 적용하고 후보정으로 백열등의 사진을 합성하는 편이 더 자연스러울 수 있습니다. 그러나 유백색 LED 벌브 조명의 경우는 한 가지를 더 생각해야 합니다. 에어리어 라이트나 Emissive 라이트는 라이트가 적용된 3차원 개체의 입체감을 표현하지 않기 때문에 LED 벌브의 경우 빛의 강도와 관계없이 단색으로 표현됩니다. 실제 LED 벌브 조명을 보면 단색으로 보이지만, 빛 개체의 색에 그러데이션을 적용하여 약간의 컬러 변화를 만들어 주는 방식이 자연스럽습니다.

백열등-투명 유리와 내부 필라멘트

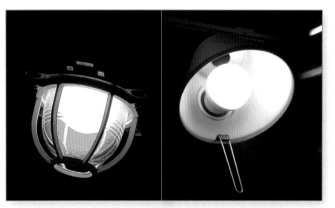

LED 벌브-유백색 확산체에 의해 조명이 단색으로 보입니다.

필라멘트 표현 VS 벌브 상태로 표현

최근에는 필라멘트 타입의 조명보다 LED 타입의 조명이 시장의 대부분을 차지합니다. 에너지 효율과 수명, 가격 면에서 월등히 우수하기 때문입니다. 오른쪽 조명은 제품 촬영에 사용하는 라이트로, 25 X 25 = 625개의 고휘도 LED로 구성되어 있습니다. LED의 앞쪽을 반투명한 확산판이 막고 있어 결과적으로 LED는 노출되지 않습니다. 이런 경우 매핑으로 처리하는 편이 효율적이지만, 구조도 및 사용애니메이션 등 파트들이 노출되는 장면이 필요한 경우, 라이트를 기본으로 사용하고 라이트의 앞에 에어리어 라이트를 설치하되 '카메라에 가시화' 옵션과 '지오메트리 전면에 적용'을 이용하여 표현할 수도 있습니다. 600개가 넘는 광원을 모두 에어리어 라이트로 표현하는 것은 불필요한 렌더링 시간 낭비만 가져올 뿐입니다.

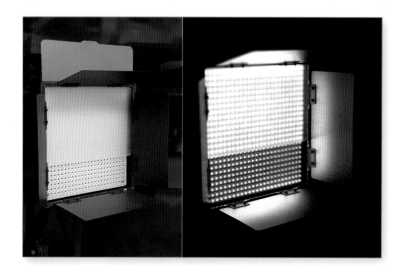

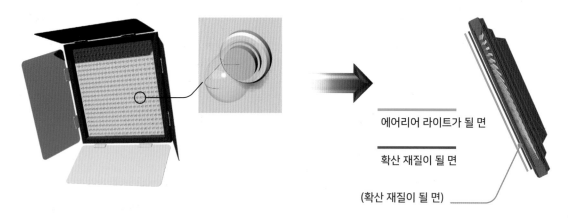

에어리어 라이트가 될 면

확산 재질이 될 면

(확산 재질이 될 면)

실제 LED 구조에 맞게 재질을 입히되, LED 광원은 Emissive 라이트로 설정합니다.

Plastic Polypropylene Ro..

플라스틱(불투명) + Noise 맵 적용 + 라이트 강도 높이기

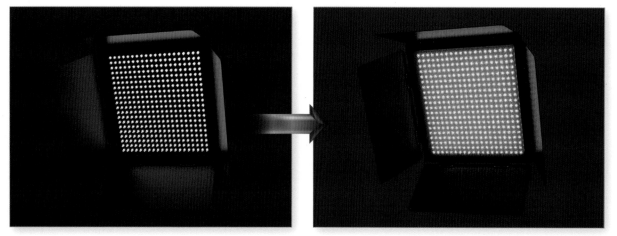

LED의 앞쪽 면에 에어리어 라이트를 설정, 카메라에 가시화 옵션 및 지오메트리 전면 또는 후면 적용을 상황에 맞게 설정합니다. 이 방식을 사용하면 에어리어 라이트를 감추되 기능은 유지할 수 있습니다.

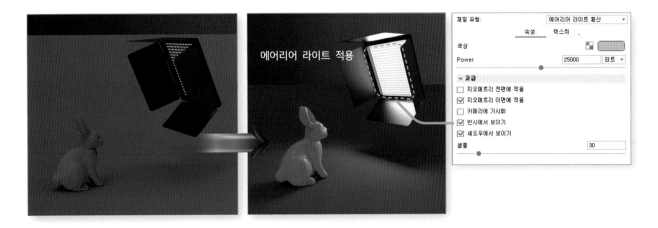

에어리어 라이트 적용

에어리어 라이트 + Emissive 라이트의 혼용 트릭-이미지 맵 이용

만약 LED가 직접적으로 노출되는 장면이 없다면 확산 재질 면에 Emissive를 설정, 맵으로 처리 후 위에서 알아본 것 처럼 보이지 않는 에어리어 라이트를 설치하여 장면 구성을 간단히 끝마칠 수도 있습니다.

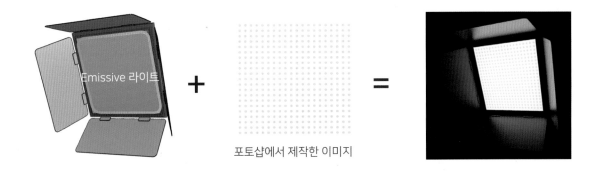

Emissive 라이트   +   포토샵에서 제작한 이미지   =

렌더링은 언제나 결과의 퀄리티 대비 시간 효율성이 생명입니다. 단일 컷일 경우에는 무식할 정도의 세부적인 모델링이 허락될 수 있을지도 모르지만 애니메이션의 경우, 1프레임에 1%씩 추가되는 시간일지라도 진행하면서 엄청난 시간의 차이로 이어지기 때문에 작업을 시작하기 전에 효율적으로 할 수 있는 방법을 고민하여야만 합니다.

KEYSHOT

SUMMARY NOTE

DESIGN THINKING

REALIZATION

LIGHTING

라이트별 특성 분석

LIGHTING
Point Light

18. 포인트 라이트

Point Light-포인트 라이트

포인트 라이트는 옴니디렉셔널 라이트(Omnidirectional Light)라고도 하며 보통 포인트 라이트 또는 옴니(Omni) 라이트로 부릅니다.
이 라이트는 촛불과 같이 전방향으로 퍼져 나가는 빛으로, 몇 가지 중요한 특징이 있습니다.

1. 개체에 포인트 라이트를 설정하면 개체가 사라집니다. 메뉴 > 뷰 > 라이스 소스 보이기를 체크해야 라이트를 실시간 렌더 뷰에서 확인할 수 있습니다.

2. 라이트 소스가 보이더라도 광원은 표현하지 않습니다. 화면 내에 광원이 보여야 하는 경우, Emissive 라이트를 추가하여 광원을 별도로 표현하여야 합니다.

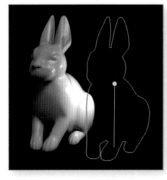

3. 그림자에 대한 세부 옵션을 제공합니다. 포인트 라이트는 그림자의 확산 정도를 설정할 수 있습니다. 반경 설정을 높일수록 부드러운 그림자가 표현됩니다.

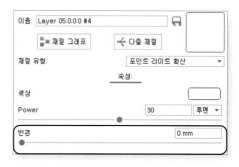

| 반경 : 0mm | 반경 : 3mm | 반경 : 10mm |

● 포인트 라이트의 반경

포인트 라이트는 반경 설정으로 그림자의 부드러움을 조절합니다. 포인트 라이트는 적용과 동시에 빛의 원천 소스가 사라지지만, 안개 재질을 만들고 내부에 포인트 라이트를 배치하면 라이트 반경 값을 직접 확인할 수 있습니다.

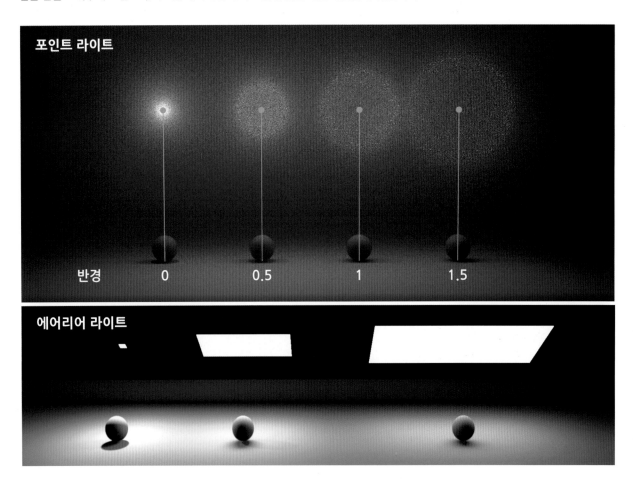

● 포인트 라이트와 개체의 크기

포인트 라이트는 적용되는 대상 개체의 크기와 무관합니다. 포인트 라이트가 적용된 개체에 다른 재질을 적용하면 원래의 지오메트리로 나타납니다. 즉, 대상 개체의 3차원 정보를 유지하는 것입니다.

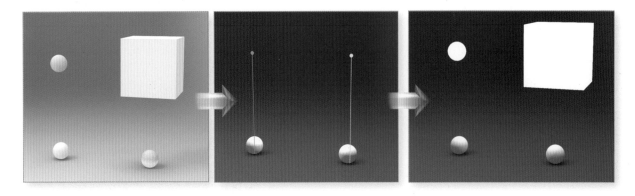

빛과 그림자는 장면에 분위기를 설정하고 메시지로 전달됩니다. 그림자는 빛에 의해 생성되지만 '빛이 차폐되어 나타나는 어둠' 이상의, 의도된 분위기와 메시지를 더욱 강력하게 하거나 빛보다 더 큰 의미로 사용되기도 합니다.

포인트 라이트의 색 설정 + 그림자 옵션 + 글로벌 일루미네이션 + 카메라 앵글 + 카메라 심도의 조합으로 여러 가지 분위기를 연습해 보세요.

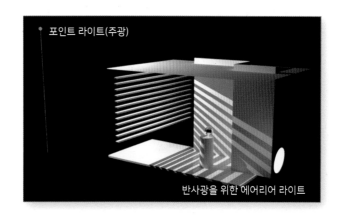

라이트별 특성 분석

LIGHTING
IES Profile Light

19. IES 라이트

IES(Illumination Engineering Society)는 1906년에 설립된 비영리 연구 조직으로 조명에 대한 연구 및 데이터 수집, 리서치, 포럼, 교육 활동 등을 수행합니다.

조명 기구를 만드는 대부분의 회사들이 IES의 가이드에 맞추어 조명의 강도와 세기, 빛이 퍼지는 범위 등의 특성 자료를 만드는데, 이 데이터가 바로 IES Profile입니다. 건축 설계, 조경, 인테리어 등 공간, 환경 디자이너들은 필수적으로 활용합니다.

각종 3D 렌더러에서 IES 조명 데이터를 지원함에 따라 1:1 크기로 3D 모델링을 진행한 후 IES 데이터를 가진 조명을 사용하여 3차원으로 시뮬레이션하여 특정 조명이 실제로 어떻게 보이는지 알 수 있게 되었으며, 라이트의 독자적인 빛의 퍼짐을 구현하기 때문에 렌더링의 사실성을 높여 줍니다.

https://www.ies.org/

* KeyShot 8 버전에서 기본 제공하는 IES Light Library

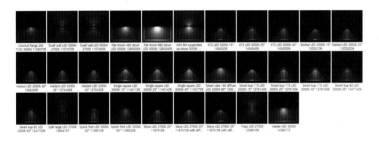

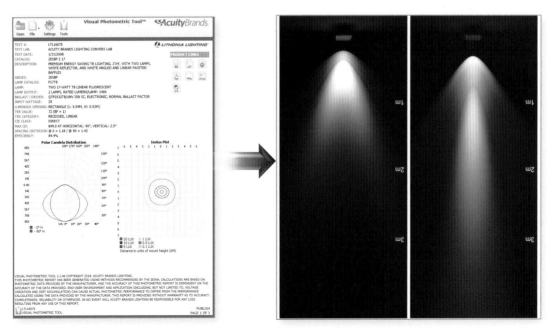

조명 제작사에서 배포하는 IES 데이터 시트   Physical Simulation/IES 프로파일 조명 적용 결과

IES 라이트를 적용하기 위해서는 1:1 스케일, 1/10 스케일로 제작하는 편이 승수를 계산하기에 용이합니다. IES 라이트도 적용 시 개체가 사라지므로 광원처럼 보일 개체를 별도로 제작해야 합니다.

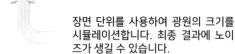

재질 유형:	포인트 라이트 IES 프로파일 ▼
속성:	
파일	H55_RM_suspended_up-down_GI_93530422_IES.IES
색상	
승수	30
반경	0 cm

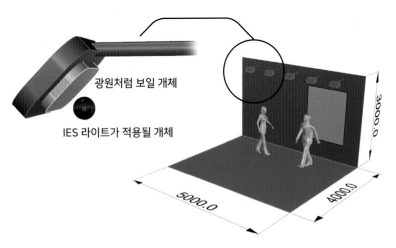

광원처럼 보일 개체

IES 라이트가 적용될 개체

장면 단위를 사용하여 광원의 크기를 시뮬레이션합니다. 최종 결과에 노이즈가 생길 수 있습니다.

사용시 유의 사항

1. Rhino 3D는 Z축을 기준으로 모델링이 진행됩니다. 이 모델을 키샷으로 가져와 IES 라이트를 적용해 보면, 90도로 기울어진 채 Y축을 기준으로 라이트가 설정됩니다. 즉, 모델은 Z축 방향으로 불러왔지만 IES 라이팅은 Y축이 위인 것입니다. 따라서 라이팅이 될 개체를 하나만 만들어 키샷으로 가져와 90도를 돌린 후 복제 또는 패턴 만들기로 복제하는 방법을 사용하거나 모델링을 완료한 후, Y축 방향이 위가 되도록 90도 기울여 키샷으로 가져오는 방법도 가능합니다(라이트가 많은 경우 후자가 더 편리합니다).

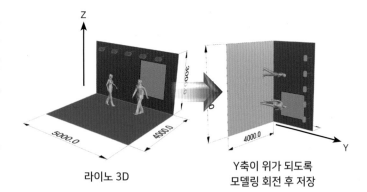

라이노 3D

Y축이 위가 되도록
모델링 회전 후 저장

2. IES 라이트를 적용 후 별다른 차이가 보이지 않을 경우 승수를 높여 해결할 수 있습니다(승수 1 = 기본 설정치, 승수 10 = 기본 설정치 밝기의 10배). IES 라이트 빛이 꼬마전구처럼 약한 것도 있기 때문입니다.

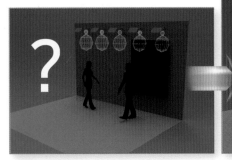

90도로 기울어져 적용되는 IES라이팅

3. IES 라이트의 핵심은 빛 퍼짐 패턴의 표현입니다. 이 패턴이 잘 나타나려면 벽에 가깝게 설치하여야 합니다. 역으로 생각해 렌더링 장면에 벽이 없다면 굳이 IES 라이트를 사용할 이유는 없습니다.

4. IES 정보에 따라 라이트 소스의 확산 모양이 다르게 나타납니다. 크게 아래로 향하는 라이트와 아래와 위로 동시에 향하는 라이트가 있습니다.

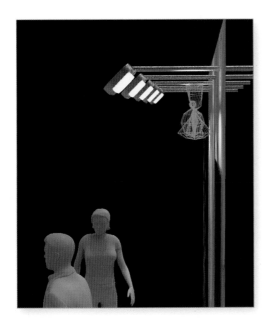

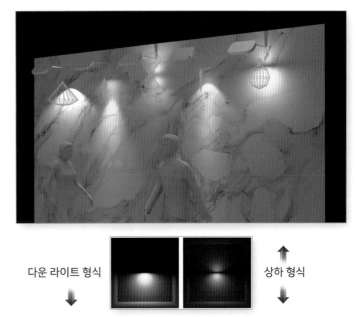

다운 라이트 형식   상하 형식

5. 환경의 밝기는 0.1~0.3 정도로 설정합니다. 환경을 0으로 설정(또는 블랙으로 설정) 후 별도로 에어리어 라이트를 추가하여 전체 조도를 맞춰 주는 방법도 좋습니다.

환경 밝기 0 또는 블랙으로 설정

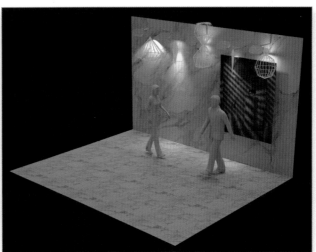

기본 환경 적용, 밝기 = 0.2

IES 라이트와 에어리어 라이트(아래 구형 라이트)의 조합으로 완성한 이미지입니다. 키샷의 라이트는 복잡한 설정 없이도 높은 퀄리티를 보여 줍니다. 그러나 좋은 라이팅을 위해서는 라이트의 기능을 잘 아는 것보다 라이트에 의해 공간과 환경을 아름답게 보이게 디자인하는 것이 더 중요합니다. 산업 디자이너라고 해도 결국 제품은 사람과 공간, 나아가 환경과 관계를 맺는 것이므로 인테리어 디자인, 환경 디자인에 관심을 가질 필요가 있습니다.

IES 라이트

에어리어 라이트

장면 구성

● 물속에서 빛나는 라이트

평면에 투명 재질 + 범프 맵을 적용하여 일렁이는 수면을 만들고, 수면 아래에 에어리어 라이트를 설치하면 물속에서 빛나는 화려한 라이트 효과를 구현할 수 있습니다. 여기에 커스틱스 옵션까지 활성화하면 더욱 멋진 장면을 연출할 수 있습니다.

물결 표현을 위한 범프 맵

빛은 사용법에 따라 대상의 분위기를 크게 좌우합니다. 제품, 공간을 이용하여 여러 가지 분위기로 연출해 보는 실험은 실력 향상에 많은 도움을 줍니다. 또한, 최종적인 한 장의 이미지를 얻기 위해서는 작은 사이즈로 여러 가지 뷰를 검증한 후 그중 가장 좋은 하나를 선택하여 후보정을 진행합니다.

IES 라이트의 확산 패턴은 광원의 종류와 특성에 영향을 받기도 하지만 하지만 본질적으로는 광원을 보호하는 전면 확산판의 디자인에 의해 생성되는 것입니다. 따라서 아래와 같이 전면 확산판을 모델링하여 에어리어 라이트나 포인트 라이트를 적용해 보면 IES와 거의 동일한 결과를 얻을 수 있습니다. 단, IES 라이트의 확산 패턴은 빛의 산란 굴절(커스틱스) 효과이므로, 라이팅 탭에서 커스틱스를 활성화하여야 하며, 커스틱스 연산의 특성상 IES 라이트를 사용하는 것보다 렌더링 시간이 오래 걸립니다.

섹션 커브

섹션 커브를 Revolve하여 제작한 모델링

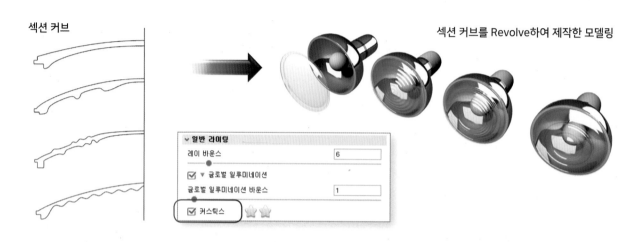

커스틱스 비활성화(OFF)

커스틱스 활성화(ON)

광원 확산판에 범프 맵을 적용하여도 동일한 효과를 얻을 수 있습니다. 범프 맵 사용 시에는 범프 맵의 높이를 5이상으로 강하게 설정하여야 커스틱스에 나타납니다. 아래는 범프 맵과 대체(Displacement) 맵을 적용하여 테스트한 결과입니다.

적용 없음　　범프 맵 적용　　범프 맵 적용　　대체 맵 적용

확산판을 모델링으로 진행했을 때의 결과

범프 맵에 이미지 소스를 사용할 때, 해상도가 높아야 선명한 확산 패턴을 얻을 수 있습니다. 그리고 높은 해상도를 사용해도 커스틱스 연산이 오래 걸리기 때문에 IES 라이트를 사용하는 편이 더 간단하고 효율적입니다. 테스트 결과 범프 기능을 이용하는 것보다는 모델링에서 구현하는 편이 전체적인 퀄리티가 높게 나타났습니다.

범프 맵, 대체 맵으로 적용 결과

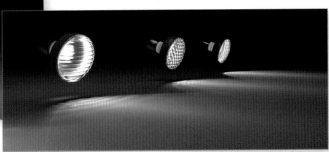

라이트별 특성 분석

LIGHTING
Spotlight

20. 스포트라이트

Spotlight-스포트라이트

스포트라이트는 가장 기본적인 라이팅임에도 불구하고 버전 8에 와서야 포함되었습니다. 기능 탑재가 늦은 만큼 컬러 스탠실(빔 프로젝션) 기능과 같은 추가적인 기능을 가지고 있습니다. Light > Spotlight 카테고리에 Basic과 Textured 2가지 세부 항목을 제공합니다.

Spotlight

Basic 감쇠, 반경, 빛 각도 등이 설정된 기본 스포트라이팅

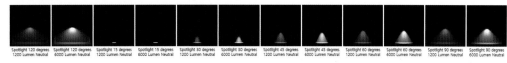

Textured 컬러 스탠실(프로젝션)이 적용된 스포트라이팅

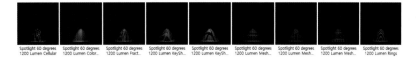

● 스포트라이트에 대한 이해

포인트 라이트로 스포트라이트를 구현하기

❶ 스포트라이트는 광원에 갓을 씌운 구조로 빛의 방향과 퍼짐을 조절할 수 있는 라이트입니다. **그렇다면 키샷 포인트 라이트에 갓을 씌워 스포트라이트를 구현할 수 있을까요?** 라이노 3D에서 광원이 될 구체와 갓을 3종 준비하였습니다.

* 스포트라이트는 광원과 갓 사이의 관계에 의해 빛의 확산 각도가 결정됩니다.

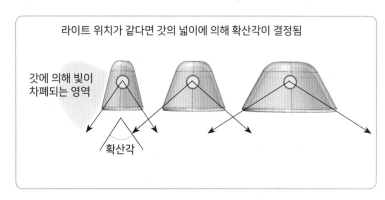

라이트 위치가 같다면 갓의 넓이에 의해 확산각이 결정됨

갓에 의해 빛이 차폐되는 영역

확산각

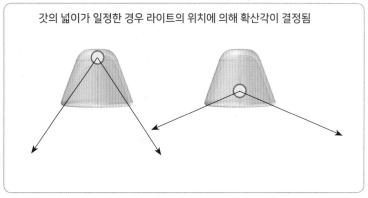

갓의 넓이가 일정한 경우 라이트의 위치에 의해 확산각이 결정됨

❷ 키샷에서 광원에 포인트 라이트(Point Light)를 적용한 모습입니다. 방사형으로 빛을 방출하는 포인트 라이트가 갓에 가려져 바닥에 각기 다른 크기의 빛의 퍼짐을 만드는 것을 확인할 수 있습니다. 퍼짐이 클수록 흐려지는 것도 보입니다.

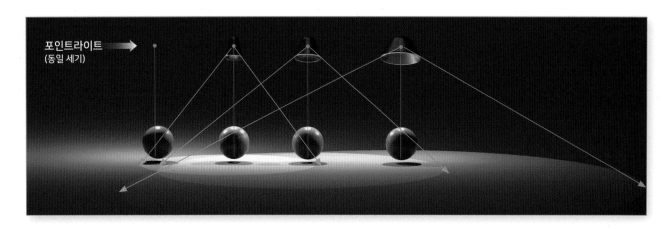

포인트라이트
(동일 세기)

❸ 빛의 퍼짐을 확인하기 위해 육면체를 생성 > Scattering Medium Fog Basic을 적용하였습니다. 포인트 라이트에서 방출되는 빛이 입자에 부딪혀 빛의 퍼짐이 나타났습니다.

장면 구성

❹ 바닥의 빛 퍼짐이 너무 선명하여 포인트 라이트의 반경을 높여 부드럽게 만들고 안개의 샘플 수를 30으로 설정해 노이즈를 줄였습니다.

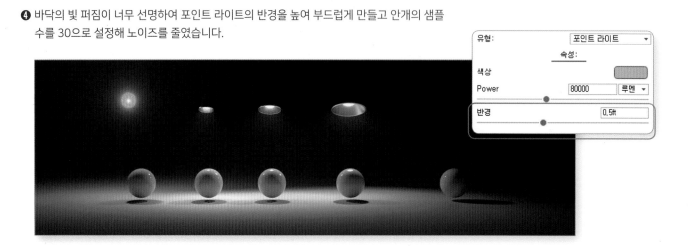

유형:	포인트 라이트 ▼
속성:	
색상	
Power	80000 루멘 ▼
반경	0.5ft

❺ 현재 장면의 오른쪽에 구체를 생성하고 스포트라이트를 적용한 결과입니다. 지금까지 진행한 내용처럼 스포트라이트는 광원에 갓을 씌운 것이기 때문에 포인트 라이트 + 불투명 갓으로 직접 제작할 수도 있습니다. 그러나 빛의 퍼짐 각도를 수정하기 위해서는 모델링을 손봐야 하며, 또 포인트 라이트의 특성상 별다른 설정 항목도 없습니다.

그럼 이제부터 스포트라이트에 대하여 자세히 알아보겠습니다.

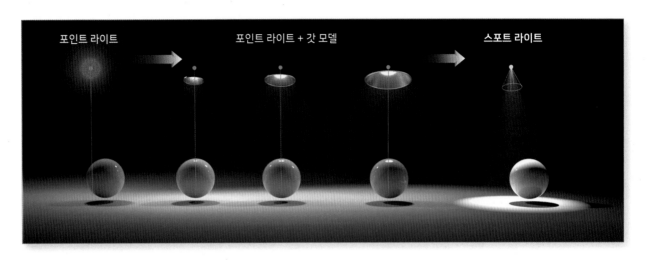

● 스포트라이트의 설정 옵션

색상 Color	스포트라이트의 색을 설정합니다. 텍스쳐를 사용하여 빔 프로젝터와 같은 표현이 가능합니다.	
컬러 스텐실 직경 Color Stencil Diameter	빛에 의해 프로젝션되는 텍스쳐의 크기를 설정합니다. 수치가 낮을수록 더 크게 확장됩니다(맵 소스의 크기를 설정하는 것과 결과는 동일).	
Power	빛의 세기를 설정합니다(루멘 or 와트).	
일정한 라이트 출력 Constant Light Output	방출되는 빛의 양이 같아도 갓의 각도에 의해 집중되거나 흩어집니다. 즉, 빔 각도를 조절하면 빛의 조도가 변경됩니다. 테스트 결과 이 옵션 활성화 시 빔 각도를 줄이면 빛이 집중되어 밝아지고 빔 각도를 늘리면 어두워졌습니다.	
빔각도 Beam Angle	라이트의 확산각으로 수치가 높을수록 넓게 방출됩니다.	
감쇠 Falloff	빛은 중앙에서 가장 강하고 외곽으로 갈수록 약해집니다. 이 설정은 외곽의 빛의 강도를 결정합니다. 높을수록 외곽의 빛이 약해져 부드럽고 어두워집니다.	
반경 Radius	광원의 크기로 그림자의 선명도를 결정합니다.	

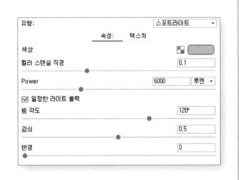

> 모든 설정 값은 모델의 크기에 따라 상대적으로 나타납니다. 작은 모델은 10 루멘에서도 하얗게 타 버리며, 큰 모델은 10만 루멘을 설정해야 비슷한 효과를 얻을 수도 있습니다.

색온도 컬러바를 이용하여 절대값으로 지정하거나 컬러를 자유롭게 지정할 수 있습니다.

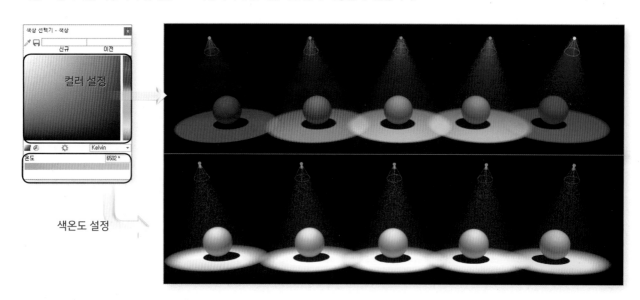

색상에 이미지 맵, 논리 맵을 적용하면 프로젝션 라이트를 쉽게 표현할 수 있습니다. 색상 맵에는 논리 매핑과 컬러(이미지) 매핑이 모두 가능합니다. 마치 빔 프로젝터처럼 라이트 프로젝션을 표현할 수 있는 것입니다.

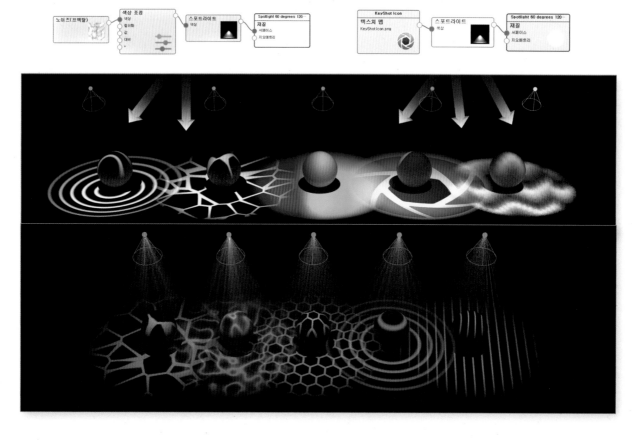

라이트 스텐실은 부분적으로 투명하게 만든 천이나 유리 등을 라이트 앞에 설치하여 투명한 곳으로 라이트가 나와 빛으로 이미지를 투사하는 것으로, 빔 프로젝터의 아날로그 버전으로 생각하면 쉽습니다.

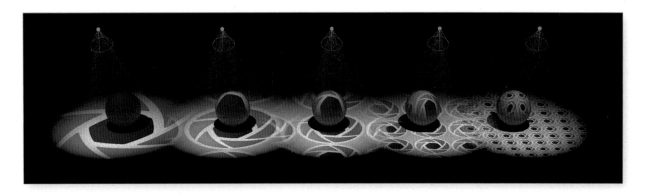

⚠ 라이트 스텐실 기법

컬러 스텐실 직경 옵션은 사용된 이미지의 크기를제어하는 것으로, 사용된 이미지 맵의 크기 설정 옵션과 반대로 움직입니다. 즉, 컬러 스텐실 값은 낮을수록 이미지가 크게 프로젝션되고, 이미지 맵의 크기설정은 높을수록 크게 프로젝션 됩니다.

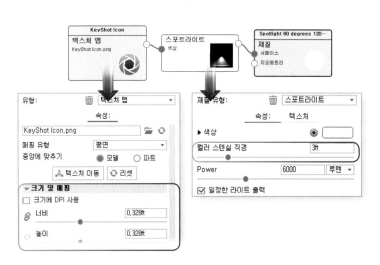

빛의 강도를 설정합니다. 와트와 루멘 단위를 사용할 수 있습니다.

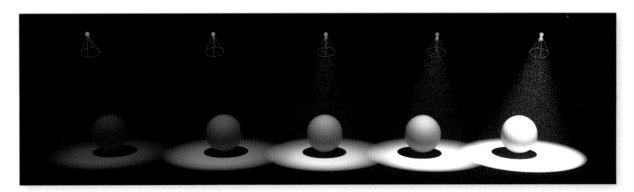

빛이 발산되는 각도를 설정합니다. 0~180도까지 설정할 수 있습니다. 빛의 양이 일정할 때 각도가 커지면 넓은 범위로 빛이 퍼져 나가 각도가 작을 때보다 넓은 범위를 밝힐 수 있지만 그만큼 전체적으로 어두워집니다.

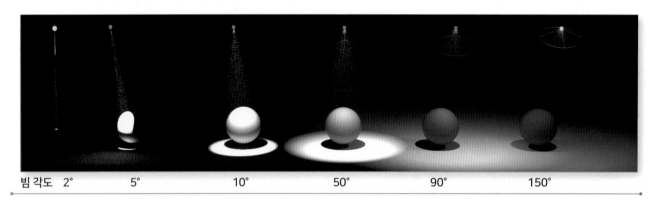

● 일정한 라이트 출력 Constant Light Output

이 옵션을 키면, 빔 각도 변경 시 빛이 집중되거나 확산되면서 빛을 받는 면이 밝거나 어두워집니다. 즉, 빛의 총량이 일정하다는 의미입니다. 이 옵션을 끄면 빔 각도를 변경해도 빛을 받는 면의 밝기가 일정하게 보입니다. 즉, 빛의 총량이 각도에 따라 달라집니다.

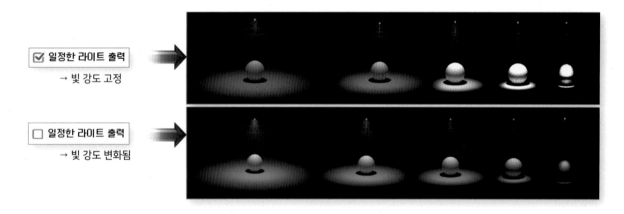

● 감쇠 테스트

중심에서 외곽으로 이어지는 빛의 강도 변화로, 0~1까지 설정할 수 있습니다.

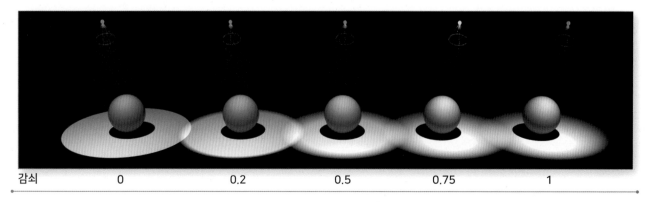

앞서 에어리어 라이트에서 본 것처럼 광원이 커지면 부드럽게 퍼지는 그림자를 만듭니다. 스포트라이트는 포인트 라이트와 같이 광원이 하나의 점으로 표현되지만, 반경 설정을 높이면 보이지는 않지만 라이트의 크기가 커지게 되어 그림자가 부드럽게 나타납니다. 또한 더 넓은 영역을 밝게 되어 전체적으로는 어두워집니다. 안개 속에 넣은 채로 테스트해 보면 광원 크기가 커졌음을 확인할 수 있습니다.

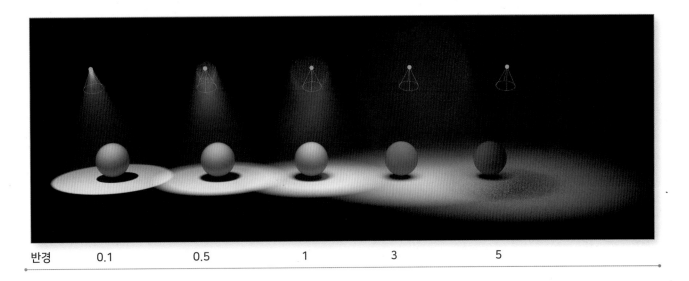

| 반경 | 0.1 | 0.5 | 1 | 3 | 5 |

● 반경 테스트 > 이미지 맵

스포트라이트에 이미지 맵을 적용한 후 반경을 높이면 이미지가 흐려집니다. 반경은 0부터 무한대까지 설정이 가능하며 모델의 스케일에 따라 설정 값의 범위는 달라집니다. 작은 스케일일 때에는 0.01로도 큰 차이가 발생하며 반대의 경우는 1000단위로도 별 차이가 없을 수도 있습니다. 앞서 지속적으로 설명한 바와 같이 1:1 또는 1/10, 1/100단위에 맞춰 모델링하는 습관이 필요합니다.

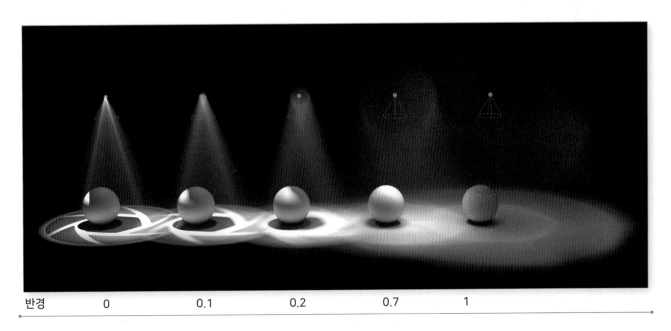

| 반경 | 0 | 0.1 | 0.2 | 0.7 | 1 |

라이트별 특성 분석
LIGHTING
Flakes

21. 입자 라이트

Advanced_Flakes는 겨울철 크리스마스 트리의 LED 조명, 반딧불과 같이 작고 수가 많은 라이팅의 표현에 사용할 수 있도록 미리 설정된 라이트입니다. 재질 구성을 살펴보면 에어리어 라이트 또는 Emissive(방사성)에 대체 맵이 설정된 형식으로, 앞서 재질 편에서 보았던 Flakes 재질에 라이트 속성을 추가해 두었을 뿐입니다.

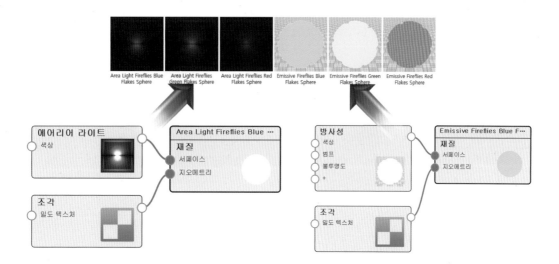

사용법은 3차원 개체에 재질을 적용하는 것으로 매우 간단하지만, 이 재질 중 Area Light를 사용하는 재질(위 좌측 3개)에 적용 시에는 입자의 크기를 충분히 늘려 주거나 밀도를 낮춰 개수를 조절해야 합니다. 그렇지 않은 경우, 대체 기능에 의해 열 개 남짓의 개수에도 오랜 렌더링 시간이 걸리는 에어리어 라이트가 수백~수만 개까지 늘어나 실시간 렌더링이 멈춰버릴 수도 있습니다. 옆 페이지의 메인이미지는 이 재질을 이용한 것이 아니라(수차례 시도하였으나 렌더링 시간이 너무 오래 걸려 정지) **조금 어둡게 렌더링을 건 후 포토샵의 후보정을 이용하여 입자 라이트를 따로 만들어 넣은 것입니다.**

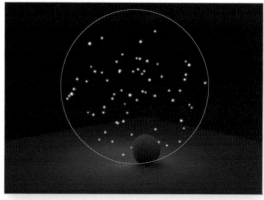

렌더링 원본	후보정 완료

22. KeyShot Lighting&Shadow Technique

키샷 라이팅 최종 정리

지금까지 알아본 키샷 환경 맵(HDRI)과 조명 개체를 활용하여
장면을 구성하는 경우의 수를 알아봅니다.

키샷 라이팅 적용 방식 정리

키샷에서 조명과 환경을 설정하는 방식은 여러 가지가 있습니다. 키샷은 간단한 설정으로도 제품 디자인, 엔지니어링 대부분의 상황에서 '깔끔하다, 무난하다'라는 반응을 얻을 수 있습니다만, 공간이나 풍성한 연출과 같은 상황에 대한 대비책 또한 필요합니다. 키샷 빛 설정 방식 정리를 통해 상황에 맞게 사용하시기 바랍니다.

1. 주 개체 + 환경 맵 적용 및 설정
2. 주 개체 + 그라운드(바닥) + 환경 맵 적용
3. 주 개체 + 그라운드(바닥) + 환경 맵 적용 + Lighting 설정
4. 주 개체 + 그라운드(바닥) + Lighting 설정(HDRI 미적용)

5. 주 개체 + 주변 환경 모델링 + 환경 맵 적용
6. 주 개체 + 주변 환경 모델링 + Lighting
7. 주 개체 + 주변 환경 모델링 + 환경 맵 적용 + Lighting

* 개체 Lighting은 제품에 적용되는 시그널 램프가 아닌 제품의 형상을 보이기 위해 설치하는 외부 조명 개체를 의미합니다.

* 주 개체는 렌더링의 중심이 되는 대상을 의미합니다.

1. 주 개체 + 환경(HDRI) + 환경 맵 설정

가장 간단한 방법으로, 백그라운드를 색상으로 설정하여 대상을 돋보이게 할 수 있습니다.

렌더링 설정 영역

백그라운드를 환경 이미지로 설정 　　　백그라운드를 색상으로 설정

2. 주 개체 + 그라운드(바닥) + 환경(HDRI)

그라운드 플레인을 추가하거나 3차원 개체로 바닥을 별도 제작하여 바닥 그림자 및 반사를 추가로 제어합니다. 바닥 재질에 거칠기를 설정하여 자연스러운 반사를 만들 수 있습니다.

● 바닥 설정 3가지 방법

❶ 별도 바닥 없이
환경 > 그라운드 설정

✓ 그라운드	
☑ 그라운드 섀도우	⬛
☐ 어클루전 그라운드 섀도우	
☑ 그라운드 리플렉션	
☐ 그라운드 편광화	
그라운드 사이즈	124,5 mm

❷ 그라운드 플레인 추가
반사, 거칠기 설정 가능

지오메트리 추가	▶
그라운드 플레인 추가	Ctrl+G
배경 램프	
배경 라운드	

이름: Ground Material		💾
▦ 재질 그래프	✛ 다중 재질	
재질 유형:	그라운드	▼
속성	텍스처	리빙
섀도우	⬛	
반사	⬜	
거칠기	● 0,0153	
굴절률	● 1,5	
반사 대비도	● 0	
☐ 그라운드 아래의 지오메트리 잘라내기		

❸ 3D 개체로 바닥 설정 > 다양한 맵 적용 가능 카메라 심도 + 후보정으로 배경과의 경계를 처리해야 하는 번거로움

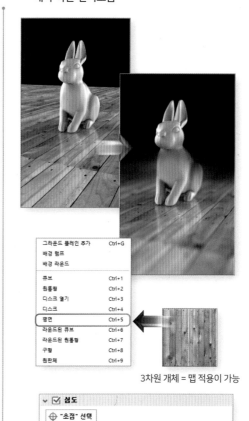

그라운드 플레인 추가	Ctrl+G
배경 램프	
배경 라운드	
큐브	Ctrl+1
쵠통필	Ctrl+2
디스크 열기	Ctrl+3
디스크	Ctrl+4
평면	Ctrl+5
라운드된 큐브	Ctrl+6
라운드된 쵠통필	Ctrl+7
구형	Ctrl+8
쵠환체	Ctrl+9

3차원 개체 = 맵 적용이 가능

✓ ☑ 심도	
⊕ "초점" 선택	
초점 거리	41,245 mm
	●
F-스톱	⬛
	●

3. 주 개체 + 그라운드(바닥) + 환경(HDRI) + 개체 Lighting

주광원을 환경 맵에 의존하고, 개체 라이팅을 보조적으로 사용하는 방법입니다.

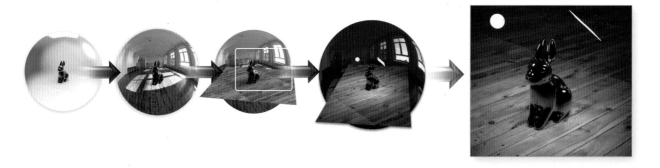

4. 주 개체 + 그라운드(바닥) + 개체 Lighting + 환경(HDRI 밝기 : 0.1 전후)

환경의 밝기를 줄여 개체 라이팅의 영향력을 높입니다. 조금 더 집중된 느낌을 얻을 수 있습니다.

5. 주 개체 + 주변 환경 모델링 + 환경(HDRI)-블러 적용 or 카메라 심도 설정

주 개체가 직접적으로 연관되는 주변 개체들을 모델링으로 처리하고 나머지 영역을 환경 맵 이미지에 의존하는 방법입니다.

6. 주 개체 + 주변 환경 모델링 + 환경(HDRI) + 인테리어 모드(G.I 자동 활성화)

아래처럼 주 개체가 3D 개체에 둘러싸이되 부분적으로 뚫려 있는 경우, 환경 맵의 역할이 제약되기 때문에 개체 라이팅의 기능을 추가적으로 활용하는 것을 고려해야 합니다. 또한 3D 개체가 위를 막고 있을 경우에는(천장이 있을 경우에는) 글로벌 일루미네이션을 활성화하거나 라이팅 프리셋의 인테리어 모드로 진행합니다(G.I 기능이 자동으로 활성화 됩니다).

일부가 열린 3D 공간 모델

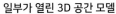

필요 장면

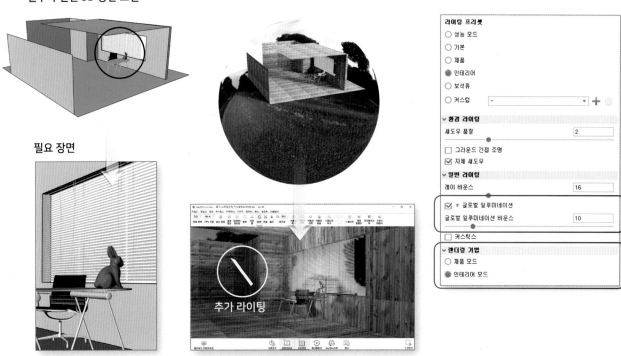

추가 라이팅

| 글로벌 일루미네이션 OFF | 글로벌 일루미네이션 ON | 추가 라이팅 설치 |

7. 주 개체 + 주변 환경 모델링 + 환경(HDRI) + 개체 Lighting

3차원 개체에 의해 렌더링 대상이 밀폐된 상황에서는 환경 맵이 아무런 역할을 하지 못합니다. 모델링에 아주 작은 틈이라도 있다면 환경의 밝기를 매우 밝게 설정하여 틈으로 빛을 집어넣을 수 있지만, 아무래도 시간 대비 결과가 좋지 않습니다. 이런 경우 환경을 무시하고 조명 개체를 적극적으로 이용하여야 합니다. 단, 너무 많은 수의 조명은 제어가 어려울 수 있습니다.

에어리어 라이트 or
포인트 라이트

외부 상태

내부 조명 설정 상태

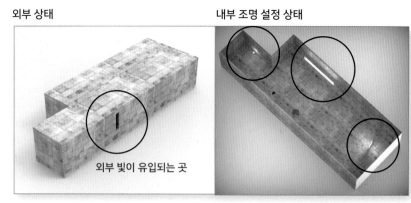

외부 빛이 유입되는 곳

재질 적용은 성능 모드에서 진행

완전히 막힌 공간인 경우, 빛이 들어오지 않아 개체가 보이지 않으므로 성능 모드로 전환하여 기본 재질을 적용하는 게 편리합니다. 천장 개체를 잠시 숨겨 두는 방법도 가능합니다.

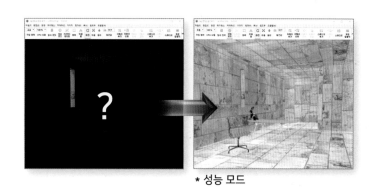

* 성능 모드

환경 밝기를 극단적으로 높인 경우

환경의 밝기를 극단적으로 높였을 때(500)의 결과입니다. 틈 사이로 들어온 빛 + 글로벌 일루미네이션에 의해 공간이 밝혀집니다. 그러나 빛샘 현상과 빛의 잔상이 남아 실제감이 떨어지는 문제가 있습니다.

외부 조명 개체를 이용

외부 조명 개체를 이용하더라도 빛이 들어갈 틈이 작으면 강도를 높게 설정해야 합니다. 우측은 외부에 포인트 라이트를 설치하고 강도를 높인 것으로, 외부는 하얗게 타 버렸습니다. 빛의 강도를 높게 설정 + 글로벌 일루미네이션 바운스를 100으로 설정하여도 내부 공간으로 들어온 빛의 양이 적기 때문에 전체적으로 어둡게 보입니다.

* 외부에서 본 장면

라이트 개체

외부 조명 + 내부 조명의 혼합 활용

아래는 외부 조명과 내부 조명을 함께 활용한 것입니다. 빛이 닿지 않아 어둡게 보였던 부분들을 조명 개체를 이용하여 어색하지 않을 정도로 밝혀주는 것이 중요합니다. 복수의 조명 개체를 사용할 경우, 각 조명의 강도를 달리 하여 전체적인 분위기를 직접 설정할 수 있다는 장점이 있습니다.

KeyShot
정리노트

3D VISUALIZATION COURSE
FOR INDUSTRIAL DESIGNER

재질과 라이팅 편

지금까지 3D 렌더링의 기본 개념에서 시작하여 키샷의 각종 메뉴들과 재질, 라이팅으로 이어지는 기본 학습 과정을 진행하였습니다.

기본 사항에서 전반적 개념에 이르기까지 폭넓게 다루다 보니 고급 매핑, 고급 라이팅 기능 등 이 책에서 다루지 못한 내용이 많습니다만, 3D 렌더링에 대한 기본 이해가 갖춰진 지금은 Luxion 사에서 제작하여 배포하는 영상 자료들을 통해 부족한 부분들을 스스로 채워 나감에 어려움이 없을 것이라 생각합니다.

맛있는 요리를 위해서는 좋은 재료가 필요합니다. 마찬가지로 훌륭한 3D 렌더링을 위해서는 좋은 모델링과 좋은 디자인이 필요합니다.

또한 맛있는 요리가 그에 걸맞은 공간과 분위기에서 경험될 때 배부름 이상의 의미를 가지게 되는 것처럼, 3D 렌더링 역시 디자인 정보를 시각적으로 전달하는 수준에 그치지 않고 적절한 연출과 함께할 때 더 직관적이며 감동적인 '작품'으로 승화될 수 있습니다.

여러분의 무궁한 발전을 기원합니다.

DESIGN THINKING
TO REALIZATION

제가 3D 프로세스를 처음 접했던 2002년 즈음에는 자연스러운 3D 이미지를 얻기 위해서는 적어도 수십 번의 수정과 결과물을 확인하기 위한 오랜 기다림이 필요했습니다. 당시 사용했던 컴퓨터는 이미 역사 속으로 사라진 펜티엄 프로세서였고, 모니터도 CRT로 지금과 비교하면 정말 '냉장고만큼' 거대했습니다. 당시는 배움의 채널이 무척 적어서 어렵사리 구한 영문 매뉴얼을 힘들게 해석하고, 그마저도 대부분이 전문 용어라 해석도 뜻대로 안 되니 실제로 하나씩 테스트해 보는 방법 외에는 뾰족한 수가 없었습니다.

하루가 멀다하고 새로운 기술, 더 나은 성능의 하드웨어가 개발되었습니다. 빛을 추적하여 실사에 가까운 이미지를 만들어 내는 Light Scape가 인테리어-공간 렌더링 분야를 몇 년 동안 점령하고, 무지막지한 성능을 가진 V-ray, Mental Ray가 등장한 이후의 얼마 동안에도, 3D 렌더링 분야는 시간과 노력이 결과물의 품질과 비례하는 분야였습니다. 그러나 2006년 키샷의 전신 하이퍼샷에 의해 그 공식이 깨지기 시작하였습니다.

좋은 렌더링 한장을 위해 사진, 조명, 반사, 재질의 물리 값을 폭넓게 공부해야만 했던 이들에게는 클릭 몇 번에 사진 같은 이미지가 '툭' 하고 만들어지는 키샷은 거의 '반칙'같은 소프트웨어였습니다. 처음 키샷을 사용했을 때 놀라움과 기쁨과 동시에 꽤 진지하게 화가 났던 것이 생각납니다.

이후 적지 않은 시간이 흐르며 좋은 3D 렌더링의 기준도 변화해 왔습니다. 디자인의 중심점이 기능에서 스타일로, 스타일에서 가치와 맥락으로 이동한 것처럼 3D 렌더링도 이제 '사실 같은 느낌의 재현'에서 '커뮤니케이션 언어'로써의 역할을 더 중시하게 되었습니다. 이를 위해 필요한 것은 대상에 대한 본질적 이해와 재질, 라이팅의 융합을 통해 만들어지는 분위기, 나아가 전달하고자 하는 메시지의 연출과 그 실체적인 구현 능력일 것입니다.

이 책은 산업 디자이너를 꿈꾸는 학생들을 위한 디지털 디자인 프로세스 시리즈의 두 번째 단계로, 3D 렌더링의 기본이 되는 재질과 라이팅에 대한 이해를 중점적으로 다루고 있습니다. 이 책이 모델링 이후의 시각화 과정에 도움이 되길 희망합니다.

마지막으로 디자이너이자 노력하는 학자로서의 길을 보여 주신 홍익대학교 변상태 교수님, 이 근 교수님, 정주현 교수님, 조벽호 교수님, 김주연 교수님, 이정교 교수님, 황성걸 교수님, 최성권 교수님, 고선미 양, 숙명여자대학교 김홍렬 교수님, 유창국 교수님, 천하봉 교수님, 서울시립대학교 김병수 교수님, 그리고 사랑하는 가족에게 감사드립니다.

2019년 2월 20일
저자 김 도 엽

KeyShot
정리노트

3D Visualization Course
for Industrial Designer

재질과 라이팅 편

KeyShot
정리노트

Basic Visualization Course
for Industrial Designer

KeyShot 디자이너를 위한 3D 렌더링 솔루션

Visualizing Tools for Designers

KeyShot
정리노트

Basic Visualization Course
for Industrial Designer